ISO9001、ISO14001和OHSAS18001标准理解与施工企业文件编写范例

主　编　张建春

副主编　刘金福　宋太魁　姜树国　崔节卫　王勤修

黄河水利出版社

内 容 提 要

本书主要介绍一体化管理体系的由来、发展趋势、要素,并给出了 GB/T19001、GB/T24001 和 GB/T28001三个标准的详解与实施要点,同时还介绍了一体化管理体系的建立、实施和文件的编制,对各类工程建设企业三个管理体系的一体化运作将有一定的参考作用。本书可供工程建设企业及建设专业的内、外审核员和从事此项工作的一般读者参考学习。

图书在版编目(CIP)数据

ISO9001、ISO14001 和 OHSAS18001 标准理解与施工企业文件编写范例/张建春主编.—郑州:黄河水利出版社,2007.12

ISBN 978-7-80734-312-7

Ⅰ.I… Ⅱ.张… Ⅲ.①质量管理体系-国际标准,ISO9001-基本知识②环境管理-国际标准,ISO14001-基本知识③劳动卫生-卫生管理-国际标准,OHSAS18001-基本知识④建筑企业-工业企业管理-文件-范文

Ⅳ.F273.2-65 X9-65 F407.96

中国版本图书馆 CIP 数据核字(2007)第 188544 号

组稿编辑:岳德军 电话:0371-66022217 dejunyue@163.com

出 版 社:黄河水利出版社

地址:河南省郑州市金水路 11 号　　邮政编码:450003

发行单位:黄河水利出版社

发行部电话:0371-66026940　　传真:0371-66022620

E-mail:hhslcbs@126.com

承印单位:黄河水利委员会印刷厂

开本:787 mm×1 092 mm 1/16

印张:17

字数:390 千字　　印数:1—1 000

版次:2007 年 12 月第 1 版　　印次:2007 年 12 月第 1 次印刷

书号:ISBN 978-7-80734-312-7/X·33　　定价:45.00 元

前 言

自质量管理和质量保证的国际标准——ISO9000 系列标准问世以来，以系统、科学、自我完善、持续改进、预防为主的思想，作为质量管理和质量保证的国际标准，被认为是顾客对企业的共同要求。

随着全球经济一体化进程的加快和国际贸易自由化的发展，市场竞争日趋激烈，顾客对质量的期望越来越高，以 ISO9000 标准进行质量管理体系认证的企业日益增加。继 ISO9000 系列标准之后，国际标准化组织（ISO）着手进行环境管理体系的标准化工作，颁布了旨在规范组织的环境行为，强调资源的合理利用，预防污染，倡导环境保护、绿色产品的 ISO14000 系列标准，同时也正在酝酿推出职业健康安全管理体系标准。英国标准协会（BSI）、挪威船级社（DNV）等 13 个组织制定的 OHSAS18000 职业安全卫生管理体系标准已在一些发达国家推广实施。越来越多的优秀企业凭借质量、环境和职业健康安全等认证证书，走向国际市场，向世界展示自己的品牌和企业形象，同时也以鲜活的实例证明：通过认证可以大大增强企业的竞争力和效益，带来更多的经营契机。

国际标准化组织环境战略咨询组（ISO/SAGE）早在起草 ISO14000 标准之前向国际化组织建议："考虑到质量与环境管理体系均是组织管理体系的一部分，尽管分别建立体系，最终还会融合在一起，可能会更有效。因此制定环境管理体系标准时，应与 ISO9000 标准保持协调和相似。"ISO 一直重视这些标准的结合问题，推动了这些标准的一体化进程。OHSAS18001 与 ISO14001 在标准条款结构和要素功能上保持了很强的一致性。

我国参照国际标准相继推出 GB/T19000 族质量管理体系系列标准、GB/T24000 环境管理体系系列标准和 GB/T28000 职业健康安全管理体系系列标准。

GB/T19001 标准是以实现产品或服务质量为目标向顾客提供承诺；GB/T24001 标准是以实现节约资源、改善环境质量为目标向社会提供承诺；GB/T28001 标准是以实现安全生产、确保员工健康为目标向企业员工提供承诺。

多种国际管理标准的推出，给企业提供了实现多种不同目标的管理手段。作为当代企业的最高管理者，在建立、经营和管理一个企业时应该向顾客、社会、员工分别作出质量、环境、安全以及效益的承诺，实施质量、环境和执业健康安全（即 QMS、EMS 和 OHSMS）一体化体系管理是由过去简单的质量、环保、安全管理走向系统化、科学化、规范化管理。

三标准虽然各自管理体系的对象和目标不同，却具有许多共同点，遵循共同的管理体系原则，基本思想和方法一致，都着眼于持续改进、贯彻预防为主的思想，强调最高管理者的承诺，建立方针和目标，强调员工培训以及全员参与等；建立管理体系的原则一致，强调系统化、程序化的管理，必要的文件支持等；强调与其他管理体系协同运作，提高整个组织的效率和素质，节约资源，不断自我完善。

组织采用多种管理体系结合或整合，将有利于策划、资源配置、确定互补的目标并评价组织的整体有效性。因此，在标准的结构、文件的层次以及体系的运行上，具有相当的兼容性、一致性。

近年来，两体系或多体系整合引起标准的研究人员、认证人员、咨询人员和企业界的关注，为企业设计整合型或一体化管理体系，以减少文件编写数量，减少企业机构重叠、工作重复以及不必要的资源浪费，大大提高管理效率，经专家研究并经一些企业试行认为是可行的。目前发达国家的企业界和认证机构对整合型一体化管理体系认证的反响越来越强烈。英国核燃料有限公司、AkzoNobel 化工集团、夏普公司的复印机制造厂已建立了整合型管理体系；国外著名的认证机构 BSI、NQA 已于 1999 年推出整合型管理体系的审核。

以上种种，无论是标准的要求，还是市场的需求，都表明整合型一体化管理体系具有发展的必然性和可行性。体系的整合，首先是文件的整合，而文件的整合是体系运行的基础。笔者以企业愿望为需求，结合多年来对标准的探讨研究及咨询、认证的经验和文件编写技巧，针对三标准整合一体化文件编写中的难点问题，特推出范例，以供咨询、认证、研究机构及企业应用参考。

本书采用的文件编写思路与方法：

(1) GB/T19001 质量管理体系与 GB/T24001 环境管理体系和 GB/T28001 职业健康安全管理体系整合为一体化管理体系，简称为“QEOMS”(Quality Environmengtal Occupational Healty and Safety Management Systems)，其手册为“一体化管理手册”，并编写相应的程序文件 36 个(企业可根据自己组织的特点，参照取舍或补充)。

(2) 以 GB/T19001—2000 标准为主线，以“过程方法”为基础，将 GB/T24001—1996 标准要求、GB/T28001 标准要素要求融入(三标准一体化整合，企业大多数选择以 GB/T19001—2000 标准为主线，根据企业特点，也可分别选择以 GB/T24001—1996 或 GB/T28001—2001 标准为主线，将其他标准要求融入)。

(3) “一体化管理手册”章节以 GB/T19001—2000 标准章节顺序描述，同一过程具有三标准(或两标准)相同或相近条款时，同时对质量、环境和职业健康安全作出描述。对于三标准分别要求的条款单独进行描述。如：以顾客为关注焦点、不合格品控制、环境因素、危险源辨识、风险评价和风险控制单独进行描述。

(4) “程序文件”中间一过程同时描述三标准(或两标准)的要求，对于差别较大的单独编写程序。如：“不合格品、不符合控制程序”、“环境因素识别、评价与更新程序”、“危险源辨识、风险评价控制程序”、“施工现场管理程序”作为单独程序。

(5) 本书以建筑业为例，同时也适合于化工生产、机械制造或其他行业，具体内容可参照本书加以修改补充。

(6) 对于 GB/T19001、GB/T24001 和 GB/T28001 标准任何两体系或三体系整合型、一体化管理体系同样可参照使用。

(7) 本范例中“××××水利工程有限公司”为虚拟公司。

书中难免有不当之处，敬请见谅，并望共同交流，取长补短。

编 著 者

2007 年 7 月

目　录

第四部分　范 例

一、一体化管理手册

二、程序文件

第一部分　2000版ISO9000族标准理解与实施

第一章　ISO9000族标准概论

第一节　ISO9000族标准的产生和发展

一、ISO9000族标准概念

(1)ISO9000族标准是国际质量管理标准,ISO是国际标准化组织。

(2)它是由国际标准化组织中的质量管理和质量保证技术委员会(简称TC176)制定的所有标准。

(3)族,英文family,家族的意思,由TC176制定的国际标准,形成ISO9000族标准。

二、ISO9000族标准的产生

第二次世界大战期间形成了质量管理体系的雏形。20世纪50年代美国发布《质量大纲要求》,是世界上第一个质量保证标准,70年代英国制定《质量体系——设计、制造、安装规范》,是ISO9000标准的前身;1980年法国颁布了《质量管理体系指南》;相继一些发达国家也颁布了自己国家的标准。

这时出现了这种局面,一方面顾客对产品质量要求越来越高,提出了各种质量保证要求;另一方面国际贸易迅猛发展,各国的质量保证标准又形成了新的贸易壁垒和障碍。这时迫切需要有一个国际标准来解决上述局面。

国际标准化组织于1979年成立了TC176(质量管理和质量保证技术委员会)着手编制国际标准,1987年发布了ISO9000系列标准。

三、ISO9000族标准的发展

1987版ISO9000标准的颁布,在世界范围内起到了很大的作用。

(1)各国的质量管理和质量保证都统一在ISO9000系列标准上,消除了贸易障碍;

(2)ISO9000标准是发达国家先进企业质量管理的总结,发展中国家采用这套标准,能够提高管理水平;

(3)稳定地保证了产品质量,使顾客满意。

通过9年的运用实践,世界各国发现1987版标准有许多不完善的地方。1990年国际标准化组织质量管理和质量保证技术委员会(ISO/TC176)决定对1987版ISO9000系列标准进行修订,提出分两个阶段进行。第一阶段为“有限修改”,即在标准结构上不做大的变动，仅对标准的内容进行小范围修改，即 1994 版标准。第二阶段为“彻底修改”，在总体结构和内容上做全面修改。1996 年 ISO/TC176 即开始在世界各国广泛征求标准使用者的意见，了解顾客对标准的修订要求，1997 年正式提出了八项质量管理原则，作为 2000 版 ISO9000 标准的修订依据和设计思想，经过四年若干稿的修订，于 2000 年 12 月 15 日正式发布了 2000 版 ISO9000 族标准。

回顾质量管理标准的发展可以清醒地看到，质量管理标准发展的过程与社会的发展、科学技术的进步和生产力水平的提高是相适应的。随着世界经济的发展，新技术产业的崛起，我们会面临新的挑战，人类会进一步研究质量管理理论，将质量管理推进到一个更新的发展阶段。

四、ISO9000 族标准在世界范围的应用

ISO9000 族标准发布后，受到世界各国的普遍欢迎。至今已有 150 多个国家和地区等同采用了 ISO9000 族国际标准，其中包括所有欧州联盟、欧州自由贸易联盟各国以及日本和美国。有 50 多个国家根据 ISO9000 族标准开展了第三方认证和注册工作。截至 2002 年底，在全球 150 多个国家获得 ISO9000 标准认证的组织已超过 50 万家。欧洲测试和认证组织（EOTC）把 ISO9000 标准作为开展组织工作的基础模式。欧洲联盟在某些领域如医疗器械的立法中引用 ISO9000 标准，供应商在某些领域必须取得 ISO9000 注册。许多国家级和国际级的产品认证体系（例如英国 BSI 的风筝标志、日本的 JIS 标志），都把 ISO9000 标准作为取得产品认证的首要要求，把 ISO9000 标准结合到产品认证工作中去。质量体系认证的国标互认制度也在全球范围内建立与实施，截止到 2001 年 12 月底，已有 30 个国家的认可机构和 2 个区域的认可合作组织与国际认可论坛（IAF）签署了 IAF 质量管理体系多边承认协议。

我国是 1988 年 12 月开始等效采用 ISO9000 标准，1992 年等同采用 ISO9000 标准。1993 年开始质量体系认证，截止到 2002 年 12 月 31 日，我国各认证机构累计颁发带有国家认可标志的质量体系认证证书（有效证书）75 755 张，其中工程建设行业有 10 852 家企业取得了质量管理体系认证证书。

五、实施 ISO9000 族标准的意义

（1）有利于提高产品质量，保护消费者利益；
（2）为提高组织的整体运作能力提供了有效方法；
（3）有利于增进国际贸易，消除技术壁垒；
（4）有利于企业持续改进，持续满足顾客的需求和期望。

第二节　2000 版 ISO9000 族标准的组成和特点

一、2000 版 ISO9000 族标准的组成

2000 版 ISO9000 族标准由核心标准、支持性标准和文件组成（见表 1-1）。

表1-1　2000版ISO9000族标准组成

核心标准	
ISO9000	质量管理体系　基础和术语
ISO9001	质量管理体系　要求
ISO9004	质量管理体系　业绩改进指南
ISO19011	质量和(或)环境管理体系审核指南
支持性标准和文件	
ISO10012	测量控制系统
ISO/TR10006	质量管理——项目管理质量指南
ISO/TR10007	质量管理——技术状态管理指南
ISO/TR10013	质量管理体系文件指南
ISO/TR10014	质量经济性管理指南
ISO/TR10015	质量管理——培训指南
ISO/TR10017	统计技术在ISO9001中的应用
	质量管理原则
	选择和使用指南
	小型组织实施指南

注:TR是技术报告。

1. 核心标准介绍

(1)ISO9000:2000《质量管理体系　基础和术语》是质量管理的理论基础,它包括三个方面的内容:①质量管理的八项基本原则;②十二项质量管理体系基础;③术语,包括十大类,80个词条。

(2)ISO9001:2000《质量管理体系　要求》提供了建立质量管理体系的要求,适用于:①证实自身能力,能够稳定地提供满足顾客和适用的法规要求的产品;②增强顾客满意;③可用于外部认证。

(3)ISO9004:2000《质量管理体系　业绩改进指南》适用于:①帮助组织改进整体业绩;②使组织及相关方能从中获得更大效益;③不能用于质量认证。

(4)ISO19011:2002《质量和(或)环境管理体系审核指南》,提供了ISO9001和ISO14001环境质量管理体系的审核原则、审核方案、实施及审核人员要求。

2. ISO9001与9004标准的关系

相同点:

——编写结构相同,都采用过程模式。

——遵循相同的八项质量管理基本原则;

——采用相同的质量管理体系基础和术语;

——用内部审核和管理评审对质量管理体系进行评价;

——通过持续改进实现改进产品及过程,达到顾客持续满意;
——都强调了与其他标准的相容性。
区别:见表1-2。

表1-2　ISO9001:2000和ISO9004:2000的区别和联系

序号	项目内容	ISO9001:2000	ISO9004:2000
1	目的、范围	为证实组织具有满足顾客和适用的法规要求的能力	有助于组织使顾客满意和相关方受益,改进组织的总体绩效
2	性质	质量管理体系要求	质量管理体系业绩改进指南,不是ISO9001的实施指南
3	用途	可用做合同目的的审核或认证依据	可帮助组织追求卓越,不能用做审核/认证依据,可作自我评价的依据
4	管理内容	规定使顾客满意所需的最低要求	为希望超过ISO9001最低要求、寻求更多业绩改进的组织,提供改进的指南
5	评价质量管理体系的方法	内部审核和管理评审	除内部审核和管理评审外,增加了自我评定
6	结果	提高组织质量管理体系的有效性、充分性、符合性	除了提高组织质量管理体系的适宜性、充分性和有效性外,还提高组织的效率和整体业绩

二、2000版ISO9000族标准的特点

从结构和内容上看,2000版质量管理体系标准具有以下特点:

(1)可适用于所有产品类别、不同规模和各种类型的组织,并可根据实际需要删减第七章"产品实现"中的某些质量管理体系要求,通用性更强;

(2)采用了以过程为基础的质量管理体系模式,强调了过程的联系和相互作用,逻辑性更强,相关性更好;

(3)强调了质量管理体系是组织其他管理体系的一个组成部分,便于与其他管理体系相容;

(4)更注重质量管理体系的有效性和持续改进,减少了对形成文件的程序的强制性要求;

(5)将质量管理体系要求和质量管理体系业绩改进指南这两个标准,设计成相似结构,作为协调一致的一对标准使用,更突出持续改进。

第二章　2000 版 ISO9000 标准

第一节　主要术语

一、术语分类

10 大类,80 个词条。

二、术语之间的关系

每一大类术语之间都有相互关系。为此 GB/T19000:2000 标准的附录 A 中给出了术语之间的关系。

归纳起来术语之间有三种关系。

(一)属种关系

在层次结构中,下层术语具备了上层术语的所有特性,并包含将其区别于上层和同层术语的特性。用扇形图表示,没有箭头。

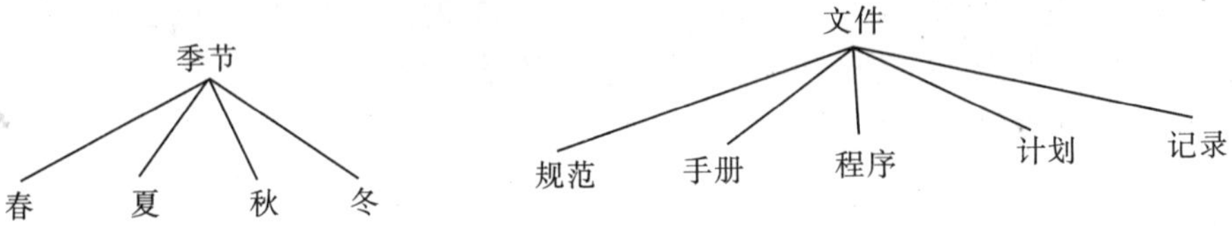

(二)从属关系

在层次结构上,下层术语是上层术语的组成部分。用没有箭头的耙形图表示。

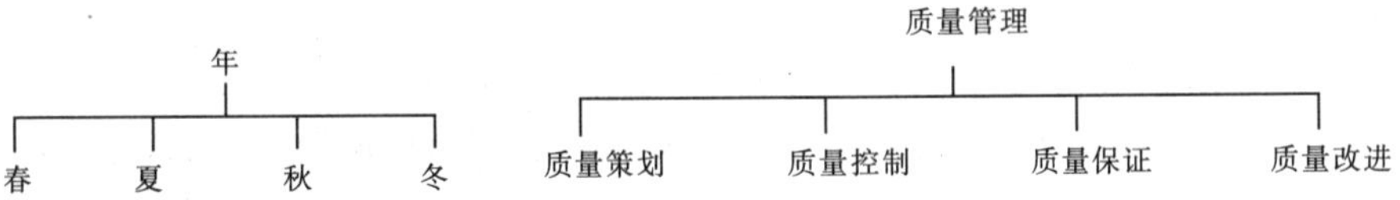

(三)关联关系

两个术语之间存在着相关、因果等联系。如阳光和夏天、过程和程序、过程和产品。用两端带有箭头的线表示。

三、主要术语

1. 质量:一组固有特性满足要求的程度

可区分的特征,包括:

功能性:如飞机的最高速度,电站的装机容量、年发电量;

物理性:机械性能、化学性能;

感官特性:如嗅觉气味、手感、视觉色彩、听觉噪音;

行为特性:如礼貌、诚实;

时间性:准确性、可靠性;

人体功效特性:生理特性、人身安全特性。

特性又可分为:

固有的特性:与生俱来的,本来就有的,如螺栓直径、车速。

赋予的特性:不是本来就有的,是增加的特性,如价格、供货时间、运输要求。

不同产品的固有特性与赋予特性是不相同的,某些产品的赋予特性可能是另一种产品的固有特性,如供货时间及运输方式对硬件来说是赋予特性,但对运输服务而言,就属于固有特性。

要求:明示的、通常隐含的或必须履行的需求或期望。

明示的要求:规定的要求;

通常隐含的要求:惯例、一般做法、不言而喻的要求,如存款的保密性要求,化妆品的皮肤保护要求;

必须履行的要求:法律、法规强制性的要求,如环境要求。

质量是一种程度,固有特性与要求对比测量后的程度。

要求是一把度量的尺子,要求不同,质量水准不同,时间不同,要求也不同。所以质量有实效性、相对性、广义性。质量可指产品、过程、体系质量。

2. 产品:过程的结果

产品分类:

硬件:有形产品,其量具有计数特性。

软件:无形产品,由信息组成,可以是报告、论文、程序等。

流程性材料:有形产品,其量具有连续性,可以是液体、气体、线状、块状。

服务——是无形的;

——是活动的结果,在与顾客接触面上的活动结果;

——是产品,服务提供过程与服务是在与顾客接触中同时发生,很难区分;

——可能是在顾客提供的有形产品上所完成的活动,如寄存、搬运、维修;

——也可能是在顾客提供的无形产品上所开展的活动,如公证、律师辩护等;也可能是无形产品的交付,如培训;

——也可能是为顾客创造一种氛围,如歌舞厅、休闲场地。

许多产品包括上述的二~四类,究竟属于哪类产品取决于其主导成分。如餐饮业,提供了菜肴(硬件)和服务,但其主导产品仍是服务。

3. 质量管理:在质量方面指挥和控制组织的协调的活动

注:在质量方面指挥和控制活动,通常包括制定质量方针和质量目标以及质量策划、质量控制、质量保证和质量改进。

——任何组织都包括各项管理,如行政、人力、财务、生产、技术、质量管理。质量管理仅是各项管理中的一部分，质量管理应与其他管理相结合。

——相互协调的活动包括：

质量策划：致力于制定质量目标并规定必要的运行过程和相关资源以实现质量目标；

质量控制：致力于满足质量要求；

质量保证：致力于提供质量要求会得到满足的信任；

质量改进：致力于增强满足质量要求的能力。

——组织可以通过建立质量管理体系来实施质量管理。

4. 质量管理体系：在质量方面指挥和控制组织的管理体系

体系、管理体系、质量管理体系处于三个层次上，有属种关系。

体系：相互关联或相互作用的一组要素。

要素是构成体系的基本单元，在9000族标准中要素可理解成过程。

管理体系：建立方针和目标并实现这些目标的体系。

建立体系时，制定方针目标──→为实现方针、目标，设计一组相互关联、相互作用的要素（过程）。

一个组织可以有不同的管理体系，财务管理体系、环境管理体系、质量管理体系。

质量管理体系：

建立质量方针目标──→为实现其确定相互关联的过程、活动、资源以建立质量管理体系──→对体系实行管理。

质量管理体系的建立要注意与其他体系的整合性。

5. 供应链：职责、权限和相互关系得到安排的一组人员及设施

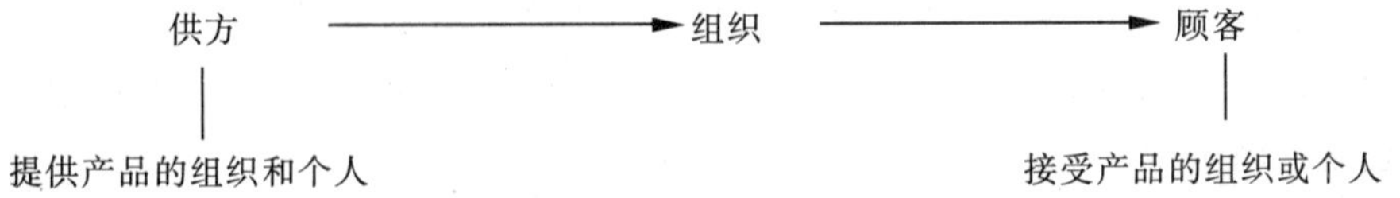

6. 相关方：与组织的业绩或成就有利益关系的个人或团体

包括顾客、组织、供方、投资方、员工和社会。

7. 设计和开发：将要求转换为产品、过程或体系的规定的特性或规范的一组过程

注1：术语“设计”和“开发”有时是同义的，有时用于规定整个设计和开发过程的不同阶段。

注2：设计和开发的性质可使用修饰词表示（如产品设计和开发或过程设计和开发）。

（1）“设计”和“开发”有时是同义的，在不同的场合下使用，表达的含义是相同的。例如，对硬件产品，一般采用“设计”一词；对计算机程序软件产品，一般采用“开发”一词。

（2）设计和开发过程的输入是要求，输出是产品、过程或体系的特性或规范。因对象的不同，设计和开发的性质也不相同。可以是产品的设计和开发、工艺的设计和开发、过程的设计和开发或者是体系的设计和开发。例如，硬件的产品设计通常指将各类要求转换为规定的产品特性和产品规范的过程。产品设计的结果通常形成图纸、产品规范、使用说明书、计算书等文件；硬件的工艺设计通常指将所规定的产品特性要求转换为加工规范的过程。工艺设计的结果通常形成工艺说明、加工流程图等文件。对服务行业而言，将顾

客的愿望转换为特定的服务项目也就是开发。开发的结果通常形成服务规范、公开承诺等文件。这类开发通常被认为是过程开发。一般,在服务行业中存在有大量的过程开发,如运输项目和运输路线的开发、新的培训课程的开发、银行网络储蓄服务的开发等。

需要特别引起注意的是,GB/T19001 标准的 7.3"设计和开发"指的是产品的设计和开发。对通用的四种类型的产品来说,大多数硬件(如彩色电视接收机)的产品设计和开发可以与生产该产品的工艺设计和开发区分开来;大多数流程性材料产品的设计和开发往往与生产该产品的工艺设计和开发紧密相关;大多数服务类产品的设计和开发也往往与开发该产品的过程设计和开发紧密相关。

第二节　八项质量管理原则

一、产生的背景和意义

多年来,在质量管理领域形成了一些有影响的质量管理理论、原则和思想。但不同的国家、不同的学者遵循不同的原则和思想,也有不同的表述,如日本坚持的全面质量管理,戴明的质量信条十四点,朱兰关于质量策划、质量改进和质量控制的质量三部曲。

为了奠定 ISO9000:2000 版标准的理论基础,使全世界普遍接受 ISO9000 族标准,ISO/TC176 从 1995 年开始成立了一个工作组,吸纳了一批国际上最受尊敬的质量管理专家的意见,用了两年的时间,整理并撰写了八项质量管理原则。

八项质量管理原则是质量管理理论和实践的总结,是质量管理最通用、最基本的一般规律,是质量管理的理论基础。八项质量管理原则的产生有其重要的意义。

(1)将八项质量管理原则系统地应用于 2000 版 9000 族标准中,使 9000 族标准有了扎实的理论基础。

(2)帮助最高管理者建立质量管理的理念,真正理解 9000 族标准的内涵,提高管理水平。

二、八项质量管理原则

(一)以顾客为关注焦点

组织依存于顾客。因此,组织应理解顾客当前和未来需求,满足顾客要求并争取超越顾客期望。

1. 理解

——没有顾客组织无法生存。

——组织应关注顾客的需求,理解并满足顾客要求。

——需求和要求随着时间是不断变化的,组织应了解顾客未来的需求,这就是营销。

——争取超过顾客期望,这是更高要求。

2. 应用

以顾客为关注焦点的应用见图 2-1。

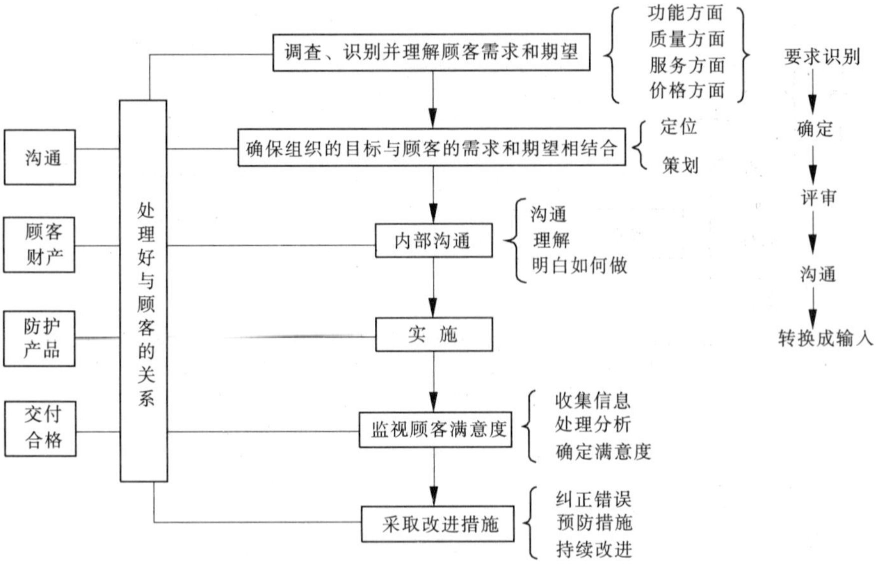

图 2-1 以顾客为关注焦点的应用

（二）领导作用

领导者确立组织统一的宗旨及方向。他们应当创造并保持使员工能充分参与实现组织目标的内部环境。

1. 理解

——领导者确定组织的宗旨，也就是组织的目的和意图，质量方针和质量目标是组织宗旨的组成部分。

——组织的生产活动形成了组织的运作方向。

——运作方向与宗旨应一致。

——创造氛围和内部环境，使员工充分参与实现组织的目标。

2. 应用

领导作用的应用见图 2-2。

（三）全员参与

各级人员是组织之本，只有他们的充分参与，才能使他们的才干为组织带来收益。

1. 理解

——全体员工是每个组织的基础。

——一个组织不仅需要最高管理者，还需要一定数量的员工。这是舵手和水手的关系。

——员工参与组织建设和发展，参与的程度不同，给组织带来的收益不同。

如：混饭吃——带来负效益

做一天和尚、撞一天钟——效益持平

尽职尽责——效益大于 1

发挥创造性——成倍效益

——最高管理者应使员工充分参与，激发他们的主观能动性和创造性，使他们充分发

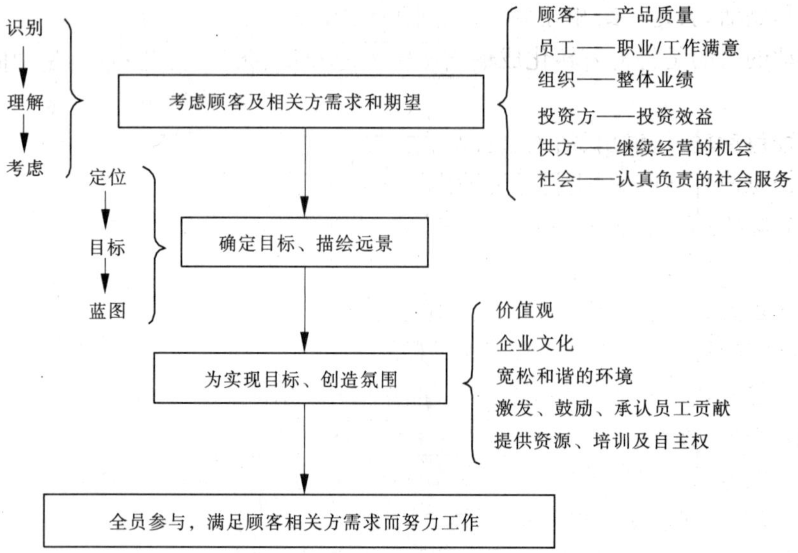

图 2-2　领导作用的应用

挥才干,为组织带来成倍效益。

2. 应用

全员参与的应用见图 2-3。

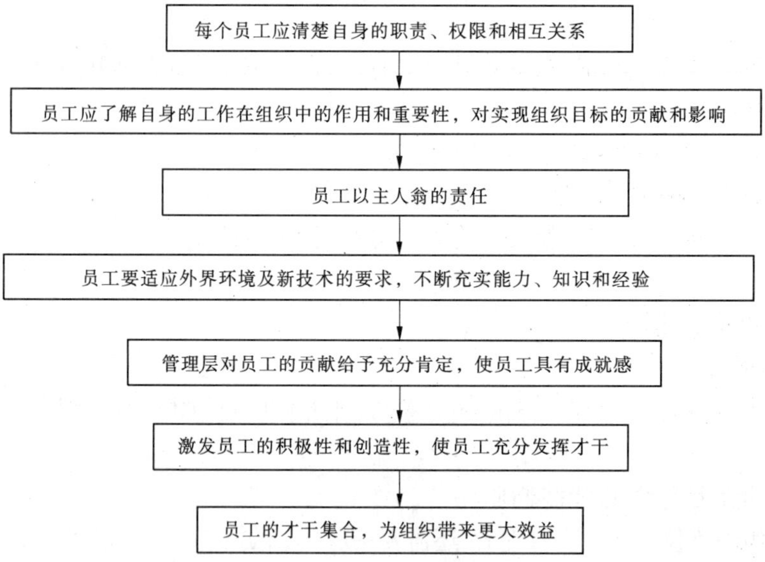

图 2-3　全员参与的应用

(四)过程方法

将活动和相关的资源作为过程进行管理,可以更高效地得到期望的结果。

1. 理解

(1)过程是一组将输入转化成输出的相互关联或相互作用的活动。

——过程是活动，是一组相互关联、相互作用的活动。

——活动的目的是将输入转化成输出。输入是资源、条件、方法；输出是中间产品或最终产品。

——过程包括输入、输出、活动、资源。

——过程应该是增值的，也就是说输出 > 输入 + 活动。

(2)系统地识别和管理组织所应用的过程，特别是这些过程之间的相互作用，称之为“过程方法”。

——站在系统和总体的角度，识别有哪些过程。

——对确定的每个过程，识别与其他过程的关系。

——管理过程和过程之间的关系。如何管理，用 PDCA 循环的方法。

(3)过程方法的作用。

——将组织内所有过程进行解剖，明确每个过程的输入、输出、活动、资源。检查过程是否增值，有利于合理使用资源，降低成本。

——掌握了过程及其相互关系，可以抓住主要问题，优先改进。

——通过过程解剖和过程改进，使过程高效，达到预期的结果。

2. 应用

过程方法的应用见图 2-4。

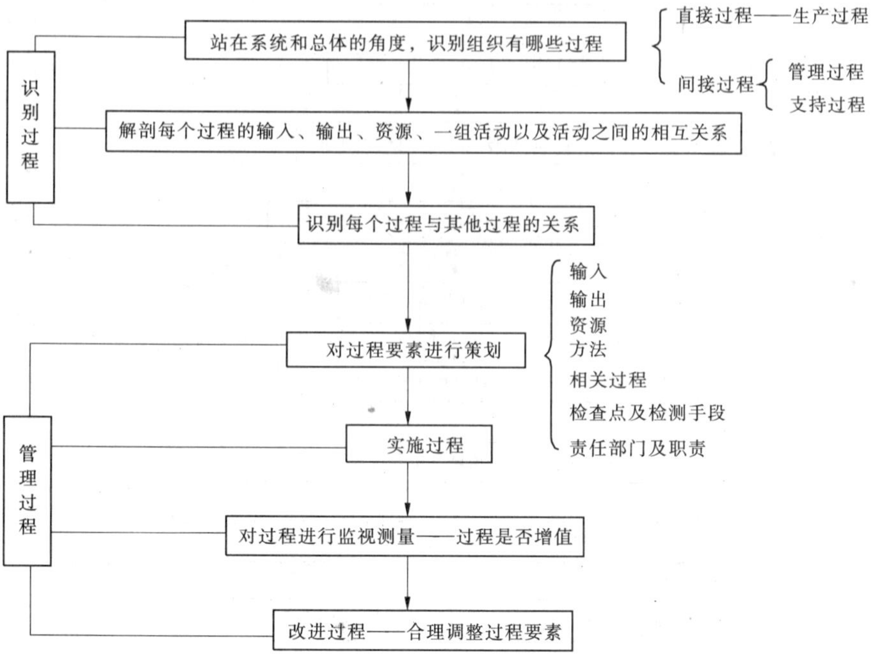

图 2-4　过程方法的应用

(五)管理的系统方法

将相互关联的过程作为系统加以识别、理解和管理，有助于组织提高实现目标的有效性和效率。

1. 理解

(1)系统是相互关联和相互作用的一组要素。

——要素的集合构成系统,要素和系统构成部分和整体的关系。

——系统内要素不是简单的排列,要素的顺序、关联及构成方式决定了系统的结构。

——质量管理体系的要素是过程,也就是说,一组相互关联、相互作用的过程构成质量管理体系。

(2)系统方法包括系统分析、系统工程和系统管理。

——系统地分析有关数据和资料,确定要达到的目标。

——通过系统工程,策划或设计应采取的措施和步骤以及资源,形成完整方案。

——实施中通过系统管理取得有效性和高效率。

2. 应用

管理的系统方法的应用见图2-5。

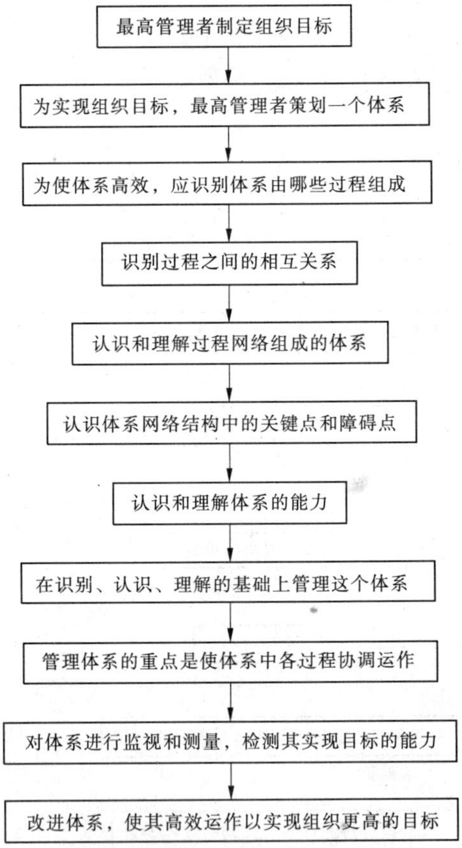

图2-5 管理的系统方法的应用

3. 过程方法和管理的系统方法的区别

——体系由过程构成,过程由活动、输入和输出组成。

——过程方法是基础,管理对象是单个过程,使单个过程高效运作。

——管理的系统方法比过程方法高一个层次,管理对象是过程组成的体系,使体系协调运行，减少制约，产生高效率和效益。

——每个组织都有一个体系，应先采用过程方法管理好每个过程，再用管理的系统方法管理好过程组成的体系。两者缺一不可，才能使体系协调一致高效运作。

（六）持续改进

持续改进总体业绩应当是组织的一个永恒目标。

1. 理解

——持续改进是增强满足要求的能力的循环活动（GB/T19000—2000 中 3.2.13 条）。

——持续改进是一种活动，一种螺旋上升的循坏活动。

——要求在不断地提高，满足要求的能力也要不断地增强，由此需要开展一系列持续改进活动。

——一个组织为了生存和发展，必须改进整体的业绩，业绩提高，组织就得以发展。

——组织不能满足于暂时和局部的业绩改进，要用发展的眼光，持续地改进总体业绩，不仅要作为永恒的目标，更要落实到每年的工作中。

2. 应用

持续改进的应用见图 2-6。

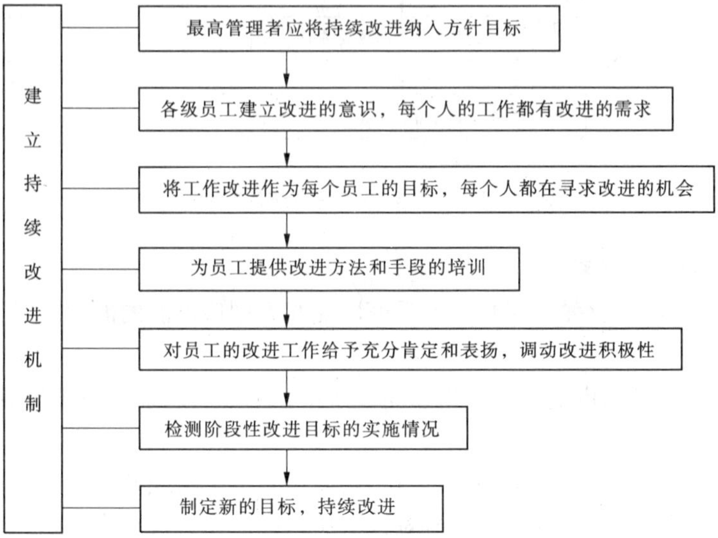

图 2-6　持续改进的应用

（七）基于事实的决策方法

有效决策是建立在数据和信息分析的基础上的。

1. 理解

——决策是一个过程，是一个在行动之前选择最佳行动方案的过程。

——决策既然是一个过程，它就应该有输入、输出和活动。

——决策输入是信息和数据，输出是行动方案，活动包括数据信息筛选、分析、初步决策、决策方案征询意见或评估、最终决策。

——决策方案是否有效和最佳，取决于输入信息和数据的正确性以及决策活动本身的水平。

——有效决策必须以事实或正确的信息为基础，通过统计技术及逻辑分析，做出正确决策。

——盲目决策或只凭个人主观意愿决策是绝对不可取的。

2. 应用

基于事实的决策方法的应用见图 2-7。

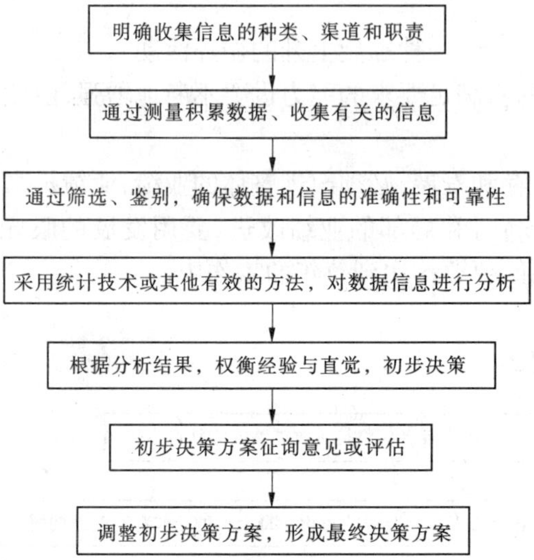

图 2-7　基于事实的决策方法的应用

（八）与供方互利的关系

组织与供方是相互依存的，互利的关系可增强双方创造价值的能力。

1. 理解

——通常一个产品不可能由一个组织完成从最初的原材料加工直至形成顾客需要的产品。

——所以每个组织都需要一个或多个供方，通过若干个组织共同来完成一个产品。

——供方所提供的材料、零部件可能对组织的最终产品有着重要影响，如钢筋、水泥、显像管等。

——供方提供的材料、零部件质量很高，使组织的产品质量得以保证，从而扩大市场占有率，对供方和组织都有利。

——所以组织和供方是合作伙伴关系，互相依存。

——合作的前提是互利互惠，组织应适当让利给供方，这样合作双方才能增强创造剩余价值的能力。

2. 应用

与供方互利的关系的应用见图 2-8。

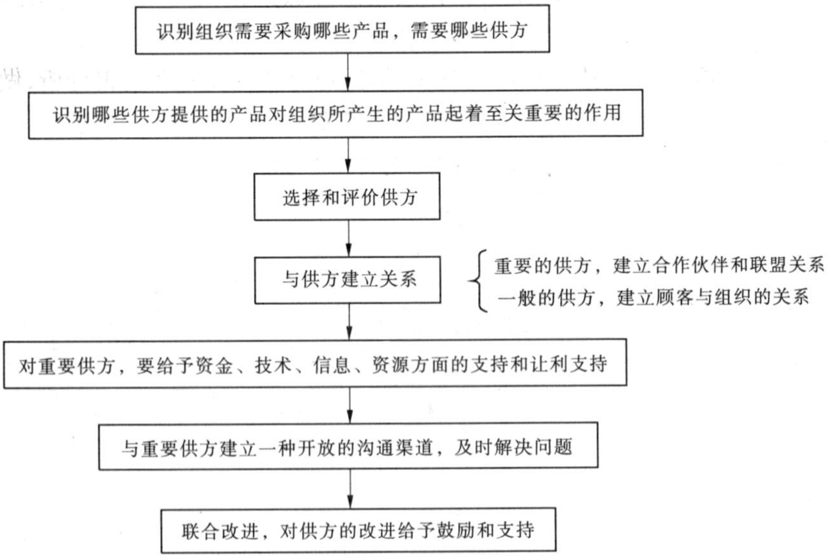

图 2-8　与供方互利的关系的应用

三、八项质量管理原则的系统应用

八项质量管理原则不仅仅适用于质量管理，它是管理学中最基本的一般规律和理论基础。八项质量管理原则的集合构成了一个系统，每项原则就是组成系统的要素，八项原则相互关联、相互作用构成了一个管理系统。系统地应用八项质量管理原则，才能达到高效、协调，不厚此薄彼。具体应用见图 2-9。

综上所述，八项质量管理原则的系统、有效应用，构成了 GB/T19001《质量管理体系要求》。GB/T19001 只是八项质量管理原则的具体应用和细化，所以在贯彻 2000 版 GB/T19000标准时，首先要理解八项质量管理原则及其构成的体系，用管理的系统方法科学合理地应用八项质量管理原则。

第三节　十二项质量管理体系基础

十二项质量管理体系基础体现了八项质量管理原则，又对质量管理体系的某些方面作了指导性说明，起着“承上启下”的作用。

一、质量管理体系的理论说明

1. 质量管理体系的目的

帮助组织增强顾客满意。反过来说，顾客满意程度是衡量质量管理体系有效性的总指标。

2. 顾客对组织的重要性

(1)组织依存于顾客；

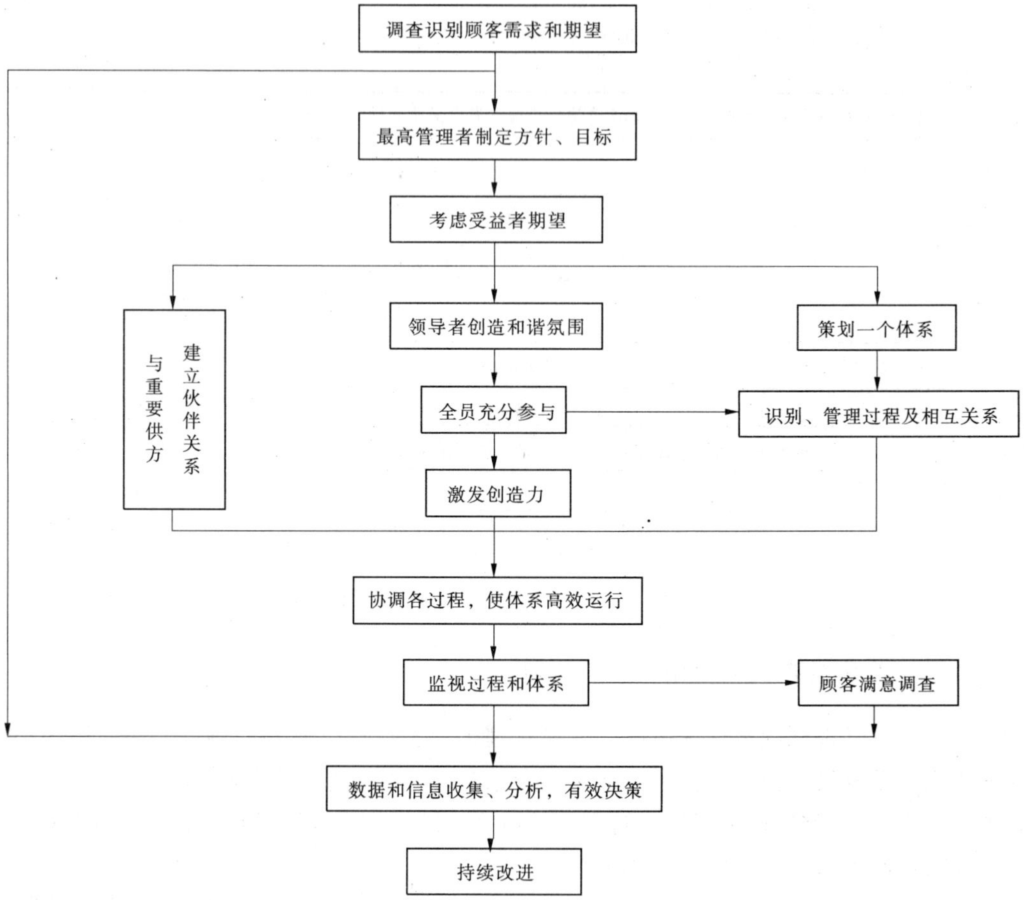

图 2-9　八项质量管理原则的系统应用

(2)组织提供的产品应能满足顾客的需求和期望。尽管需求可能是零散、模糊、不系统的,甚至是自相矛盾的;要求可能是合同形式,或非合同形式,组织都要对顾客的需求进行整理、归纳、分析转化成产品特性。产品是否可接受取决于顾客,顾客有最终决定权。

3. 持续改进的动力

(1)顾客的需求在不断变化和提高,这尤为重要;

(2)竞争的压力;

(3)科学技术的发展。

4. 质量管理体系的作用

(1)教给你一个方法——质量管理体系方法;

(2)提供持续改进的框架,也就是建立一种持续改进的机制;

(3)提供内外部质量保证。

二、质量管理体系要求与产品要求

9000 族标准提出了一个新的概念,对于任何产品必须满足两个要求。

产品要求——产品技术要求

- 由顾客规定、合同形成
- 组织预测后规定
- 技术规范
- 法规

四种形式出现

质量管理体系要求——产品管理要求，也就是 ISO9000 的要求，它是通用的，适用于不同产品、不同规模的组织。体系要求相同，但采取的措施却不相同，因而组织应根据具体情况，建立自己的质量管理体系。

质量管理体系要求是产品要求的补充。

三、质量管理体系方法

它是管理的系统方法在质量管理体系中的具体应用。

1. 作用

(1)内部质量保证——对过程能力和产品质量有信心；

(2)提供持续改进的基础和机制；

(3)增强顾客及相关方满意，从而使组织成功。

2. 体系方法的八个步骤

(1)确定顾客和相关方的需求及期望；

(2)建立组织的质量方针和质量目标；

(3)确定实现质量目标必需的过程和职责；

(4)确定和提供实现质量目标必需的资源；

(5)规定测量每个过程的有效性和效率的方法；

(6)应用这些方法确定每个过程的有效性和效率；

(7)确定防止不合格并消除产生原因的措施；

(8)建立和应用持续改进质量管理体系的过程。

可以看出，以上第(1)、(2)项是系统分析的工作，其成果是建立质量方针和质量目标。第(3)、(4)、(5)、(7)项是系统工程，即策划和设计的工作，其重点是确定过程、职责、资源、测量方法及纠正措施等。而第(4)、(6)、(8)项是具体实施过程的系统管理，包括具体测定现有的或改进后的过程的有效性和效率、提供资源及持续改进体系。

这八个步骤也符合 PDCA 循环的方法。

四、过程方法

1. 过程

指一组将输入转化为输出的相互关联或相互作用的活动。

2. 过程方法

指系统地识别和管理组织所应用的过程，特别是这些过程之间的相互作用。

3. 采用过程方法建立体系的一种模式（图 2-10）

（1）站在系统的角度识别质量管理体系有哪些过程，包括管理职责、资源管理、产品实现、测量、分析和改进四大过程。

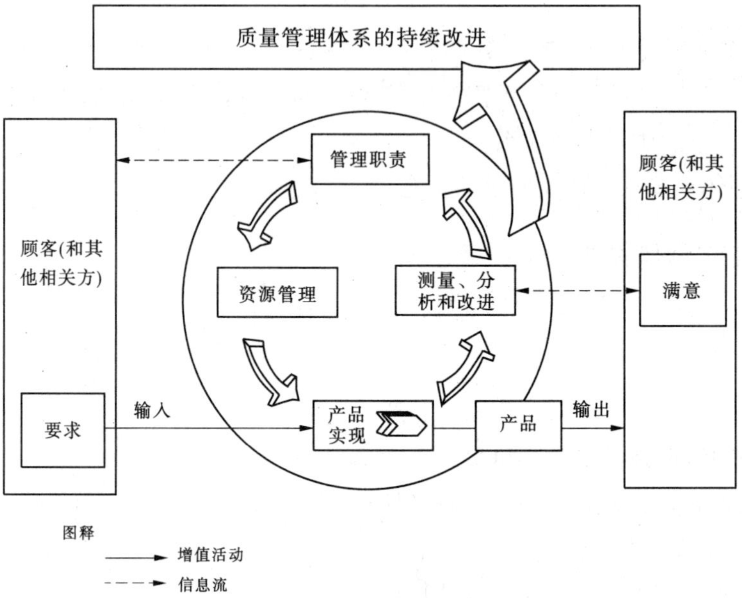

图 2-10　以过程为基础的质量管理体系模式

（2）剖析每个大过程由哪些子过程组成。

（3）识别每个过程的输入、输出、资源和活动。

（4）识别四大过程的相互关系。产品实现为主过程，管理职责为管理过程，资源、测量、分析和改进是对产品实现过程的支持过程。

（5）产品实现过程的输入是顾客要求，输出是顾客需要的产品。产品交付顾客后，要监视顾客对产品的评价和意见，将此意见反馈给组织进行测量、分析和改进，以此持续改进体系。

（6）在新的阶段，“管理职责”把新的信息反馈给顾客，顾客可依此形成新的要求。

（7）PDCA 用于管理过程，它适用于每个过程的持续改进，也适用于质量管理体系的持续改进。

五、质量方针和质量目标

（一）质量方针

质量方针是由组织的最高管理者正式发布的该组织总的质量宗旨和方向。

（1）最高管理者是指在最高层指挥和控制组织的一个人或一组人。通常泛指具有执行职责的最高管理者，如总经理。

(2)正式发布指应通过一种适当的形式表达。例如专门的质量方针文件或写在质量手册中。

(3)总的质量宗旨和方向可理解为组织在质量方面的未来发展远景规划或蓝图，是组织的追求。通常是宏观定性的。

(4)质量方针应与组织的总方针相一致。

(二)质量目标

质量目标是指组织在质量方面所追求的目的。

(1)可理解为在一定的时间范围内或限定的范围内，组织所规定的与质量有关的预期应达到的具体要求、标准或结果。

(2)质量目标应是可测量的。

(三)质量方针和质量目标的关系

(1)质量方针为制定、评审质量目标提供框架。

(2)质量目标通常依据组织的质量方针制定，是质量方针的展开。

(3)质量方针与质量目标应紧密相连，质量目标应与质量方针相一致。

六、最高管理者在质量管理体系中的作用

(一)创造氛围和环境

创造使员工能够发挥自身能力、积极参与的氛围和环境。

(二)在质量管理体系中发挥九项作用

(1)制定并保持组织的质量方针和质量目标(体现领导作用的原则)；

(2)通过增强员工意识、积极性和参与程度，在整个组织内促进质量方针和质量目标的实现(体现全员参与和领导作用原则)；

(3)确保整个组织关注顾客要求(体现以顾客为关注焦点原则)；

(4)确保实施适宜的过程以满足顾客和其他相关方要求并实现质量目标(体现过程方法原则)；

(5)确保建立、实施和保持一个有效的质量管理体系以实现目标(体现管理的系统方法原则)；

(6)确保获得必要的资源(体现领导作用原则)；

(7)定期评审质量管理体系(体现持续改进原则)；

(8)决定有关质量方针和质量目标的措施(体现基于事实的决策方法原则)；

(9)决定改进质量管理体系的措施(体现持续改进原则)。

七、文件

(一)文件的概念及构成

文件是信息及其承载媒体。

——文件由两个要素构成,一是信息,二是媒体。

——信息是文件的实质内容,媒体可以是纸、光盘等其他载体。

(二)在质量管理体系中文件的类型

(1)质量手册:规定组织质量管理体系的文件,它向组织内部和外部提供关于质量管理体系的一致信息。

(2)质量计划:对特定的项目、产品、过程或合同,规定由谁及何时应使用哪些程序和相关资源的文件。质量计划表述了质量管理体系如何应用于特定产品、项目或合同。这里的程序通常包括所涉及的质量管理过程和产品实现过程。质量计划通常引用质量手册的部分内容或程序文件。质量计划通常是质量策划的结果之一。

(3)规范:阐明要求的文件。规范可能与活动有关,这种情况下的规范可能是程序文件、过程规范和试验规范等。规范也可能与产品有关,这种情况下的规范可能是产品规范、性能规范和图样等。

(4)指南:阐明推荐的方法或建议的文件,例如ISO9004:2000《质量管理体系　业绩改进指南》。

(5)形成文件的程序:提供如何一致地完成活动和过程的信息的文件,例如文件控制程序。

(6)作业指导书:为某项活动的具体操作提供帮助指导信息的文件,例如设备操作说明。

(7)表格:规定收集或报告必要信息要求的文件。

(8)记录:阐明所取得的结果或提供所完成活动的证据的文件,例如管理评审记录。

记录可以为可追溯性提供文件,也可为验证、预防措施和纠正措施提供证据。

(三)文件价值

(1)沟通意图,统一行动;

(2)文件的真正价值在于文件所传递的信息;

(3)文件的产生和使用,应是增值过程。

(四)质量管理体系对文件的要求

(1)建立一个文件化的质量管理体系,而不是一个文件系统;

(2)文件的详略程度取决于组织的类型和规模、产品的过程及复杂程度、人员素质等;

(3)文件的要求不是形式上的,而是真正能使质量管理体系有效运行。

八、质量管理体系评价

(一)质量管理体系过程的评价

体系由相互关联、相互作用的过程构成,对过程的评价是体系评价的基础。

评价体系时,先评价过程,对评价的过程提出四个基本问题:

(1)过程是否已被识别,并做出适当的规定?

(2)职责是否已被分配,是否清楚?

(3)程序是否得到实施和保持?

(4)在实施结果方面,过程是否有效?

(二)质量管理体系审核

(1)确定体系的符合程度;

(2)评定体系的有效性;

(3)识别改进机会。

审核是为获得审核证据并对其进行客观的评价,以确定满足审核准则的程度所进行的系统的、独立的并形成文件的过程。质量管理体系审核有第一方审核、第二方审核、第三方审核。

(三)质量管理体系评审

质量管理体系评审在ISO9001标准中称为管理评审。由最高管理者依据质量方针和目标,对质量管理体系的适宜性、充分性、有效性和效率进行系统的评价。

评审包括方针、目标的修改需求,采取纠正和预防措施的需求,以适应顾客需求。

管理评审也是一个过程,有输入、输出、资源和活动。

(四)自我评定

自我评定是一种参照优秀模式对组织所进行的全面的、系统的评审,它有助于识别组织中需要改进的领域并确定优先开展的事项。

九、持续改进

(1)改进:为改善产品特性提高过程有效性和效率所开展的活动,改进是持续的活动。

(2)持续改进:持续改进是增强满足要求的能力的循环活动。

当改进是渐进的,并且积极地寻求进一步改进的机会,就是持续改进。

(3)有效性:完成策划活动和达到结果的程度。

(4)效率:达到的结果与所使用的资源之间的关系。

(5)持续改进的步骤:①分析和评价现状,以识别改进区域;②确定改进目标;③寻找可能的解决方法,以实现这些目标;④评价这些解决方法并作出选择;⑤实施选定的解决方法;⑥测量、验证、分析和评价实施的结果,以确定这些目标已经实现;⑦正式采纳更改;⑧识别进一步改进的机会。

十、统计技术的作用

(一)统计技术的作用

(1)帮助发现产品、过程变异或变差;

(2)对变异或变差进行测量、分析、建立模型,理解变异的性质、程度和原因,进而帮助组织;

(3)寻找最佳方法以解决现存问题；

(4)提高解决问题的有效性和组织的工作效率；

(5)利用数据进行分析和决策；

(6)持续改进。

(二)使用统计技术的优势

使用统计技术可以从一组数据中找出某种趋势和规律，以利于问题的解决。即使在数据相对有限的情况下，也可以进行规律性分析。

十一、质量管理体系与其他管理体系的关注点

(1)任何组织的管理体系都由多个部分构成，如财务体系、环境体系和安全体系；

(2)每一部分管理体系都有自己的目标；

(3)不同的目标关注不同的内容；

(4)各个部分的管理体系可以整合成一个整体；

(5)综合采用不同管理体系的共同要素，能够在合理策划、资源配置等方面带来好处。

十二、质量管理体系与优秀模式之间的关系

(一)优秀模式

国际上一些先进国家的著名管理模式，如美国的质量奖、欧洲质量奖和日本的戴明奖。

(二)质量管理体系方法和优秀模式的相同点

(1)遵循相同的质量管理原则；

(2)使组织能够识别它的强项和弱项；

(3)包括对照通用模式进行评价的规定；

(4)为持续改进提供基础；

(5)包含外部承认的规定。

(三)二者的不同点

二者的不同点在于应用范围不同。

(1)ISO19000 族标准提出了质量管理体系要求，为业绩改进提供指南；

(2)而优秀模式是一种竞争性的模式，评价具有最佳业绩的组织，它也是一种水平比较的模式；

(3)优秀模式适用于组织的全部活动，而 ISO19000 标准仅适用于质量活动，优秀模式应用范围广。

第四节　八项质量管理原则与十二项质量管理体系基础的关系

八项质量管理原则与十二项质量管理体系基础的关系见图 2-11。

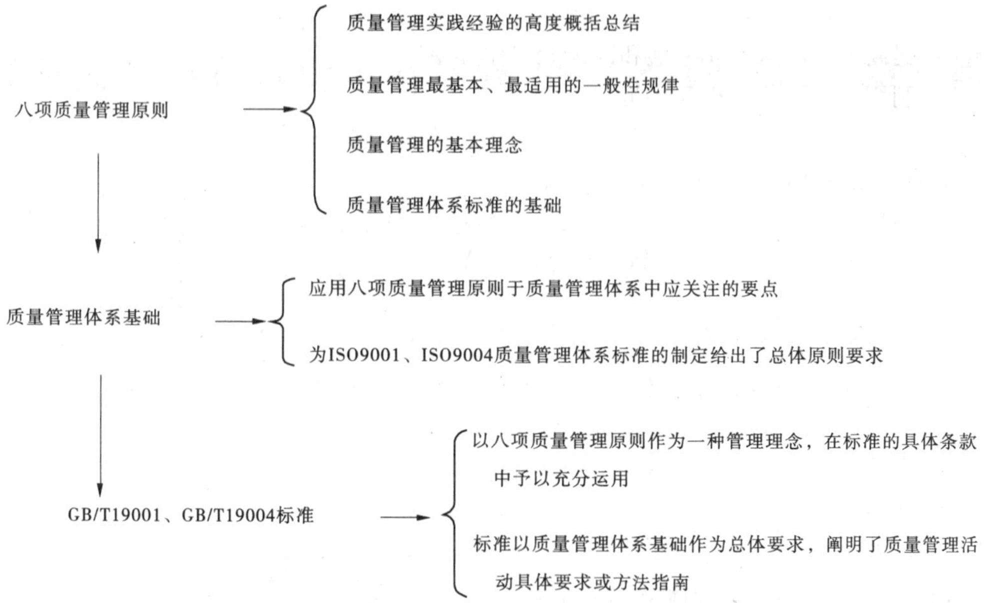

图 2-11　八项质量管理原则与十二项质量管理体系基础的关系

第三章　2000版ISO9001标准在工程建设行业的理解

标准由引言、正文、附录三部分组成。

第一节　引言部分

包括四个条款：0.1 总则
0.2 过程方法
0.3 与ISO9004的关系
0.4 与其他管理体系的相容性

一、总则

（1）是否建立质量管理体系需要组织做出战略性决策。

决策包括：搞贯标——设计成什么样的体系，不搞贯标。

（2）按照ISO9001标准建立的质量管理体系不是千篇一律的，而是多种多样的，所以标准不是着眼于统一质量管理体系的结构，更不是想统一质量管理体系文件。

（3）设计成什么样的体系，取决于以下条件的影响：①各种需求（包括顾客要求及相关方的需求）；② 具体目标（组织的目标）；③ 产品类型（硬件、软件、流程性材料和服务）；④ 研究确定的产品范围；⑤ 所采用的过程（关键过程是什么？过程之间的关系是否复杂）；⑥ 组织的规模和结构（人员、场地、产量的大小，组织结构的复杂程度）。

（4）本标准规定的质量管理体系要求是产品要求的补充。产品要求是产品的技术要求，它取决于顾客要求和法规、规范要求。质量管理体系要求是管理要求，是为了保证产品的实现而采取的管理手段，它是产品要求的补充。

（5）标准中“注”不是强制性要求，是提供理解和指南的。

（6）标准可用于内部和外部，包括顾客、认证机构和政府。

（7）标准是用于评价能力的，评价组织满足顾客、法律法规和自身要求的能力。

（8）标准是以八项质量管理原则为基础制定的。

二、过程方法

（1）通过使用资源和管理，将输入转化成输出的一组活动，可视为过程。

（2）诸过程的系统应用，连同这些过程的识别和相互作用及其管理，称为过程方法。

（3）本标准鼓励组织在建立实施、改进质量管理体系时，采用过程方法，通过满足顾客要求增强顾客满意。

（4）过程方法的优点，对系统中单个过程之间的联系、过程组合和相互作用实施连续监控。

（5）过程方法应用在质量管理体系时，应强调PDCA的重要性。①识别、理解、考虑、满足顾客要求，作为过程的输入（P）；②从增值的角度考虑、策划、确定过程（D）；③检查过程的业绩、有效性（C）；④根据客观的测量结果持续改进体系（A）。

（6）标准以过程为基础给出了一种质量管理体系模式（见图2-10），可以解释如下：

①一个组织创建伊始，首先确定管理职责，策划建立质量管理体系；确定资源、管理资源；然后进入产品实现，生产完成后，即进入检验，对检验结果进行分析，提出改进措施。由此质量管理体系得以提高改进，进入下一个循环，也就是持续改进。

②产品实现之前，顾客的要求是重要的输入，资源也是产品实现过程的输入。将产品实现过程展开成若干个子过程，每个子过程都有自己的输入、输出、相互关联的活动。产品实现过程的输出即产品，提交给顾客。顾客是否满意的信息反馈给组织进行改进，改进的信息一方面反馈给顾客，一方面提供给管理层，用以决策，决策的结果反馈给顾客，作为顾客要求输入产品实现。

③PDCA 的方法可适用于所有过程和质量管理体系，它用来管理过程和改进过程。

P——策划：根据顾客要求和组织的方针，策划目标和过程。

D——实施：实施过程。

C——检查：根据要求进行监视和测量，并报告结果。

A——提高：采取措施，以持续改进过程业绩。

三、与 ISO9004 的关系

ISO9001 与 ISO9004 是一对协调一致的质量管理体系标准。

（1）相同点：①都采用过程为基础的体系模式；②具有相似的结构；③运用相同的术语；④遵循相同的八项质量管理原则；⑤在相关的内容上保持一致；⑥相互补充，可单独使用。

（2）不同点：ISO9001 与 ISO9004 标准的不同点见表 3-1。

表 3-1　ISO9001 与 ISO9004 标准的不同点

ISO9001	ISO9004
规定了质量管理体系要求	业绩改进指南
可用于内、外部	仅用于内部
关注有效性	除关注有效性外，还关注总体业绩和效率，超越 ISO9001，为追求改进业绩提供指南

四、与其他管理体系的相容性

（1）本标准考虑了与其他管理体系的相容性，以便把质量管理体系与其他体系融合起来，建立一体化的管理体系。

（2）本标准在制定时考虑了与环境管理体系 GB/T14001—1996 相互趋近，以增强两类标准的相容性。

（3）本标准未包括其他管理体系如环境管理体系的具体要求。

（4）组织可以将质量管理体系与其他体系整合成一体化的体系。

（5）组织为了建立符合本标准要求的质量管理体系，可能需要改变现行的管理体系。所以也要考虑与现行体系的相容性。

第二节 正文部分

一、范围

（一）总则

> 1 范围
>
> 1.1 总则
>
> 本标准为有下列需求的组织规定了质量管理体系要求：
>
> a）需要证实其有能力稳定地提供满足顾客和适用的法律法规要求的产品；
>
> b）通过体系的有效应用，包括体系持续改进的过程以及保证符合顾客与适用的法律法规要求，旨在增强顾客满意。
>
> **注：**在本标准中，术语“产品”仅适用于预期提供给顾客或顾客所要求的产品。

理解要点：

（1）下列组织可以使用本标准：①组织需要证实自己具备稳定地提供满足顾客要求和适用的法律法规要求的产品；②通过体系的有效应用，以增强顾客满意。怎样才算体系有效应用？能够持续改进过程，持续改进体系，能够不断地提供符合顾客与法律法规要求的产品，即为体系的有效应用。

（2）ISO19001 所规定的要求，是最基本的要求，可以超越本标准要求，不能低于本标准要求。

（3）组织在采用 ISO19001：2000 标准之前，已有一个质量管理体系，则应补充、完善、改进原有体系，而不是完全放弃原有体系。

（二）应用

> 1.2 应用
>
> 本标准规定的所有要求是通用的，旨在适用于各种类型、不同规模和提供不同产品的组织。
>
> 当本标准的任何要求因组织及其产品的特点而不适用时，可以考虑对其进行删减。
>
> 除非删减仅限于本标准第 7 章中那些不影响组织提供满足顾客和适用法律法规要求的产品的能力或责任的要求，否则不能声称符合本标准。

理解要点：

（1）标准的要求是通用的，可以适用于各种类型、不同规模和提供不同产品的组织。

（2）达到标准要求的方法、途径和措施不同，取决于产品类型、复杂程度、组织的基础等因素。

（3）当要求不适用时，可以进行删减，但删减是有范围和条件的。

(4)删减的范围和条件:①仅限于第7章“产品实现”中所列的要求;②删减不能影响组织提供满足顾客和适用法律法规要求产品的能力;③删减不能影响组织提供满足顾客和适用法律法规要求产品的责任;④删减的细节和合理性应在手册中加以描述。

(5)当需要声称符合标准要求时,删减应特别注意以下几点:①当组织将某些过程进行外包时,应对外包过程实施控制,并承担相关责任。此类外包过程不能删减。②当组织对已定型的产品有修改权时,对修改的设计应负有责任,此类也不能删减设计和开发。③当组织不直接从事某项活动,但与这些活动有某些联系,也负有相关的责任时,也不能删减。

二、质量管理体系

(一)总要求

4　质量管理体系

4.1　总要求

组织应按本标准的要求建立质量管理体系,形成文件,加以实施和保持,并持续改进其有效性。

组织应:

a)识别质量管理体系所需的过程及其在组织中的应用(见1.2);

b)确定这些过程的顺序和相互作用;

c)确定为确保这些过程的有效运行和控制所需的准则和方法;

d)确保可以获得必要的资源和信息,以支持这些过程的运行和对这些过程的监视;

e)监视、测量和分析这些过程;

f)实施必要的措施,以实现对这些过程策划的结果和对这些过程的持续改进。

组织应按本标准的要求管理这些过程。

针对组织所选择的任何影响产品符合要求的外包过程,组织应确保对其实施控制。对此类外包过程的控制应在质量管理体系中加以识别。

注:上述质量管理体系所需的过程应当包括与管理活动、资源提供、产品实现和测量有关的过程。

理解要点:

(1)给出了建立质量管理体系,实施、保持、改进体系的总思路和要求。建立体系的思路和要求就是要按照过程方法来运作。具体来说,就是识别过程及其相互关系,管理过程及其相互关系。

(2)将过程方法展开应用于体系,就要做好以下方面的工作:①首先要识别建立体系需要的全部过程,包括外包过程。识别每个过程的输入、输出,所需开展的活动和投入的资源。② 要识别和确定这些过程之间的内在联系和相互作用,确定过程的排列顺序。③为使过程有效运行并达到预定的结果,应确定控制过程所需的准则和方法,即控制过程的程序和要求,也就是说,应对过程的输入、输出及开展的活动和投入的资源,使用的方法、途径、人员的职责等做出详细规定。④为确保过程达到预期结果,应投入必要的资源、信息，包括人力、资金、设备、技术信息及质量信息。⑤对过程的监视、测量及分析方法给予确定，以了解过程运作的趋势及实现策划结果的程度。⑥根据监视、测量分析结果，对过程采取措施，以实现预期的结果，持续改进过程。

(3)识别过程，还要识别哪些过程需要外包，才能完成预定的产品。识别了外包过程，以便对其控制，具体控制办法见标准7.4条款。此处强调识别外包过程。

(4)质量管理体系的四大过程是管理职责、资源管理、产品实现、测量分析和改进。每个大过程都可再分解成若干个小过程。

工程建设行业理解要点：工程建设行业的主要产品有工程勘察、工程设计、工程咨询、工程监理、工程施工、工程检测、工程总承包等。

每种产品都需一个大的过程来实现它，大过程中又包含若干个小过程，所以每种产品都是一个过程网络。下面以工程施工为例，说明如何满足4.1条款的要求。

工程施工是一个大的过程，子过程包括项目投标、洽商合同、组建项目部、施工准备(技术准备、编制施工组织设计、物质准备、劳动组织准备、施工现场准备、人员教育)、建筑材料采购及检验、地基基础施工、主体结构施工、屋面施工、地面施工、装修、采暖给排水安装、电气安装、质量验收(检验批、分项工程、分部工程、单位工程、竣工验收)。对每一个子过程都有输入、输出、活动和投入的资源。如编制施工组织设计，输入的是建设项目基础文件、法规和技术规范、建设地区原始资料；输出的是"施工组织设计"文本，所开展的活动是收集资料、编制、审批活动；投入的资源是人力、软件和计算机设备等。

工程施工的各个子过程之间都有内在联系，如每个分部分项工程施工，都穿插着材料试验、检验批验收，分部分项工程验收。对每个分部分项工程施工，都要以施工方案的形式明确施工方法和应遵循的规范或准则。在整个施工过程中遇到问题都要持续改进。

(二)文件要求

1.总则

> 4.2　文件要求
>
> 4.2.1　总则
>
> 质量管理体系文件应包括：
>
> a)形成文件的质量方针和质量目标；
>
> b)质量手册；
>
> c)本标准所要求的形成文件的程序；
>
> d)组织为确保其过程的有效策划、运行和控制所需的文件；
>
> e)本标准所要求的记录(见4.2.4)。
>
> **注**1：本标准出现"形成文件的程序"之处，即要求建立该程序，形成文件，并加以实施和保持。
>
> **注**2：不同的组织的质量管理体系文件的多少与详略程度取决于：
>
> a)组织的规模和活动的类型；
>
> b)过程及其相互作用的复杂程度；
>
> c)人员的能力。
>
> **注**3：文件可采用任何形式或类型的媒体。

理解要点:

(1)质量管理体系文件是体系运行的依据,可以起到沟通意图、统一行动、传递信息的作用。

(2)文件是指信息及其承载媒体(可以是纸张、照片、计算机磁盘、光盘或其他电子媒体或它们的组合等)。

(3)质量管理体系文件包括:①形成文件的质量方针和目标,可作为独立文件,也可包含在手册中;②质量手册;③本标准所要求的6个程序文件(文件控制、记录控制、内部审核、不合格品控制、纠正措施、预防措施);④组织为确保过程有效策划、运行和控制所需的文件,可能是程序文件,也可能是作业文件或表格、流程图等形式,其他的质量活动是否需要文件由组织自己确定;⑤本标准所要求的记录,共21处。

(4)体系文件的多少与详略程度,取决于:①产品的类型:制造业、服务业等;②过程及其相互作用的复杂程度;③组织规模——产量、人数;④人员的能力,教育的程度、技能、经验和培训情况。

(5)文件策划范例:某咨询公司2000版质量管理体系文件总体策划见图3-1。

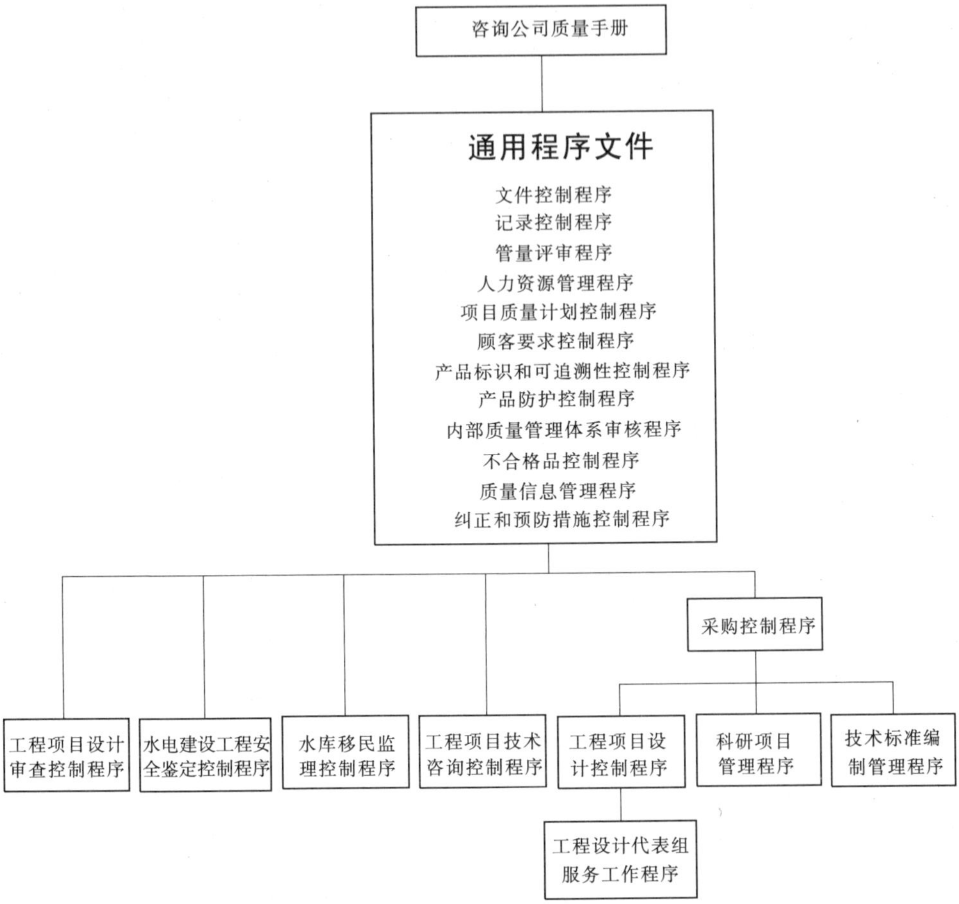

图3-1　某咨询公司2000版质量管理体系文件总体策划

2. 质量手册

4.2.2　质量手册

组织应编制和保持质量手册，质量手册包括：

a)质量管理体系的范围，包括任何删减的细节与合理性（见1.2）；

b)为质量管理体系编制的形成文件的程序或对其引用；

c)质量管理体系过程之间的相互作用的表述。

理解要点：

(1)质量手册是规定组织质量管理体系的文件。

(2)所有采用本标准的组织均应编制质量手册，并实施和保持质量管理体系。

(3)手册至少应包括以下三方面的内容：①清楚地阐明质量管理体系的范围，即质量管理体系所涉及的产品、区域和过程。如果存在删减的话，应阐明删减的条款及理由。②已策划并编制完成的所有程序文件，在手册中汇编或简明介绍。③质量管理体系所包括的所有过程及其相互作用的描述。

(4)手册内容的详略程度，取决于产品类型、过程复杂程度、规模等。质量手册可不按照与标准对应的条款格式编制，按照工程的实施过程顺序编制质量手册更适应于组织的运作。

(5)手册本身是文件，应按文件控制的要求对手册进行控制。

3. 文件控制

4.2.3　文件控制

质量管理体系所要求的文件应予以控制。记录是一种特殊类型的文件，应依据4.2.4的要求进行控制。

应编制形成文件的程序，以规定以下方面所需的控制：

a)文件发布前得到批准，确保文件是充分与适宜的；

b)必要时对文件进行评审与更新，并再次批准；

c)确保文件的更改和现行修订状态得到识别；

d)确保在使用处可获得适用文件的有关版本；

e)确保文件保持清晰、易于识别；

f)确保外来文件得到识别，并控制其分发；

g)防止作废文件的非预期使用，若因任何原因而保留作废文件时，对这些文件进行适当的标识。

理解要点：

(1)文件控制是指文件的编制、评审、批准、发放、使用、更改、再次批准、标识、回收、作废等全过程的管理。目的是确保在文件的使用现场得到适用文件的有关版本，防止使用作废文件。

(2)记录是一种特殊的文件。其特殊在于，记录的表格是文件，一旦填写完毕就转变成记录了，不允许更改或更新。记录是提供活动结果证据的文件，不是指导活动应如何做的操作性文件。

(3)识别与质量管理体系有关的文件有哪些,其范围远大于质量管理体系文件。

(4)应编制文件控制程序,内容包括:①文件发布前得到批准,以确保文件适宜(适合于产品及组织情况)和充分(阐述要点完整、充分)。应规定各类文件由谁审批。②由于各种原因,文件可能要随内外部条件变化,所以要评审文件的适宜性(结合内审和管理评审),评审后可能需要更改,更改后需再次审批。③由于文件不断地更改,所以应能识别文件的现行修订状态。如何识别,组织自己定办法。④确保在使用场所得到适用文件的有关版本。适用版本不一定是最新版本。⑤文件应易于识别,清晰可辨。可采用编号的方法识别,字迹应清晰。⑥应识别与产品有关的所有外来文件,即哪些外来文件适用本组织。应识别适用的外来文件的有效性,即有效版本;对外来文件进行适当标识;控制外来文件的分发,使其受控;外来文件的知识产权属于顾客时,应按顾客财产进行控制并满足标准 7.5.4 条款的要求。⑦防止作废文件的非预期使用。尽可能收回作废文件,若因某种原因而保留作废文件时,应对作废文件进行适当的标识。

工程建设行业理解要点:

首先要确定工程建设行业文件控制的范围和类型。工程建设行业的受控文件包括:

(1)质量管理体系文件;

(2)与工程有关的现行法律、法规、规章和技术标准等;

(3)工程项目的技术文件、管理文件,顾客提供的文件;

(4)计算机软件。

对以上文件应分类控制,质量管理体系文件应控制其编制、评审、批准、发放、更改、再次批准;对法律、法规、技术标准、计算机软件应掌握其现行有效版本,作废标准应加以标识,防止使用作废版本;对顾客提交的各类文件,应验证并控制其分发;对工程项目技术文件、管理文件应控制其修改情况;对于直接影响工程质量的工程项目总体策划文件,如设计文件、施工组织设计等经评审后方可审批。应确保办公和施工现场的文件数量和质量均能满足工程需要。

4. 记录控制

> 4.2.4　记录控制
>
> 应建立并保持记录,以提供符合要求和质量管理体系运行的证据。记录应保持清晰、易于识别和检索。应编制形成文件的程序,以规定记录的标识、贮存、保护、检索、保存期限和处置所需的控制。

理解要点:

(1)记录是阐明所取得的结果或提供所完成活动的证据的文件。

(2)质量管理体系的证实依据不仅仅限于记录,还包括观察的结果、询问的结果等。

(3)除了企业本身的记录外,还应包括适当的外包过程的证实性记录。

(4)记录的作用:可提供证据,具有追溯、证实和依据记录采取纠正和预防措施的作用。

(5)标准有 21 处提出记录要求,其他记录由组织自己决定。

（6）对记录本身的要求：记录表式应予以审批。记录应清晰、编号，易于识别和检索。

（7）应编制记录控制程序，对记录控制要求为：①对记录进行标识，可采用编号、颜色、名称方式；②记录贮存，安排适宜的环境，防止损坏和丢失；③保护，包括记录的保护、保管、借阅要求；④检索，易于查找，包括对编目、归档、查阅要求；⑤保存期，根据法规及合同要求，决定每个记录的保存期；⑥处置，记录销毁要求，处置权限。

（8）记录应有归档清单。

三、管理职责

（一）管理承诺

> 5　管理职责
>
> 5.1　管理承诺
>
> 最高管理者应通过以下活动，对其建立、实施质量管理体系并持续改进其有效性的承诺提供证据：
>
> a）向组织传达满足顾客和法律法规要求的重要性；
>
> b）制定质量方针；
>
> c）确保质量目标的制定；
>
> d）进行管理评审；
>
> e）确保资源的获得。

理解要点：

（1）最高管理者是在最高层指挥和控制组织的一个人或一组人。

（2）最高管理者应做出承诺：建立、实施质量管理体系并持续改进其有效性。

（3）从以下5个方面来实现承诺，并提供证据。①向全体员工传达满足顾客要求和法律法规要求是至关重要的。②质量方针是由组织的最高管理者正式发布的该组织总的质量宗旨和方向。③质量目标是在质量方面所追求的目的。在质量方针的框架下，制定质量目标，并确保在相关部门和层次上分解。④通过对质量管理体系的适宜性、充分性和有效性进行评审，寻找改进的机会，使管理承诺得到落实。⑤建立、实施和改进质量管理体系，必将涉及资源的投入，最高管理者必须确保这些资源的获得。

（二）以顾客为关注焦点

> 5.2　以顾客为关注焦点
>
> 最高管理者应以增强顾客满意为目的，确保顾客的要求得到确定并予以满足（见7.2.1和8.2.1）。

理解要点：

（1）组织的生存和发展依存于顾客，组织应满足顾客要求，并不断地提高顾客满意程度，将此作为组织的追求。

（2）顾客要求不仅涉及到产品要求，还涉及到体系要求，组织应识别这些要求。

（3）将已识别的要求加以确定，转化成产品特性和规范。

(4)顾客满意是指顾客对其要求已被满足的感受程度。即使顾客要求已经满足,但顾客不一定很满意。通过了解顾客的满意程度,有效沟通,分析测量,来判定是否满足了顾客要求,以增强顾客满意度。

(5)对于工程建设行业而言,这里的顾客包括政府、建设方和业主,应分别研究政府、建设方和业主的需求,关注需求的变化,持续地满足其要求。

(6)"以顾客为关注焦点"是一种理念,体现在质量手册的各个章节,如目的、范围、质量方针和目标、与顾客有关的过程、设计和开发、顾客财产、产品防护、顾客满意等过程中,因此质量手册中可不再对本条款要求进行单独描述。

(三)质量方针

> 5.3　质量方针
>
> 最高管理者应确保质量方针:
>
> a)与组织的宗旨相适应;
>
> b)包括对满足要求和持续改进质量管理体系有效性的承诺;
>
> c)提供制定和评审质量目标的框架;
>
> d)在组织内得到沟通和理解;
>
> e)在持续适宜性方面得到评审。

理解要点:

质量方针是由组织的最高管理者正式发布的该组织总的质量宗旨和方向。

八项质量管理原则可以作为制定质量方针的基础。

最高管理者应确保质量方针:

(1)与组织的宗旨相适应。组织的宗旨包括多方面的内容,质量方针应与组织的总宗旨相一致、相适应。

(2)对满足要求和持续改进质量管理体系有效性作出承诺。要求指顾客要求和法律法规的要求,方针中应包括满足要求和持续改进体系的承诺。

(3)质量方针是建立质量目标的框架和基础。两者关系表现在:目标应在内容上与方针相吻合,是方针实施的具体体现。方针是否落实,通过评审目标的实现情况来判定。

(4)方针应得到沟通和理解。沟通理解不能落实在口头上,而应落实在意识和行动上。要意识到自己工作的重要性,为实现目标作出贡献。沟通可通过最高管理者传达和内部沟通等过程来实现,理解可通过培训来实现。

(5)在持续适宜性方面得到评审。内外部条件和环境在不断变化,导致组织的宗旨和方向、顾客要求都发生变化,因此应对方针进行适宜性评审和修订。评审一般结合管理评审进行。

(6)应对方针的制定、批准、评审和修订进行全面控制。

(7)某咨询公司质量方针范例:科学管理、技术领先、客观公正、顾客满意。前三句,可以说与公司总的宗旨相一致,只有科学管理、技术领先、客观公正才能保证审查质量,为政府把好关;顾客满意是动态词语,随着顾客要求的变化和提高,持续地达到顾客满意,这就要求不断地满足顾客及法规要求,持续地改进质量管理体系。

(四)策划

1. 质量目标

> 5.4 策划
>
> 5.4.1 质量目标
>
> 最高管理者应确保在组织的相关职能和层次上建立质量目标,质量目标包括满足产品要求所需的内容[见(7.1a)]。质量目标应是可测量的,并与质量方针保持一致。

理解要点:

质量目标应:

(1)在质量方针的框架内展开质量目标。质量目标在满足产品要求和持续改进方面要与质量方针相一致。

(2)质量目标应包括满足产品要求所需的内容。方针中包括了满足要求的承诺,目标可在满足要求的承诺下,展开产品要求。

(3)目标应是可测量的。包括定量和定性,尽量定量,便于评价和考核。

(4)目标应在相关职能和层次上得到建立,即将目标进行分解,到底分解到哪个层次,由组织决定,只要能使方针目标得到实现即可。

(5)某设计院质量目标范例:

——保持质量管理体系有效运行,并持续改进;

——每年有2~3项获部级及以上奖励;

——确保产品合格率100%;

——忠实履行合同,确保合同履约率100%;

——提供符合法律、法规和安全要求的产品及服务,不断提高顾客满意度。

2. 质量管理体系策划

> 5.4.2 质量管理体系策划
>
> 最高管理者应确保:
>
> a)对质量管理体系进行策划,以满足质量目标以及4.1的要求。
>
> b)在对质量管理体系的变更进行策划和实施时,保持质量管理体系的完整性。

理解要点:

(1)质量策划是质量管理中的一部分,致力于制定质量目标,并规定必要的运行过程和相关资源,以实现质量目标。

(2)质量管理体系策划包括四大过程的策划,策划的方法是过程方法,即识别过程、管理过程及其相互关系。体系总的框架要满足总要求(4.1),具体每个过程应满足本标准有关条款的要求。

(3)先制定质量目标,通过体系策划和建立、运行来实现质量目标。

(4)质量管理体系的策划应突出全员参与、领导者作用和管理的系统方法的思想。包括确保质量管理体系的完整性,特别是建筑企业的动态整合,必须注意质量管理体系的完整性。

(5)质量管理体系会因各种原因导致变更，在变更前应策划，形成文件，变更后运行新的文件，不能因为体系变更，导致体系停滞一段时间。

(6)质量管理体系策划的输出结果可以是质量手册和程序文件等。

(五)职责、权限与沟通

1. 职责和权限

> 5.5　职责、权限与沟通
>
> 5.5.1　职责和权限
>
> 最高管理者应确保组织内的职责、权限得到规定和沟通。

理解要点：

(1)职责权限得到规定。首先确定部门和岗位设置，明确部门和岗位的职责和权限、明确与质量管理体系有关的组织机构的设置、典型的项目组织机构设置及职责和权限。

(2)职责和权限得到沟通。不仅要了解本部门的职责权限，还要了解其他部门的职责和权限。沟通方式，通过文件化、培训、会议等形式。

(3)各部门的职责和权限的履行应与必要的考核活动相结合。

2. 管理者代表

> 5.5.2　管理者代表
>
> 最高管理者应指定一名管理者，无论该成员在其他方面的职责如何，应具有以下方面的职责和权限：
>
> a)确保质量管理体系所需的过程得到建立、实施和保持；
>
> b)向最高管理者报告质量管理体系的业绩和任何改进的需求；
>
> c)确保在整个组织内提高满足顾客要求的意识。
>
> **注：**管理者代表的职责可包括与质量管理体系有关事宜的外部联络。

理解要点：

最高管理者应在管理层(中层或高层)中指定一名为管理者代表。作为管理者代表的职责权限应予以保证。管理者代表的职责和权限应包括：

(1)确保质量管理体系所需的过程得到建立、实施和保持；

(2)向最高管理者报告质量管理体系所取得的成绩和存在问题，以及需要改进的方面；

(3)确保在整个组织内增强质量意识，增强满足顾客要求的质量意识；

(4)与质量管理体系有关事宜的外部沟通和联络。

3. 内部沟通

> 5.5.3　内部沟通
>
> 最高管理者应确保在组织内建立适当的沟通过程，并确保对质量管理体系的有效性进行沟通。

理解要点:

沟通的主要目的是实行开放的、透明的管理,做到信息畅通,及时掌握体系实施情况,解决存在的问题。

沟通方式多种多样:质量分析例会、交流会、简报、布告、刊物、声像和电子媒体(如电子邮件)、组织内人员的调查表、建议书、专业人员之间的技术接口、设计人员与校审人员之间的配合、设计更改的协调、会签等。

沟通内容:体系有效性、过程业绩、产品质量等多方面。

沟通过程:确定了沟通方式后,确定沟通过程。沟通是否适宜,应以是否促进质量管理体系的有效性为判定依据。

沟通的落脚点:使管理体系的相关要求真正落实到位。

(六)管理评审

1. 总则

> 5.6　管理评审
>
> 5.6.1　总则
>
> 最高管理者应按策划的时间间隔评审质量管理体系,以确保其持续的适宜性、充分性和有效性。评审应包括评价质量管理体系改进的机会和变更的需要,包括质量方针和质量目标。
>
> 应保持管理评审的记录(见4.2.4)。

理解要点:

(1)管理评审是最高管理者的职责,评审的对象是质量管理体系,包括质量方针和目标。

(2)管理评审的目的是评价变更的需求,识别确定改进的时机。

(3)应策划管理评审的时机和时间间隔,并按此开展管理评审活动。

(4)确保质量管理体系持续的适宜性。

适宜性:质量管理体系与内外部环境的适应能力。

外部环境的变化可能是:①管理标准的变化;②顾客需求的变化;③市场及竞争对手的变化;④技术的进步;⑤法律法规、产品标准的变化等。

内部环境的变化可能是:①人员变化(管理层);②机构职责变化;③组织规模变化;④产品类型变化;⑤运行机制变化;⑥新技术、新设备的采用。

内外部环境的变化,要求体系也要不断地变化。及时调整、改进质量管理体系,才能与内外部环境相适应。

(5)确保质量体系持续的充分性:在评价过程和质量管理体系时,可能发现个别过程没有识别到位、识别后未给予恰当的规定、过程不能得到有效控制,使体系显得不充分。

在体系运行中发现存在一些问题,如过程控制不充分、资源不充分等,都要使之改进。

(6)体系持续的有效性:

有效性:完成所策划的活动,达到所策划结果的程度的度量。

为了判定体系的有效性,应将收集的信息与方针目标进行对比。信息包括:①顾客反馈的信息,如满意程度和抱怨等;②过程业绩;③产品符合性;④审核的结果。

(7)评价体系变更的需求和改进的时机:通过评价,发现质量管理体系存在的问题(不适应、不充分、无效的地方),找到了变更的需求。进而要评价变更的时机是否成熟,从而决策改进方案。

(8)管理评审的结果应予记录,并按照规定的要求进行传递。

2. 评审输入

> 5.6.2 评审输入
>
> 管理评审的输入应包括以下方面的信息:
>
> a)审核结果;
>
> b)顾客反馈;
>
> c)过程的业绩和产品的符合性;
>
> d)预防和纠正措施的状况;
>
> e)以往管理评审的跟踪措施;
>
> f)可能影响质量管理体系的变更;
>
> g)改进的建议。

理解要点:

评审输入为管理评审提供充分和准确的信息,是有效评审的前提,是决策的依据。输入包括:

(1)内外部审核结果。

(2)顾客反馈(包括抱怨、满意等)。

(3)过程业绩,实现增值达到预期结果的程度。

(4)产品符合性。

(5)纠正和预防措施的状况。

(6)以往管理评审实施情况及有效性。

(7)可能影响体系变更的内外界环境及变更的内容。

(8)改进的建议。也可从竞争对手的业绩给予评价,从而找出自身改进的方向。

3. 评审输出

> 5.6.3 评审输出
>
> 管理评审的输出包括与以下方面有关的任何决定和措施:
>
> a)质量管理体系及其过程有效性的改进;
>
> b)与顾客要求有关的产品的改进;
>
> c)资源需求。

理解要点:

应包括:

(1)质量管理体系适宜性、充分性和有效性的总体评价,体系、方针、目标变更的需求和改进的时机;

(2)过程、体系改进的决定和措施;

(3)产品改进的决定和措施;

(4)内外部条件变化,资源的需求也要随之调整的决定。

四、资源管理

(一)资源提供

> 6 资源管理
>
> 6.1 资源提供
>
> 组织应确定并提供以下方面所需的资源:
>
> a)实施、保持质量管理体系并持续改进其有效性;
>
> b)通过满足顾客要求,增强顾客满意。

理解要点:

(1)对于企业来说,本条款的重点是如何识别资源要求并能够及时提供资源。

(2)资源是产品实现、质量管理体系运行和改进的必要条件。

(3)应根据组织的宗旨、产品特点、规模确定所需的资源,有些资源可以借助外界来实现。

(4)提供的资源主要应用于:①为实现、保持现有质量管理体系,为持续改进质量管理体系的有效性;②因环境变更引起体系变更,引起过程改进,必然导致资源的调整或投入,所以提供资源也是动态的;③因顾客要求不断变化,引起对资源的变更需求,提供相应资源来满足顾客要求,增强顾客满意。

(5)可以通过组织的资质条件、质量管理体系策划的输出、管理评审的输出确定组织所需的资源。每个建设工程项目所需的资源通过产品实现的策划予以确定。

(6)应规定组织管理层和项目操作层配备资源的要求和方法。对项目操作层而言,资源配备包括工程的人力资源、工程施工设备、临时设施、通信设备、运输及支持性手段的配备等方面内容。

(二)人力资源

1. 总则

> 6.2 人力资源
>
> 6.2.1 总则
>
> 基于适当的教育、培训、技能和经验,从事影响产品质量工作的人员应是能够胜任的。

理解要点:

(1)能力是具有经证实的应用知识和技能的本领。

(2)要从教育、培训、技能、经验等方面判断和评价能力。

(3)如何保证影响产品质量的人员是能够胜任的。

由每个岗位的职责,确定岗位能力需求,由需求制定上岗条件,由上岗条件选择合格人员上岗,定期进行考核,合格方能保证人员胜任。

2. 能力、意识和培训

6.2.2 能力、意识和培训

组织应：

a)确定从事影响产品质量工作的人员所必要的能力；

b)提供培训或采取其他措施以满足这些需求；

c)评价所采取措施的有效性；

d)确保员工认识到所从事活动的相关性和重要性，以及如何为实现质量目标作出贡献；

e)保持教育、培训、技能和经验的适当记录(见 4.2.4)。

理解要点：

(1)应制定相应的岗位任职条件和能力考核办法。确定每个从事影响产品质量的工作岗位的能力需求，包括生产岗位和管理岗位。

(2)组织应通过对现有人力资源的数据分析，识别进行相应改进的机会和目标。

(3)通过培训提高能力，增强质量意识。

(4)当能力不能达到要求，或能力需求随外界环境变化要求提高时，应提供培训或其他措施以满足能力的要求。

(5)其他措施可指换人、调入人员，或借助外界人力资源，如借调或分包等。

(6)评价所采取培训和其他措施的有效性。培训的有效性可通过笔试、面试，现场操作，定期考核来评价。其他措施的有效性，可通过对人员的评价、质量的考评来判断。

(7)使员工意识到所从事工作的重要性、相关性，与其他过程的关系，可能引起的后果，从而发挥其能动性，献计献策为实现质量目标作出贡献。

(8)保存教育、培训、技能、经验和资格的适当记录。如学历、培训记录、特殊工种许可证、工作经历证明等，以证实人力资源的调配工作得以实施。

(9)应对施工过程的供方(指劳务及专业分包)人力资源的配置情况提出要求并进行控制。

(三)基础设施

6.3 基础设施

组织应确定、提供并维护为达到产品符合要求所需的基础设施。适用时，基础设施包括：

a)建筑物、工作场所和相关的设施；

b)过程设备(硬件和软件)；

c)支持性服务(如运输或通讯)。

理解要点：

基础设施是产品实现的物质保证。为了满足产品要求，应识别、确定、提供和维护基础设施。

基础设施包括：

(1)建筑物、工作场所和相关设施(水、气、电供应设施);

(2)过程设备(包括生产设备、检测设备、生产软件等);

(3)支持性服务(交付后的维修网点、运输或通信服务)。

工程建设行业理解要点:

(1)企业的管理及生产过程需要一定的设施,应根据产品要求、质量目标、顾客和法律法规要求、持续改进等对其进行识别、评价和确认,并对设施的使用、维护加以控制。

(2)工程建设行业的基础设施包括:办公(工作)场所和相关设施;勘察和施工设备、硬件和软件;支持性服务。

(3)办公(工作)场所和相关设施,如:必要的办公用房、办公用具,库房、试验室,施工和安装需要的场地、工房等。

(4)过程设备、硬件和软件,如:施工设备、工具、检测设备;岩土工程及水文地质勘察使用的钻机、取样装置、原位测试设备、试验室仪器、抽水/压水试验设备;设有岩土工程测试监测检测使用的设备;工程测量使用的水准仪、经纬仪、全站仪、GPS 装置;监理使用的监测设备及计算机、附属硬件、各类工程应用软件等;施工单位使用的提升设备、挖掘设备和混凝土搅拌设备等。

(5)支持性服务,如:设计文件的复制、装订,设备维修,水、电、暖、气的供应,交通运输,通信设施等。

(6)特定项目/合同所需的基础设施应在产品实现过程策划时确定,并可在策划文件中明确。组织应及时提供和维护所需的基础设施。

(四)工作环境

6.4 工作环境

组织应确定并管理为达到产品符合要求所需的工作环境。

理解要点:

(1)工作环境是工作时所处的一组条件。

(2)必要的工作环境是产品实现的支持性条件。

(3)确定产品所需要的工作环境,管理好这些环境因素。

(4)工作条件可包括:环境因素——湿度、温度、洁净度、粉尘、噪音等;社会的、心理的——良好的工作氛围。

工程建设行业理解要点:

(1)企业应根据建筑产品和相关法律、法规要求提供相应的工作环境,以确保产品满足规定要求,对环境的保证只需满足操作者生产合格产品的正常工作环境即可。

(2)对于工程勘察单位而言,有工作环境要求的主要是地质平硐、竖井中的通风和排烟的安全要求。

(3)工程设计单位对工作环境的要求,应具有良好的工作氛围、充足的光线和低噪音。

(4)对于工程施工单位,应注意季节性(冬季、雨季)施工环境,对施工现场的粉尘、噪音、振动、污物排放都有控制性环境要求。

(5)对于检测、试验单位，对试验室的湿度和温度有一定要求。

五、产品实现

(一)产品实现的策划

7　产品实现

7.1　产品实现的策划

组织应策划和开发产品实现所需的过程。产品实现的策划应与质量管理体系其他过程的要求相一致(见4.1)。

在对产品实现进行策划时，组织应确定以下方面的适当内容：

a)产品的质量目标和要求；

b)针对产品确定过程、文件和资源的需求；

c)产品所要求的验证、确认、监视、检验和试验活动，以及产品接收准则；

d)为实现过程及其产品满足要求提供证据所需的记录(见4.2.4)。

策划的输出形式应适合于组织的运作方式。

注1：对应用于特定产品、项目或合同的质量管理体系的过程(包括产品实现过程)和资源作出规定的文件可称之为质量计划。

注2：组织也可将7.3的要求应用于产品实现过程的开发。

理解要点：

(1)产品实现过程是指从产品要求的识别、设计、策划、生产到交付及其后服务的全部过程。

(2)组织提供的产品都需要一系列有序的过程和子过程来实现。这些过程构成一个过程网络。组织必须识别、策划和确定这些过程及其相互作用。

(3)策划的方法是过程方法，策划的要求应与4.1(总要求)相一致。

(4)产品策划的内容：

①项目的质量目标——项目特性的目标值。既要考虑组织的质量目标，又要考虑项目要求的质量目标。

项目要求——顾客要求、法律法规要求、组织自身的要求。

②产品实现所必需的过程，如工艺过程、施工步骤等；

所必须提供的资源——人力、基础设施、工作环境；

需要编制哪些文件——大纲、施工组织设计、作业指导书等。

③产品所必须开展的检验活动——设计验证、评审和确认，过程确认，产品检验和试验，过程的监视和测量等。

产品验收准则——验收规范、评定准则等。

④提供能证明过程及产品符合要求所需的记录，即需准备哪些空白表格。

(5)策划的输出形式根据产品的特点、企业的规模确定，可以是文字的、口头的，也可以是实物形式(如样板间、模板等)。质量计划是一种常见的输出形式。

(6)质量计划是对特定的产品、项目、合同的质量管理体系过程和资源作出规定的文件。

(7)产品实现过程的策划也可用“7.3 设计和开发”的控制方法。

通常在生产过程比较复杂、组织自身的成熟程度又较低时,使用7.3进行过程设计。对于硬件、软件、流程性材料可以用7.3来控制产品实现的策划。对于服务类产品的设计本身就是过程设计,也可按7.3来策划。

工程建设行业理解要点:

工程项目策划的输出形式和内容见表3-2。

表3-2　工程项目策划的输出形式和内容

产品类型	通常策划输出形式	策划输出包括的内容
工程勘察	勘察大纲	工程概况 质量目标 资源配备 工作依据 产品实现过程 检验、验收点及验收依据 控制性计划 需填写的记录
工程设计	设计工作大纲 设计计划	
工程咨询	咨询工作大纲	
工程监理	监理规划	
工程施工	施工组织设计和/或质量计划	

(二)与顾客有关的过程

1.与产品有关的要求的确定

> 7.2　与顾客有关的过程
>
> 7.2.1　与产品有关的要求的确定
>
> 组织应确定:
>
> a)顾客规定的要求,包括对交付及交付后活动的要求;
>
> b)顾客虽然没有明示,但规定的用途或已知的预期用途所必需的要求;
>
> c)与产品有关的法律法规要求;
>
> d)组织确定的任何附加要求。

理解要点:

只有充分了解与产品有关的全部要求,才能通过满足要求达到顾客满意。产品要求包括:

(1)顾客明确规定的要求。包括:①产品固有特性的要求(使用性能、可靠性);②产品交付要求(交货期、包装);③产品支持方面的要求(如售后服务)。

顾客的这些要求通常在招标书、合同、订单中明确规定。

(2)顾客虽没有明示规定,但要达到规定的用途、预期的用途所必需的不言而喻的要求,也就是隐含的要求。对工程建设行业产品的隐含要求,包括建筑物的使用功能、材料使用及环保要求等。隐含的要求最难识别,可通过市场调研、顾客满意度测评、竞争对手分析来确定。

(3)与产品有关的法律、法规要求,包括环境、安全、健康方面的要求及产品的技术要求(规程规范)。由于法律、法规具有动态性、地域性等特征,故要掌握法规的变更信息。

(4)组织确定的附加要求。

2. 与产品有关的要求的评审

> 7.2.2　与产品有关的要求的评审
>
> 组织应评审与产品有关的要求。评审应在组织向顾客作出提供产品的承诺之前进行(如:提交标书、接受合同或订单及接受合同或订单的更改),并应确保:
>
> a)产品要求得到规定;
>
> b)与以前表述不一致的合同或订单的要求已予解决;
>
> c)组织有能力满足规定的要求。
>
> 评审结果及评审所引起的措施的记录应予保持(见4.2.4)。
>
> 若顾客提供的要求没有形成文件,组织在接受顾客要求前应对顾客要求进行确认。
>
> 若产品要求发生变更,组织应确保相关文件得到修改,并确保相关人员知道已变更的要求。
>
> **注:**在某些情况下,如网上销售,对每一个订单进行正式评审可能是不实际的。而代之对有关的产品信息,如产品目录、产品广告内容等进行评审。

理解要点:

(1)对顾客及产品要求的评审包括合同评审和非合同评审(委托书、口头协议)两方面内容。评审的目的,是保证组织正确理解与产品有关的要求,并确保有能力实现这些要求。

(2)组织应评审产品要求。评审的时机在组织做出承诺之前,如在投标、接受合同或订单之前,或更改要求之前。产品要求多在招标书中规定。

(3)评审确保:①产品的全部要求包括7.2.1中的四项要求,都以恰当的形式做出了规定,如投标书、合同、任务书和样机等,产品的四项要求中可能存在模糊的情况需要澄清。②当合同要求与以前订单或投标书的要求不一致时,应予澄清和明确,并确保有能力满足,才能签订合同。③组织有能力满足产品的四项要求,包括数量、质量和交货期等相关的全部要求。

(4)评审的结果及评审引起的措施应予以记录并保存。

评审的结果和措施包括:①合同是否接受;②是否需要进一步与顾客沟通,沟通什么内容;③采取什么措施完成该项产品。

(5)如果顾客要求是口头的,也要考虑以适当的方式进行评审,如备忘录或授权有关人员签署等,以达到对顾客要求的确认。

(6)若产品要求发生变更,应将相关的文件(如项目任务书、设计大纲、质量计划、工程项目管理文件等)做出相应修改,并传达到有关部门,保证相关人员已获悉变更的要求。

(7)特殊情况无法对每个订单进行评审,应考虑以其他形式进行,如网上销售,应评审产品广告、产品目录等。

工程建设行业理解要点：

工程建设行业一般以招投标的形式获得项目。产品要求一般在招标书中详细给出。工程建设各企业要识别招标书中的各类要求，以确保企业有能力满足规定要求。对于可能产生理解偏差的条款，要予以澄清并对招标书进行评审。对工程项目是否有能力承接，主要反映在工期、人力资源、设备资源和技术水平四个方面。组织应在这四个方面做出安排，能力如有不足应采取措施，列入投标文件中，并进行审批。中标后，还应对合同文本进行评审并签章。

3. 顾客沟通

> 7.2.3　顾客沟通
>
> 组织应对以下有关方面确定并实施与顾客沟通的有效安排：
>
> a)产品信息；
>
> b)问询、合同或订单的处理，包括对其修改；
>
> c)顾客反馈，包括顾客抱怨。

理解要点：

(1)与顾客沟通内容涉及：①产品信息方面，如广告、宣传册等。应保证信息的正确性和真实性，不误导顾客，不提出没有能力的承诺。②顾客反馈的信息，包括满意或抱怨的信息。

(2)在合同洽商或合同修改过程中以及合同执行过程中、项目完成后各阶段都应及时沟通。

(3)应以适宜、有效的方式，如会议、周报或月报、电话或传真、计算机网络传递、市场调查、建立回访和投诉处理等，就以上几个方面安排与顾客沟通，以了解顾客要求和顾客满意程度，并寻找改进的需求。

工程建设行业理解要点：

工程勘察产品，要对勘察结果、基础处理方案等与顾客及时沟通。

工程设计产品，对工程设计要求、设计范围、方案、相关的商务信息，确定联络渠道等，如建筑方案、结构方案、内外装修标准、工程设计文件交付后等与顾客沟通。

工程施工产品，对施工方案、工程进展、施工过程中遇到的问题和设计图纸上的错误等与顾客沟通。

(三)设计和开发

1. 设计和开发

> 7.3　设计和开发
>
> 7.3.1　设计和开发策划
>
> 组织应对产品的设计和开发进行策划和控制。
>
> 在进行设计和开发策划时，组织应确定：
>
> a)设计和开发阶段；

b)适合于每个设计和开发阶段的评审、验证和确认活动;

c)设计和开发的职责和权限。

组织应对参与设计和开发的不同小组之间的接口进行管理,以确保有效的沟通,并明确职责分工。

随设计和开发的进展,在适当时,策划的输出应予更新。

理解要点:

(1)设计是产品实现过程的关键环节,设计策划是达到预期目标的有效手段。

(2)术语“设计和开发”(3.4.4):将要求转化为产品、过程或体系规定的特性或规范的一组活动。

(3)当组织具备以下活动,即具备设计职能。

需求和期望⟶ 要求(设计输入)⟶ 产品特性或规范(设计输出)

如果不涉及上述活动,但对设计负有责任或有权进行修改,也不能删除7.3条款。

(4)应对设计和开发进行策划,策划的重点是设计和开发过程的控制。

策划的内容包括:

①根据产品特点和复杂程度,明确划分设计和开发过程的阶段。对于工程设计,有专门的规范划分设计阶段。

②明确每个阶段应开展的评审、验证和确认活动,包括活动的目的、时机、方式及参与人员。

③规定参加人员的职责和权限。职责包括设计的具体内容,承担的角色如设计人、校审人应负的责任及权限;

④对参与设计活动的不同组织(包括内外部)的接口关系进行规定,加以管理(会审、协调、督促、检查等),确保各司其责,有效沟通,信息及时传达。一般可制定接口计划,包括联络代表、沟通时间和方式、信息传递要求、检查要求等,接口计划应该是动态的、受控的。

⑤策划的输出可能是计划或大纲等,应在需要时修改和更新策划的输出。

工程建设行业理解要点:

(1)工程设计适用于7.3条款,工程勘察、工程监理、工程施工等都可以删减7.3条款。工程咨询中的前期设计,可按7.3条款进行控制,其他工程咨询活动可按7.5条款进行管理。

(2)设计策划可以与7.1工程设计的产品实现过程策划一起考虑。

(3)对于设计产品,设计策划形成的一般是设计大纲,设计计划。设计大纲多偏重于技术方面的内容,设计计划中应明确设计阶段,设计评审、验证、确认的时机及方式,主要的设计任务分工,专业之间资料传递和协调及产品会签等事宜,计划修改应予以书面更新和传递。

2. 设计和开发输入

> 7.3.2　设计和开发输入
>
> 应确定与产品有关的输入，并保持记录（见 4.2.4）。这些输入应包括：
>
> a）功能和性能要求；
>
> b）适用的法律、法规要求；
>
> c）适用时，以前类似设计提供的信息；
>
> d）设计和开发所必需的其他要求。
>
> 应对这些输入进行评审，以确保输入是充分与适宜的。要求应完整、清楚，并且不能自相矛盾

理解要点：

（1）产品要求和设计输入要求的区别：

产品要求是 7.2.1 中的四项要求；

设计输入要求是将 7.2.1 的四项要求转化成产品特性要求，即技术要求。

（2）应将产品要求转化成设计输入要求，并保持设计输入的记录。

（3）设计输入要求包括：

①产品的功能和性能要求；

②适用的法律、法规要求，如健康、安全、环境等方面的要求；

③适用时，提供以前类似产品的信息，即考虑以往项目的优点和不足，这可以对顾客未明示的要求进行必要的补充；

④其他要求，如搬运、贮存和操作等特定要求。

（4）应书面形式确定并评审设计输入，以确保设计输入充分、适宜、完整和清楚，不自相矛盾。

工程建设行业理解要点：

（1）工程设计输入包括：

①设计大纲；

②法规、技术标准；

③原始资料；

④采购及顾客提供的资料；

⑤专业互提资料；

⑥有关施工、安装、运行、环境、安全和卫生要求；

⑦上阶段审查意见等。

（2）对上述设计输入应形成书面文件，①、③、④、⑤、⑥条应审批其正确性，②条评审是否为有效的版本，应对设计输入的充分性和适宜性进行评审，以确保设计输入正确完整。

3. 设计和开发输出

7.3.3 设计和开发输出

设计和开发的输出应以能够针对设计和开发的输入进行验证的方式提出，并应在放行前得到批准。

设计和开发输出应：

a）满足设计和开发输入的要求；

b）给出采购、生产和服务提供的适当信息；

c）包含或引用产品接收准则；

d）规定对产品的安全和正常使用所必需的产品特性。

理解要点：

（1）不同产品的设计输出方式因产品特点的不同而不同（如文件、样机、图样、规范、配方等），但该方式应能与设计输入进行对照验证，即具有可验证性。

（2）设计输出在发放前应得到审批，即常说的校审批准手续。

（3）设计输出的内容和要求：

①设计输出满足设计输入要求；

②设计输出应提供后续产品实现过程的指导性文件，应对采购、生产和服务方面提供适当信息，如采购规范、安装维修手册、加工工艺等；

③应包括或引用产品验收规范或接收准则；

④产品安全方面的特性，正常使用所必需的特性，如绝缘要求，通信要求，开启、关闭操作顺序等。

工程建设行业理解要点：

（1）工程设计输出的产品多为计算书、图纸、报告，如项目建议书、可行性研究报告、环境影响评价报告、方案设计、初步设计、施工图设计等。编制的格式要满足相应的编制规定，还要满足签署规定，逐级进行校审和批准。

（2）在图纸或施工技术要求中应给出采购、运输、施工、安装，甚至运行中的各类要求，防止在其过程中出现质量问题。如大件运输要求，混凝土施工的拆模时机，运行时闸门、机组的开启顺序等。

4. 设计和开发评审

7.3.4 设计和开发评审

在适宜的阶段，应依据所策划的安排（见 7.3.1）对设计和开发进行系统的评审，以便：

a）评价设计和开发的结果满足要求的能力；

b）识别任何问题并提出必要的措施。

评审的参加者应包括与所评审的设计和开发阶段有关的职能的代表。评审结果及任何必要措施的记录应予保持（见 4.2.4）。

理解要点：

（1）设计评审的目的：评审设计成果满足要求的能力，识别问题采取措施。

（2）在设计策划时即对设计评审进行策划。策划的内容包括评审时机、评审范围、评审方式、内容要求、参加人等。

（3）设计评审应：

① 对本阶段的设计成果满足产品总要求（7.2.1）的能力做出评价；

②识别和发现设计中任何问题和不足，提出必要措施，以期解决。

（4）评审结果及需采取的措施应记录并保存。

（5）需采取的措施要落实，指定部门或专人进行跟踪，并记录。

（6）评审的参加者一般为有关专家和职能部门的代表。

工程建设行业理解要点：

（1）设计评审应在编制项目设计计划时进行策划，确定其评审的时机（通常在总体方案确定前、具有系统性的技术问题确定前，也可在设计和开发过程结束时进行）和评审的内容。评审内容可以包括安全、消防、环境保护以及工艺、平面布置方案等，如枢纽布置评审、基础处理方案评审，作为设计过程的里程碑，经评审后再进一步开展下步设计。

（2）按照策划的时间开展设计评审活动，设计评审后应形成会议纪要，评审中提到的问题和不足之处，应逐一落实解决，并指定人员跟踪和记录。

（3）评审的参加者一般为有关专家和职能部门的代表，以及相应的设计人员。

5.设计和开发验证

> 7.3.5　设计和开发验证
>
> 为确保设计和开发输出满足输入的要求，应依据所策划的安排（见7.3.1）对设计和开发进行验证。验证结果及任何必要措施的记录应予保持（见4.2.4）。

理解要点：

（1）验证是通过提供客观证据对规定要求已得到满足的认定。规定要求是设计输入要求。

（2）设计验证是保证设计输出满足设计输入要求的一个重要手段。

（3）必须在设计策划时对设计验证进行策划，包括验证点、验证方式和验证内容。

（4）通常的验证方式有：

①变换方法进行计算；

②与已证实的类似设计比较；

③试验和演示；

④设计文件发布前的评审。

（5）当验证结果表明设计输出未能满足设计输入的要求时，应采取措施（包括更改设计）以满足要求。

（6）验证的结果及需采取的措施应记录并保存。

（7）需采取的措施应落实，指定专人跟踪措施的实施情况并记录。

工程建设行业理解要点:

(1)在编制项目设计计划时进行策划,哪些设计需进行设计验证;验证的方式,如工程类比、试验、模拟法、不同的计算方法、不同的科研单位同时开展研究;验证的时机;验证的部门。

(2)适用的验证方法通常由验证人员确定并应符合法规或规范要求。

(3)设计验证应形成对比的结果及分析结论,并形成书面材料。

(4)设计验证后,需采取的措施应予落实,跟踪并记录。

6. 设计和开发确认

> 7.3.6　设计和开发确认
>
> 为确保产品能够满足规定的使用要求或已知的预期用途的要求,应依据所策划的安排(见7.3.1)对设计和开发进行确认。只要可行,确认应在产品交付或实施之前完成。确认结果及任何必要措施的记录应予保持(见4.2.4)。

理解要点:

(1)确认是通过提供客观证据对特定的预期用途或应用要求已得到满足的认定。

(2)为确保产品满足规定的使用要求或已知的预期用途的要求,应进行设计确认。

(3)应在设计策划时对设计确认进行策划,包括确认点、时机、确认内容、方式、确认的条件。

(4)设计确认通常在预期的使用条件下对样机进行试验。使用条件可以是实际的,也可以是模拟的。

(5)确认时机应在设计完成后,批量生产之前(硬件产品)、交付之前或实施之前进行(软件产品)。如果全部确认不可能,尽可能地完成部分确认。

(6)确认的结果及任何措施应予记录并保存。

(7)应对措施的实施情况进行跟踪并记录。

工程建设行业理解要点:

(1)产品设计确认是对样机在预期的使用条件下进行试验。工程不可能实现设计确认,设计确认活动一般由顾客或政府主管部门负责进行,转化成设计的外部审查。如可行性研究报告的评估、方案设计的审查、初步设计审查、施工图设计的图纸会审及按主管部门规定进行的施工图审查等,就是工程设计确认。

(2)在设计计划中应明确设计确认的内容和时机。

(3)经设计确认后,提出的设计审查意见应逐条落实,并跟踪记录。确认的结果及必要的措施的记录应予以保持。

设计评审、设计验证、设计确认的区别见表3-3,三者之间的关系见图3-2。

表 3-3 设计评审、设计验证、设计确认的区别

对比项	设计评审	设计验证	设计确认
目的	评价设计结果满足要求的能力,识别问题	证实设计输出满足设计输入的要求	证实产品满足特定的预期用途或应用要求已得到满足
对象	阶段的设计结果	设计输出文件、图纸、样本	通常是向顾客提供的产品,也可能是样品
时机	在设计适当阶段	当形成设计输出时	可行时,在产品交付或实施之前
方式	会议	试验、计算、对比,文件发布前的评审	试用、模拟、会议审查

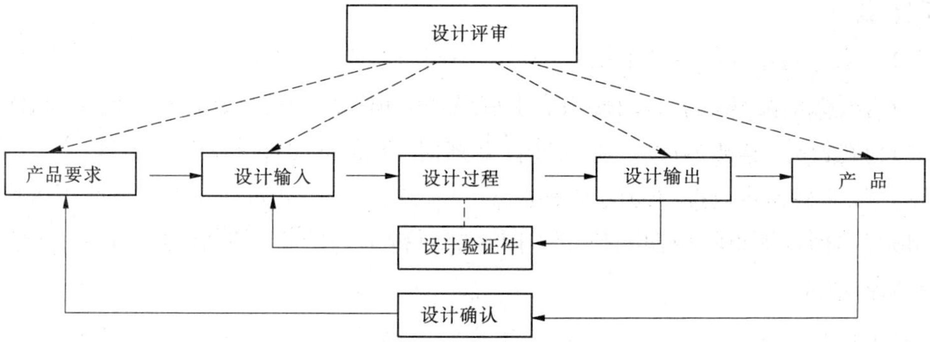

图 3-2 设计评审、设计验证、设计确认关系图

7. 设计和开发更改的控制

> 7.3.7 设计和开发更改的控制
>
> 应识别设计和开发的更改,并保持记录。适当时,应对设计和开发的更改进行评审、验证和确认,并在实施前得到批准。设计和开发更改的评审应包括评价更改对产品组成部分和已交付产品的影响。
>
> 更改的评审结果及任何必要措施的记录应予保持(见 4.2.4)。

理解要点:

(1)设计更改范围,已交付或已使用的图纸、阶段性的设计产品。

(2)应识别更改需求,更改可能是由于以下原因需要更改。

①在后序生产过程中或已交付后发现设计有问题;

②顾客要求的更改或投诉;

③施工单位要求的更改;

④技术标准变更;

⑤产品改进等。

(3)应识别、评价更改可能对产品的其他部分和已交付产品产生的影响。

(4)更改完成后,根据更改范围的大小、重要性,确定是否需要评审、验证和确认。至少更改完成后应进行批准。

(5)应保存更改需求记录、更改记录、更改的评审记录。

(6)对于更改评审提出的措施应予以跟踪落实并记录。

工程建设行业理解要点:

(1)设计更改应界定在设计各阶段,图纸已交付顾客后需进行的设计更改。

(2)设计更改一般以设计修改通知单和图纸作废重新绘制两种方式进行。

(3)更改过程中要注明更改原因,并充分考虑更改对工程设计质量特性的影响及已交付产品的影响。

(4)更改后应会签、审批,对会签、审批中提到的问题应形成记录,并予以落实。

(四)采购

1. 采购过程

> 7.4 采购
>
> 7.4.1 采购过程
>
> 组织应确保采购的产品符合规定的采购要求。对供方及采购的产品控制的类型和程度应取决于采购的产品对随后的产品实现或最终产品的影响。
>
> 组织应根据供方按组织的要求提供产品的能力评价和选择供方。应制定选择、评价和重新评价的准则。评价结果及评价所引起的任何必要措施的记录应予保持(见4.2.4)。

理解要点:

(1)采购产品指任何影响本组织产品质量的采购品及外包项目。

(2)采购控制的对象是供方和供方的产品,应识别采购产品对组织产品影响的程度。

①直接影响或间接影响;

②影响的环节或过程;

③影响的程度、大小。

(3)根据影响的程度确定对供方控制的类型和程度。

一般分为A、B、C三大类。A——严格控制;B——一般控制;C——基本不控制。

(4)根据供方提供产品的能力来评估和选择供方。

(5)应制定评价、选择、重新评估的准则。不同类型产品有不同的准则。准则一般包括:

①供方的产品质量、价格、交货情况、后续服务、安装、支持能力、相关经验和历史业绩;

②供方的体系及质量保证能力,供方遵守法律、法规情况;

③供方提供该类产品的顾客满意程度;

④与履约能力有关的财务状况等。

(6)对现有供方仍需定期重新评价,发现问题,及时采取措施。包括与供方沟通,加强采购的验证、检验、限制或停止供货等。

(7)评价结果及引起必要的控制措施应予记录并保存。

工程建设行业理解要点:

(1)勘察、设计产品大多以科研委外的方式,进行局部的采购;工程勘察项目的分包,例如工程勘察项目中某专项的分包,向外委托岩/土样试验、水样分析等;监理产品存在专业分包、测试和试验委托其他单位的情况;工程施工不允许转包,一般存在局部分包的情况;构成产品组成部分的物资采购,如水文长期观测孔所用器材的采购、岩土工程测试检测需安装的各种装置的采购、沉降观测用的设备和器材的采购、工程施工大量的建筑材料采购等。

(2)工程建设行业的分包、科研委外,都是比较重要的部分,应按A类严格控制。对供方应进行调查、评价,纳入合格供方名录,采购任务完成后应重新进行评价。对于建筑材料的采购,应根据建筑材料对工程质量的影响程度,分成A、B、C三类,分别在采购程序文件中描述控制方式。

2. 采购信息

7.4.2　采购信息

采购信息应表述拟采购的产品,适当时包括:

a)产品、程序、过程和设备的批准要求;

b)人员资格的要求;

c)质量管理体系的要求。

在与供方沟通前,组织应确保所规定的采购要求是充分与适宜的。

理解要点:

(1)采购信息必须清楚、准确,全面表达拟采购产品的所有要求。

(2)应包括产品的质量要求,以及产品的批准要求(验收准则和标准)。

(3)提交产品的程序性要求(如中间、最终产品的批准程序、见证点、放行方式)。

(4)采购产品的过程要求(如工艺要求、焊接过程要求等)。

(5)设备的批准要求,提供生产所需的特定设备。

(6)供方人员资格要求(如焊接人员资格要求)。

(7)供方的质量管理体系要求,如要求通过第三方认证或第二方审核。

(8)采购信息的形式一般是合同、订单、协议、任务书、采购计划、调拨单等。在与供方沟通(洽商合同,发出订单)前,应确保采购要求是充分与适宜的。采购文件在发放前要经审批。

工程建设行业理解要点:

(1)工程建设行业一般以合同、任务书和/或协议的形式表述采购信息。

(2)采购任务中应包括全部的技术要求、成果验收要求、人员要求和管理要求。

(3)采购任务书在交付供方之前,应经有关人员审批。

3. 采购产品的验证

> 7.4.3　采购产品的验证
>
> 组织应确定并实施检验或其他必要的活动，以确保采购的产品满足规定的采购要求。
>
> 当组织或其顾客拟在供方的现场实施验证时，组织应在采购信息中对拟验证的安排和产品放行的方法作出规定。

理解要点：

(1)对采购产品实施检验、验证或其他必要的活动，可确保采购产品满足规定的要求。

(2)检验、验证有多种方式，如测量、观察、工艺验证、来料检验、查验合格性文件、外观表面验证和供方货源处检验等。

具体采用哪种方式，取决于采购产品的重要性及检验的必要性。

(3)当组织或顾客需在供方现场实施验证时，必须在采购文件中规定验证的方式及产品放行的方法。

工程建设行业理解要点：

(1)对于委外的试验，多采用现场检查试验成果和报告验收的形式。对于委托计算，多对成果报告初稿进行评审，对最终报告进行验收。

(2)对于分包工程，应按照检验批，分项、分部进行验收。对于建筑材料采购，应检查材料外观、材料质量证明文件，并进行见证取样和送检。

(3)对工程供方的验证还包括对人员素质、资源配置、施工过程中的特殊过程及关键过程的随机监视和测量；对劳务和专业供方(含试验供方)的验证包括对施工过程或其他过程的连续监视和测量。

(五)生产和服务提供

1. 生产和服务提供的控制

> 7.5　生产和服务提供
>
> 7.5.1　生产和服务提供的控制
>
> 组织应策划并在受控条件下进行生产和服务提供。适用时，受控条件应包括：
>
> a)获得表述产品特性的信息；
>
> b)必要时，获得作业指导书；
>
> c)使用适宜的设备；
>
> d)获得和使用监视和测量装置；
>
> e)实施监视和测量；
>
> f)放行、交付和交付后活动的实施。

理解要点：

有形产品：加工、制造、直至交付后服务的过程。

计算机软件：软件实现、交付、安装、配套和维护过程。

服务:服务的提供过程。

(1)对生产和服务过程进行预先策划,对工艺参数、人员、设备、材料、加工、监视和测试方法、环境等影响过程质量的所有因素加以控制,使其始终处于受控状态。

(2)根据产品类型和产品特点,适用时考虑以下受控条件:

①生产和服务提供部门应获得设计、销售、采购等部门的产品特性信息,如产品规范、图样、样件、包装要求、服务规范,以便指导员工按规范进行加工或服务提供。

②必要时,应获得作业指导书。

作业指导书的形式有工艺过程卡、操作规范和检验指导书等。

根据人员能力、培训情况、作业活动的复杂程度确定是否需要编制作业指导书。不是所有的活动都需要作业指导书。

③提供适当的设备,包括卡具、模具、辅具等在内的生产手段,并有计划地维护这些设备,以保证过程能力。

④配备、使用合适的测量和监视设备。

⑤对至关重要的产品特性形成的过程,实施监视和测量。包括:对产品特性的监视、对作业人员、作业过程、工作环境的监视和测量。

⑥按策划中对产品的放行和交付的规定实施控制,未经检验合格的产品不得放行。要满足交付方式、交付期的要求。

交付后的活动包括,零配件供应、培训、专门修理、软件维护和升级、商品售后服务,均应按要求实施交付后的服务。

工程建设行业理解要点:

(1)工程咨询、工程勘察、工程监理、工程施工都按7.5条款进行控制。7.3条款适用于工程设计和工程咨询中的前期设计,对于设计后的服务可采用7.5.1条控制。

(2)首先要策划工程建设行业各类产品的通用生产流程,并形成文件。

(3)对于特定的工程,可适当地修改通用的生产流程。对流程中的各类生产活动提供必要的资源;编制相应的操作性文件,如幕墙施工方案、屋面防水监理细则;对各类生产活动进行监视、检查和验收。

(4)对于工程施工,施工现场应获得工程图纸和设计文件等工程信息;应配备施工工艺作业指导书、工艺规范、验收标准等;应配备满足工程要求的施工设备,包括塔吊、搅拌机、电焊机、切割机等;应配备检验测量设备,包括经纬仪、试模、环刀等;对各施工过程的放行、转序和交付进行严格控制。

2. 生产和服务提供过程的确认

> 7.5.2 生产和服务提供过程的确认
>
> 当生产和服务提供过程的输出不能由后续的监视或测量加以验证时,组织应对任何这样的过程实施确认。这包括仅在产品使用或服务已交付之后问题才显现的过程。
>
> 确认应证实这些过程实现所策划的结果的能力。
>
> 组织应对这些过程作出安排,适用时包括:

a)为过程的评审和批准所规定的准则;
b)设备的认可和人员资格的鉴定;
c)使用特定的方法和程序;
d)记录的要求(见4.2.4);
e)再确认。

理解要点:

(1)需要确认的过程:产品不能由后续的监视、测量加以验证,或不能经济地验证,这种产品的过程称特殊过程。在产品使用或交付之后才能显示出问题的过程应进行过程确认。

(2)确认对象是过程的能力。

(3)从哪些方面确认过程能力?确认的内容和方式:

①制定评审过程、批准过程的准则,如某过程需经特定人员批准后方可进行,焊接工艺评定后方可进行焊接等;

②设备能力的认可,人员资格的确定和鉴定;

③确认采用特定的方法和程序;

④必要的记录要求;

⑤是否需要再次确认。

工程建设行业理解要点:

(1)工程设计、工程咨询、工程监理的产品都是技术服务,不存在特殊过程;岩土工程勘察、测试、监测、检测和工程测量的外业过程的结果,工程勘察的内业成果都可由后续的监视和测量加以验证;工程施工中的特殊过程主要有:大体积混凝土浇筑、桩基础处理、钢材焊接、防水工程、水文地质勘察中的止水过程、防腐处理、预应力张拉、表面处理等过程。

(2)适用于工程建设行业过程确认的方法:

①人员的资格规定,如特殊工种人员(包括电工、焊工、高空作业、起重机械作业、电焊安装、防水工程、车辆驾驶、爆破作业等),都应持证上岗;

②使用特定的方法,如屋面防水施工方案、桩基施工方案等;

③配备经认可的生产和测量设备;

④过程和产品审核、批准手续,如对焊接工艺的评定、批准;

⑤规定需要填写的记录。

3.标识和可追溯性

7.5.3 标识和可追溯性

适当时,组织应在产品实现的全过程中使用适宜的方法识别产品。

组织应针对监视和测量要求识别产品的状态。

在有可追溯性要求的场合,组织应控制并记录产品的唯一性标识(见4.2.4)。

注:在某些行业,技术状态管理是保持标识和可追溯性的一种方法。

理解要点：

(1)标识的目的：防止在生产过程中产品的混淆和误用。

产品标识是指通过标志、标记或记录来识别产品特性或状态。

可追溯性是指通过记载的标识，追溯产品的历史、应用情况或所处场所的能力。

(2)产品不仅是最终产品，而是泛指生产全过程的采购产品、中间产品和成品。

(3)标识包括产品标识和产品状态标识。

(4)当产品的自然状态本身可清楚地区分其种类时，无需做出标识。仅需要对不同种类产品加以区分时，应采取适宜的方法标识产品。

(5)产品标识方式多用色标、标签、标牌、流转卡和记录等。标识的内容主要反映产品的名称、型号、规格、数量或地点等。

(6)产品状态标识：检验状态（待检、合格、不合格、待定）

加工状态（正加工、待加工）

服务状态（如正在清洗车、车位已满）

状态标识方式：标签（如合格证）

印章（如合格章）

区域（如红区、绿区、黄区）

标牌（如车位已满）

各种记录（如工序流程卡）

(7)可追溯性要求大多来自合同要求、法律法规要求或质量控制的考虑。

在有可追溯性要求时，应明确需追溯的产品、追溯的范围、标识及记录方式。应采用唯一性标识来识别产品。

工程建设行业理解要点：

(1)工程勘察、设计、咨询、监理的产品分报告、行文两种。报告标识是指报告（咨询报告、设计报告、监理报告）封面及扉页上的基本内容，一般包括，工程名称、设计阶段、报告名称、编制单位、日期。行文标识包括：文头、文号、文件名称、落款签章、日期等。工程勘察产品中岩、土、水样可采用标牌、标签的形式进行标识。

(2)工程勘察、设计、咨询、监理产品状态标识，主要指各种签署，如报告上的校核、审查、核定、批准。

(3)工程勘察、设计、咨询、监理的产品标识都是唯一性标识，也都可达到追溯性的要求，通过检查产品和记录来实现可追溯性。设计产品，也可通过技术状态管理的方式进行标识和可追溯性管理。

(4)工程施工采购的原材料以挂牌、标签的方式进行标识，明确材料的名称、规格、型号、批号；分项工程如钢筋、混凝土、模板、砌体等，施工过程中现场实行挂牌制，注明管理者、操作者、施工日期，并作相应的图文记录。工程施工的状况标识主要以验收记录为准，标明合格与否状态。

4. 顾客财产

> 7.5.4 顾客财产
>
> 组织应爱护在组织控制下或组织使用的顾客财产。组织应识别、验证、保护和维护供其使用或构成产品一部分的顾客财产。若顾客财产发生丢失、损坏或发现不适用的情况时,应报告顾客,并保持记录(见4.2.4)。
>
> **注:**顾客财产可包括知识产权。

理解要点:

(1)顾客财产包括三种:

①在组织控制下的顾客财产——如存车场的汽车、小件寄存的包裹;

②供组织使用的顾客财产,如包装材料、生产施工设备、知识等;

③构成产品一部分的顾客财产,如原材料、零部件等。

(2)在组织控制下的财产应爱护,需要时标识。

(3)对后两种财产应做出专门标识,接收时验证,贮存或使用时给予保护和维护,并正确使用。

(4)当发生丢失、损坏、不适用的情况,应加以记录,并向顾客报告,保存记录。

工程建设行业理解要点:

(1)工程勘察、咨询、设计和监理,主要指顾客提供的资料、文件、图纸和报告,工程监理还包括顾客提供用于建设工程监理所需的检测和/或试验设备、设施(如房屋、办公设施、交通工具)使用前应进行验证,检查其是否正确和适用。

(2)工程施工,指顾客提供的建筑材料以及施工图纸。施工图纸要通过图纸会审,提出图纸中存在的问题;建筑材料要进行验证、抽样检验。

(3)顾客知识产权以文件的形式体现时,还应按外来文件进行控制并符合4.2.3条款的有关要求。

5. 产品防护

> 7.5.5 产品防护
>
> 在内部处理和交付到预定的地点期间,组织应针对产品的符合性提供防护,这种防护应包括标识、搬运、包装、贮存和保护。防护也应适用于产品的组成部分。

理解要点:

(1)产品指采购产品、中间产品和成品。

(2)在组织内部和交付到顾客指定地点期间,应采取防护措施,包括:

①建立并保护好防护的标识,如防潮、防雨标识等。

②搬运:采用适宜的搬运设备和搬运方法,搬运人员应经过培训。

③包装:采用适宜的包装材料和包装方法,防止产品受损。

④贮存:适宜的贮存场所和环境,产品入库标识发放保管程序,对贮存产品进行查验和记录。

⑤保护标识和保护方式要求。

⑥交付手段,确保按时、保质交付到用户手中。

工程建设行业理解要点:

(1)工程勘察、设计、咨询的产品都是报告、文件,多以纸介质形成。其产品防护包括两个环节:一是打印出版,二是交付的包装和保护。打印出版应保证差错率低于0.1%,由此至少需要三遍校对才能保证质量;交付的包装和保护要求,一般在程序文件中做出规定,保证交付过程中产品不受损坏。

(2)工程监理应对监理抽取的样品的标识、搬运、包装、贮存和保护作出规定。

(3)工程勘察项目需防护的产品,如岩/土/水样,标桩、标石作业记录等,在内部处理和交付到预定的地点期间,应针对产品的符合性提供防护。

(4)工程施工原材料、零部件和设备的搬运、包装及贮存应确保其质量;施工过程的半成品应进行防护,如混凝土养护、卫生洁具安装后的保护;季节性施工的成品保护,如冬季和雨季施工等产品防护;交付前工程各部位的防护等。

(六)监视和测量装置的控制

> 7.6 监视和测量装置的控制
>
> 组织应确定需实施的监视和测量以及所需的监视和测量装置,为产品符合确定的要求(见7.2.1)提供证据。
>
> 组织应建立过程,以确保监视和测量活动可行并以与监视和测量的要求相一致的方式实施。
>
> 为确保结果有效,必要时,测量设备应:
>
> a)对照能溯源到国际或国家标准的测量标准,按照规定的时间间隔或在使用前进行校准或检定。当不存在上述标准时,应记录校准或检定的依据;
>
> b)进行调整或必要时再调整;
>
> c)得到识别,以确定其校准状态;
>
> d)防止可能使测量结果失效的调整;
>
> e)在搬运、维护和贮存期间防止损坏或失效;
>
> 此外,当发现设备不符合要求时,组织应对以往测量结果的有效性进行评价和记录。组织应对该设备和任何受影响的产品采取适当的措施。校准和验证结果的记录应予保持(见4.2.4)。
>
> 当计算机软件用于规定要求的监视和测量时,应确认其满足预期用途的能力。确认应在初次使用前进行,必要时再确认。
>
> **注:**作为指南,参见GB/T19022.1和GB/T19022.2。

理解要点:

工作程序有:根据监测要求,确定监测活动及其顺序,进而组成监测过程,确定所需的监测设备,对监测设备进行控制。

必要时包括:

——按规定的时间间隔,进行校准、检定。

——对设备进行调整,再调整;如置零,调平衡。防止调整使测量结果失效。

——识别校准状态，一般采用标识的方法。

——防止搬运、贮存、维护期间的损坏，采取有效措施。

上述控制不是对所有计量设备都必须实施，仅对那些有精度要求的测量设备是必需的。

如果发现设备偏离校准状态，应对已测量结果的有效性进行评价，并采取措施，做出适当处理。

用于测量的计算机软件，应在初次使用前对其预期的能力进行确认。必要时，在使用过程中再确认。

工程建设行业理解要点：

（1）工程勘察过程中所采用的测量和监视装置，通常包括桩基检测、材料检测、钻孔检测设备，以及过程和最终检验中使用的监视和测量装置，如经纬仪、测距仪、试验设备、压力表、千斤顶、渗透表、水准仪、全站仪、触探量测记录仪表、载荷试验压力传感器等。确保这些活动所需的测量和监视装置具有要求的测量能力。

（2）工程监理单位的计量设备常有：检测设备，如密度仪；测量仪器，如水准仪等。

（3）工程施工单位的计量设备通常包括经纬仪、水准仪、乙炔表、塔尺、靠尺、试模、环刀、合尺、卷尺等。

六、测量、分析和改进

（一）总则

> 8　测量、分析和改进
>
> 8.1　总则
>
> 组织应策划并实施以下方面所需的监视、测量、分析和改进过程：
>
> a）证实产品的符合性；
>
> b）确保质量管理体系的符合性；
>
> c）持续改进质量管理体系的有效性。
>
> 这应包括对统计技术在内的适用方法及其应用程度的确定。

理解要点：

（1）应策划产品符合性、体系符合性、持续改进体系有效性三方面的监视、测量、分析和改进的过程，并实施这些过程。

（2）产品符合性监视和测量的策划已在7.1 c）条中进行。

产品符合性监视和测量的实施也已在7.3.5、7.3.6、8.2.4条中进行。

此条侧重于产品的分析和改进，体系的监视、测量、分析和改进过程。

（3）策划还包括在分析、改进过程中，确定需采用哪些统计技术及其使用方法和应用程度。

（二）监视和测量

1. 顾客满意

> 8.2　监视和测量
>
> 8.2.1　顾客满意
>
> 作为对质量管理体系业绩的一种测量，组织应对顾客有关组织是否已满足其要求的感受的信息进行监视，并确定获取和利用这种信息的方法。

理解要点：

（1）顾客满意（3.1.4）——顾客对其要求已被满足程度的感受。顾客要求被满足的越多，顾客越满意。组织也应注意，有时即使满足了顾客要求，顾客也不一定很满意。所以八项质量管理原则提出了超越顾客期望的思想。

（2）监视顾客满意是对体系的一种测量，是验证体系有效性的一种方法。

（3）监视顾客满意信息，收集信息和利用信息。

（4）确定监视顾客信息点、监视方法、频次；确定收集信息内容和方法，如调查表、高层领导互访、开通服务投诉电话、业绩自我评价、同行对比等。

（5）确定采用哪些统计技术对收集的信息进行分析，得出顾客满意的定性或定量结果。如何利用这些信息，找出差距，进而改进。

工程建设行业理解要点：

（1）工程建设行业的顾客一般指建设单位、业主和政府。

（2）可以通过与顾客多层面的沟通等多渠道收集有关顾客的信息。通常用“顾客意见调查表”的方式征求顾客意见，也可以通过设计回访、与顾客座谈等方式收集顾客意见。一般情况下，组织应规定与顾客满意有关信息收集的职责和频次，如规定与顾客的直接沟通（包括顾客投诉）、施工现场服务等活动的职责，以及开展这些活动的具体时间间隔等。

（3）对收集到的各类信息，可以考虑将顾客满意程度分成五级：非常满意、满意、一般、不满意、极不满意。进行分析，提出改进措施。

2. 内部审核

> 8.2.2　内部审核
>
> 组织应按策划的时间间隔进行内部审核，以确定质量管理体系是否：
>
> a）符合策划的安排（见7.1）、本标准的要求以及组织所确定的质量管理体系的要求；
>
> b）得到有效实施与保持。
>
> 考虑拟审核的过程和区域的状况和重要性以及以往审核的结果，应对审核方案进行策划。应规定审核的准则、范围、频次和方法。审核员的选择和审核实施应确保审核过程的客观性和公证性。审核员不应审核自己的工作。
>
> 策划和实施审核以及报告结果和保持记录（见4.2.4）的职责和要求应在形成文件的程序中作出规定。

负责受审区域的管理者应确保及时采取措施,以消除所发现的不合格及其原因。跟踪活动应包括对所采取措施的验证和验证结果的报告(8.5.2)。

注:作为指南,参见 GB/T19021.1、GB/T19021.2 及 GB/T19021.3。

理解要点:

(1)内部审核的目的,确保质量管理体系:

①符合产品实现的策划要求和安排;

②符合组织所建立的质量管理体系要求;

③符合本标准的要求;

④体系得以有效的实施和保持。

(2)审核方案是指某一时间段计划要开展的一组有特定目的的审核,即审核方案是有计划的、有目的的若干次审核。

每次内审前都要对审核方案进行策划,根据产品过程、区域的状况、区域重要性及以往审核的结果,对审核的目的、范围、准则、方法和频次进行策划。

(3)应制定内部审核程序文件,包括以下内容:

①审核的时间间隔和频次;

②审核方案的策划,包括审核的目的、准则、范围和方法;

③审核的职责:审核人员的资格要求、职责、审核的客观性和公正性,审核员不应审核自己的工作;

④审核的实施过程:包括组成审核组、编制检查表、首次会议、现场审核、记录审核结果、提交不合格报告、末次会议、编制内审报告等;

⑤纠正措施的实施和验证过程:不合格项的相关责任人,应进行原因分析,本着举一反三的原则,采取纠正措施,避免此类问题重复发生。内审人员进行跟踪验证,确保纠正措施有效实施。

3.过程的监视和测量

8.2.3　过程的监视和测量

组织应采用适宜的方法对质量管理体系过程进行监视,并在适用时进行测量。这些方法应证实过程实现所策划的结果的能力。当未能达到所策划的结果时,应采取适当的纠正和纠正措施,以确保产品的符合性。

理解要点:

(1)过程监视和测量的目的,证实过程是否按规定运行、规定是否适宜、是否达到预期的结果。

(2)这里的过程指的是质量管理体系四大过程,每一过程都直接或间接地影响产品质量,因此必须采用适宜的方法对这些过程进行监视和测量,以证实过程的能力。

(3)一般质量管理体系过程都应进行监视,部分过程采用测量方式。具体采用监视还是测量,采用什么监视方法,由组织根据自己的情况进行策划和决策。

(4)管理职责、资源管理、测量分析和改进三大过程都属于围绕产品实现过程所采取的管理活动或支持性活动，它属于人为的过程，只能采用监视的方法。产品生产过程多是通过各种设备、工艺或流水线来完成的，它可采取测量或监视两种方法。

过程监视一般采取的形式有：

①安装监视仪，随时监视各类过程；

②定期查看、检查或抽查所关注的过程。

过程测量一般是在产品形成的主要环节上安装仪器，测试所需的过程参数，如炉温、电压、温度、密实度、压力值等，以此作为保证产品质量的必要条件。

(5)过程的监视和测量可采取以下步骤来实施：

①检查、抽查或测量所关注的过程，是否按照质量管理体系要求进行运作，如果局部未运作或不满足要求应督促其按要求运作；

②如果已按规定要求运行，应根据监测的数据进行分析，判定是否能够达到预定的结果或预期的目标；

③如果达不到预定的结果，在过程进行中及时调整，甚至采取纠正措施，以保证预期目标的实现。

工程建设行业理解要点：

(1)工程建设行业的四大过程可通过检查的方式实施过程监视并记录检查结果。

(2)组织专家对设计报告、咨询报告进行的抽样检查；除内审外，由质量管理部门或责任人每年定期或不定期对产品实现过程实施监督，都属于过程监视的范畴。

(3)工程设计、咨询行业应确定对设计更改信息、设计回访活动、施工工地服务活动的监视方法。

(4)工程施工应确定适用的监视和/或测量方法，例如：授权有关部门和人员对施工、安装过程实施监督检查，明确实施监督检查的职责权限、周期、内容、要求。

(5)工程监理单位应组织授权的检查人员对项目监理部/组、总监对监理人员定期检查和巡视检查的监理活动。

(6)工程勘察应采取适当方法对质量管理体系的过程进行监视，并在适用时进行测量，对内、外业过程实施监督检查。

4. 产生的监视和测量

> 8.2.4　产品的监视和测量
>
> 组织应对产品的特性进行监视和测量，以验证产品要求已得到满足。这种监视和测量应依据所策划的安排（见7.1），在产品实现过程的适当阶段进行。
>
> 应保持符合接收准则的证据。记录应指明有权放行产品的人员（见4.2.4）。
>
> 除非得到有关授权人员的批准，适用时得到顾客的批准，否则在策划的安排（见7.1）已圆满完成之前，不应放行产品和交付服务。

理解要点：

(1)监视和测量的对象是产品的特性，包括采购产品、中间产品和最终产品。

(2)在产品实现的策划中，应策划产品的哪些特性在何时、如何进行监视或测量，并将此反映在检验计划或质量计划中，策划应考虑适当的统计技术，如抽样检验等。

(3)应保存产品检验合格的证据,并记录检验人员或有权放行产品的人员。

(4)策划的检验已全部完成,并满足要求后,才能放行产品和交付服务。

除非征得内部授权人员的批准,或征得顾客批准,在没有全部完成所有检验任务时,不应放行产品。

工程建设行业理解要点:

(1)工程勘察、咨询、设计的产品是报告和文件,对报告、文件的校审、审批手续,即为产品的监视和测量。签批手续一般在程序文件中做出详细规定,有特殊要求可列入质量计划。

(2)工程设计产品监视和测量的方法还可包括:工程设计文件发放前的质量评定、设计文件抽查、底图检验等。上述方法均以质量控制为目的,设计文件满足规定的要求以后才能放行交付。

(3)工程勘察监视和测量的产品包括采购产品、中间产品(如岩样、土样、水样),向顾客交付的最终产品(如勘察报告及图件等)。

(4)工程监理文件的审批属产品的监视和测量。

(5)工程施工产品的监视和测量通常包括:

①材料、半成品、预制件,建设工程附属设备的检验、试验;

②工序交接检验、隐蔽工程检验、分项工程中间检查;

③分项/分部/单位工程验收;

④外包工程验收;

⑤建设工程附属设备的试车/试运行;

⑥项目竣工交验、公司自检及顾客组织验收。

(6)所有的签审、验收手续完成以后,才能交付顾客。

(三)不合格品控制

> 8.3　不合格品控制
>
> 组织应确保不符合产品要求的产品得到识别和控制,以防止其非预期的使用或交付。不合格品控制以及不合格品处置的有关职责和权限应在形成文件的程序中作出规定。
>
> 组织应通过下列一种或几种途径,处置不合格品:
>
> a)采取措施,消除已发现的不合格;
>
> b)经有关授权人员批准,适用时经顾客批准,让步使用、放行或接收不合格品;
>
> c)采取措施,防止其原预期的使用或应用。
>
> 应保持不合格的性质以及随后所采取的任何措施的记录,包括所批准的让步的记录(4.2.4)。
>
> 在不合格品得到纠正之后应对其再次进行验证,以证实符合要求。
>
> 当在交付或开始使用后发现产品不合格时,组织应采取与不合格的影响或潜在影响的程度相适应的措施。

理解要点：

(1)不合格品控制的目的：防止不合格品的非预期使用或交付。

(2)不合格品指不满足要求的产品，可能发生在采购产品、中间产品和最终产品中。

(3)应制定不合格品控制的程序文件，包括不合格品的标识、记录、判定、评审、处置和再验证等。

(4)不合格品的处置应采用以下一种或几种方法：

①采取措施，消除发现的不合格，如制造业的返工、服务业的致歉等。

②对不合格品采取让步使用或放行。让步指对使用或放行不合格品的许可，如让步接收、降级接收。这需要有关授权人员的批准，有时还需顾客批准，但法律不允许的除外。

③采取措施，改变原使用方式或用途。如降级、报废、改作他用。

(5)在交付或开始使用后发现不合格品时，组织仍有责任采取措施解决问题。所采取的措施应考虑给顾客造成的损失和影响。例如：负责修理、更换、退货、甚至赔偿等。

(6)纠正后的产品(如返工后的产品)应再次验证其符合性。

(7)应保存不合格品控制、评定、处置措施及让步接收的记录。

工程建设行业理解要点：

(1)首先要界定不合格品的范围，工程勘察、工程咨询、工程设计所产生的不合格品，多指产品交付后发现的不合格品。对此类不合格品通常采用局部更改通知或收回重新更换两种形式。更改、更换后的报告，必须重新履行签审手续。

(2)工程施工所产生的不合格品，如基础不均匀沉降，墙身开裂、混凝土梁开裂、现浇混凝土蜂窝麻面、砂浆或混凝土强度不够、屋面漏水等，应记录、评审、返工或返修，再验收后才能转入下道工序。

(四)数据分析

> 8.4　数据分析
>
> 组织应确定、收集和分析适当的数据，以证实质量管理体系的适宜性和有效性，并评价在何处可持续改进质量管理体系的有效性。这应包括来自监视和测量的结果以及其他有关来源的数据。
>
> 数据分析应提供以下有关方面的信息：
>
> a)顾客满意(见8.2.1)；
>
> b)与产品要求的符合性(见7.2.1)；
>
> c)过程和产品的特性及趋势，包括采取预防措施的机会；
>
> d)供方。

理解要点：

(1)数据分析的目的：

①证实质量管理体系的适宜性和有效性；

②寻找持续改进的机会和部位。

(2)应策划：

①需要收集哪些数据，包括产品、过程的监视测量结果，顾客信息，市场信息等；

②如何收集这些数据；

③收集到这些数据后，如何进行分析，采用什么统计技术。

(3)策划完成后，收集数据，进而分析数据。

(4)数据分析后应提供以下信息(结果)：

①顾客对产品和服务的满意程度，应特别关注不满意的情况；

②产品要求的符合性，如不足的方面；

③产品或过程的特性变差、现状及趋势，是否存在潜在的问题，是否有采取预防措施的必要；

④供方产品的相关信息。

工程建设行业理解要点：

(1)工程建设行业可通过“顾客意见调查表”和回访的形式，收集顾客意见，通过统计分析，确定顾客的满意程度。

(2)设计、咨询产品可通过抽查，全面了解产品质量情况。

(3)工程施工可收集各种质量验收信息，计算合格品率和优良品率。

(4)通过日常检查、内审，进一步发现质量管理体系中存在的问题，将相应的信息收集整理。

(5)将以上信息全面收集，综合分析，找出产品和体系中不足的地方，提出改进的建议。

(五)改进

1. 持续改进

> 8.5 改进
>
> 8.5.1 持续改进
>
> 组织应利用质量方针、质量目标、审核结果、数据分析、纠正和预防措施以及管理评审，持续改进质量管理体系的有效性。

理解要点：

(1)持续改进(3.2.13)是增强满足要求的能力的循环活动。

(2)改进的重点是改善产品特性和提高质量管理体系过程的有效性。要求不断地寻求改进的机会，可以是日常渐进的改进活动，也可以是突破性的改进项目。

(3)为实现持续改进，应当开展以下活动：

①通过方针的建立和实施，营造一个激励改进的氛围和环境以及建立改进的意识；

②确立质量目标，以明确改进方向；

③通过数据分析找出顾客不满意、产品未满足要求、过程不稳定等问题；

④利用内审发现质量管理体系的薄弱环节；

⑤利用纠正和预防措施，防止不合格再发生和发生，进而实施改进；

⑥在管理评审中，对体系进行全面评价，寻求改进的机会，确定改进目标，做出改进决定。

2. 纠正措施

8.5.2　纠正措施

组织应采取措施，以消除不合格的原因，防止不合格的再发生。纠正措施应与所遇到不合格的影响程度相适应。

应编制形成文件的程序，以规定以下方面的要求：

a)评审不合格(包括顾客抱怨)；

b)确定不合格的原因；

c)评价确保不合格不再发生的措施的需求；

d)确定和实施所需的措施；

e)记录所采取措施的结果(见4.2.4)；

f)评审所采取的纠正措施。

理解要点：

(1)纠正与纠正措施含义不同。

纠正是对已出现的不合格采取措施，使不合格变成合格。

纠正措施是对不合格的原因采取措施，使不合格不再发生，或降低发生频次。

(2)发现了不合格，是否需要采取纠正措施，采取什么样的纠正措施，要考虑不合格的影响程度，与风险相适应。采取纠正措施要投入成本，要综合进行考虑。

(3)应编制纠正措施的程序，包括以下内容：

①识别和评审不合格，包括体系和产品方面的不合格，特别要对顾客抱怨和投诉的不合格重点评审；

②通过调查分析确定不合格的原因；

③针对原因评价是否需要采取纠正措施，要考虑投入和产出的关系；

④若需要采取纠正措施，针对不合格原因制定纠正措施，并实施；

⑤跟踪并记录纠正措施的结果；

⑥评审所采取纠正措施有效性。

3. 预防措施

8.5.3　预防措施

组织应确定措施，以消除潜在不合格的原因，防止不合格的发生。预防措施应与潜在问题的影响程度相适应。

应编制形成文件的程序，以规定以下方面的要求：

a)确定潜在不合格及其原因；

b)评价防止不合格发生的措施的需求；

c)确定和实施所需的措施；

d)记录所采取措施的结果(见4.2.4)；

e)评审所采取的预防措施。

理解要点：

（1）预防措施是针对潜在不合格的原因所采取的措施，这时不合格尚不存在，但出现了可能发生的趋势，它不同于纠正措施。

（2）是否需要采取预防措施，采取什么样的预防措施，要考虑潜在不合格的影响程度与风险相适应，要综合考虑投入成本。

（3）应编制预防措施程序，包括以下内容：

①如何通过大量数据分析，找出潜在不合格，并找出潜在不合格产生的原因；

②针对潜在不合格及其原因，判定、评价是否需要采取预防措施；

③若需要，针对潜在不合格的原因制定预防措施，并实施；

④跟踪并记录所采取预防措施的效果；

⑤评价所采取预防措施的有效性。

第二部分　ISO14001 标准理解与实施

第四章　ISO14000 环境管理系列标准概论

第一节　全球环境问题及环境管理标准的产生背景

一、环境管理标准产生的背景

（一）国内外环境保护历程

1964 年，美国海洋生物学家雷切尔·卡逊根据自己的研究结果，出版发行了《寂静的春天》一书，在书中第一次阐述了“环境污染”和“环境保护”的思想，将环境污染的矛头直接指向人类征服自然的观念和工业化体系。《寂静的春天》一书揭示了地球污染对生态环境的影响，在美国引起了关于环境污染的全民大讨论，极大地唤醒了民众的环保意识。20 世纪的六七十年代，是西方发达国家工业化高速发展的时期，西方各国政府在民众的强烈要求下，开始重视环境保护工作，美国、日本、挪威、巴西、德国等经济较发达国家纷纷建立环境保护的政府机构，采取各种措施直接干预环境保护管理工作。

（二）全球环境问题和自然灾害

最新联合国环境统计数据表明：进入 21 世纪，随着人口数量的增加、温室效应的加剧、粮食储备的减少、臭氧空洞的出现、环境污染的恶化、生物物种的灭绝、自然灾害的破坏，地球和人类将面临前所未有的挑战。由于工业化大量的二氧化碳气体的排放，导致大气层成分发生较大变化，使地球的平均温度持续上升，将导致海平面的缓慢上升和人类生存面积的减少，同时温室效应将导致气候变化，使雪崩、洪水、干旱、地震、火灾、虫害、暴风、海啸等自然灾害的发生频率急剧增加。由于工业活动中的 CFCs 排放和长期的积累，臭氧层明显在减少，使辐射至地球的紫外线强度增加，会导致皮肤癌、白内障和传染病等的发病率的增加，还会造成某些生物的灭绝。专家认为：臭氧总量减少 10%，紫外线辐射强度便增加 20%，将导致全球增加 175 万名白内障患者和 30 万皮肤癌患者。

（三）环境污染和生态破坏

目前，全球范围内存在着自然资源破坏、生态环境持续恶化的问题。大量森林资源的砍伐、开发，森林覆盖率下降，水土流失严重，土层变薄，肥力下降，生产能力降低，土地沙漠化成为全球性问题。

全球淡水资源明显不足，水污染更加剧了供需之间的矛盾，呈现全球性的淡水危机。目前世界上有 43 个国家、约占全球陆地面积的 60% 的地区缺水，约 14% 的淡水河流径流量遭受到污染，由于环境污染所导致疾病的发病率在发展中国家有上升的趋势，水污染导致的饮用水危机正席卷全球，每天约有 2.5 万人死亡与使用受污染的水有关，发展中国家儿童死亡的80%与水污染引起的疾病有关。

(四)生物物种的灭绝

人类各种各样的活动正导致生物物种灭绝。沿海城市的发展,使海洋生物失去了繁殖、生存的栖息地;海洋环境的污染使水生生物的生存环境遭受严重的破坏;河道改造和建筑设施,带来环境的破坏和动物栖息地的丧失。据统计,目前全世界平均每天都有一种生物物种在灭绝,到2010年地球上20%的动植物(约100万种)将灭绝,这种大规模的物种灭绝,在人类历史上是空前的。

(五)环境管理标准的产生

全球环境的恶化威胁着人类的生存和发展。就人类面临的环境问题而言,并不以人为划定的国家疆界为限,它直接影响处于不同发展水平的各个国家的切身利益,环保问题已经超越了自身的领域而成为重大的国际政治经济问题。基于上述原因,世界各国对环境保护工作越来越重视,公众环境意识的提高促使工矿采取有效的环保措施以顺应环保消费者的要求,也促使各国政府采取有效的管理保护环境和自然措施,但是,不同国家的经济利益差别,不同人群的意识差别,都决定了对环保政策的不同态度。因此,现实促使世界各国为发展经济、寻求共同的环保行为标准,建立环境管理体系,走持续发展、污染预防之路。正是在这样的大背景下,国际标准组织环境技术委员会(TC207)综合考虑全球人的环境共识及其存在的经济、文明水平的差异,制定颁布了国际通用标准——ISO14000系列标准。

二、ISO14000环境管理系列标准组成

(一)ISO14000环境管理体系系列标准的产生

——ISO于1993年6月成立TC207,着手起草ISO14000系列标准;

——TC207的宗旨:支持环境保护工作,改善并维持生态环境质量,减少人类各项活动所造成的环境污染,使之与社会经济发展达到平衡,促进可持续发展;

——TC207的业务范围:环境管理方面的标准化;

——1996年ISO颁布ISO14000环境管理系列标准。

(二)ISO14000环境管理系列标准的构成

(1)编号系统:

标准子系统名称	标准号
●环境管理体系(EMS)	14001—14009
●环境审核(EA)	14010—14019
●环境标志(EL)	14020—14029
●环境表现评价(EPE)	14030—14039
●生命周期评估(LCA)	14040—14049
●术语与定义(T&D)	14050—14059
●产品标准中的环境因素(EAPS)	14060
●可持续森林	14061—14100

(2)按标准的属性形成的标准结构如下:

ISO14000
- 基础标准子系统：术语和定义
- 基本标准子系统：环境管理体系
- 支持子技术系统
  - 环境审核
  - 环境标志
  - 环境表现评价
  - 生命周期评价

（3）按标准的功能形成的标准结构如下：

ISO14000
- 评价组织
  - 环境管理体系
  - 环境表现评价
  - 环境审核
- 评价产品
  - 生命周期评价
  - 环境标志
  - 产品标准中的环境因素

第二节　ISO14001 标准要求及理解要点

ISO14001“环境管理体系——规范及使用指南”是一个框架性标准，实际上它只为组织提供了一个环境管理体系的框架，而没有对其环境表现提出绝对要求，组织要达到怎样的表现水准，完全取决于它为自己设立的环境目标与指标。其次，该标准所提供的系统化手段，尽管有助于实现对所有相关方的最优化环境效果，但其最终实现，还须供助具体的环境技术。因此，它鼓励组织根据自身的经济条件，采用最佳可行的技术。

组织可根据自身情况，考虑在整个组织中或仅在其中某些部门采用该标准。

在 ISO14001 的“引言”中指出，其中规定的环境管理体系“拟适用于任何类型与规模的组织，并适用于各种地理、文化和社会条件”；同时标准对“组织”的定义，赋予了非常广阔的外延，它不仅将通常意义下这一概念所能适用的所有社会实体尽数覆盖，同时还扩展到它们的结合体和其中的一部分。因此，该标准适用于希望采用它的所有组织，并专门强调了出于对中小型企业在社会经济结构中重要性的认识，其体系要求的设计考虑了它们的条件和需要，因而对它们是完全适用的。

具有下列愿望的组织可采用该标准：

——实施、保持并改进环境管理体系；

——使自己确信能符合所声明的环境方针；

——向外界展示这种符合性；

——寻求外部组织对其环境管理体系的认证或注册；

——对符合本标准的情况进行自我鉴定和自我声明。

ISO14001 标准是 ISO14001 的核心，是企业建立环境管理体系的依据和标准模式，也是企业所要申请认证的唯一标准。它规范了环境管理体系的基本内容和要求，向各类组织提供了一个标准化的环境管理体系的模式，回答了建立一个什么样的体系的问题。它包括环境方针、策划（规划）、实施与运行、检查 、管理评审等五个方面的内容与要求，这五个方面的内容也称这五大要素，其下有 17 个二级要素，参见表 4-1“环境管理体系要素”。

表 4-1　环境管理体系要素

项目	一级要素	二级要素
要素名称	（一）环境方针	1. 环境方针
	（二）规划（策划）	2. 环境因素 3. 法律法规和其他要求 4. 目标、指标和方案
	（三）实施与运行	5. 资源、作用、职责和权限 6. 能力、培训和意识 7. 信息交流 8. 文件 9. 文件控制 10. 运行控制 11. 应急准备和响应
	（四）检查	12. 监测和测量 13. 合规性评价 14. 不符合、纠正措施和预防措施 15. 记录控制 16. 内部审核
	（五）管理评审	17. 管理评审

第五章　环境管理体系标准要求和理解实施

第一节　引　言

现在，各种类型的组织都越来越重视通过依照环境方针和目标来控制其活动、产品和服务对环境的影响，以实现并证实良好的环境绩效。这是由于有关的立法更趋严格，促进环境保护的经济政策和其他措施都在相继制定，相关方对环境问题和可持续发展的关注也在普遍增长。

许多组织已经推行了环境"评审"或"审核"，以评价自身的环境绩效。但仅靠这种"评审"和"审核"本身，可能还不足以为一个组织提供保证，使之确信自己的环境绩效不仅现在满足，并将持续满足法律和方针要求。要使评审或审核行之有效，须在一个纳入组织整体的结构化的管理体系内予以实施。

环境管理标准旨在为组织规定有效的环境管理体系要素，这些要素可与其他管理要求相结合，帮助组织实现其环境目标与经济目标。如同其他标准一样，这些标准不是用来制造非关税贸易壁垒，也不增加或改变组织的法律责任。

本标准规定了对环境管理体系的要求，使组织能根据法律法规要求和重要环境因素信息来制定、实施方针和目标。本标准拟使用于任何类型与规模的组织，并适用于各种地理、文化和社会条件。其运行模式如图 5-1 所示。体系的成功实施有赖于组织中各个层次与职能的承诺，特别是最高管理者的承诺。这样一个体系可供组织制定其环境方针，建立实现所承诺的方针的目标和过程，采取必要的措施来改进环境绩效，并证实体系符合本标准的要求。本标准的总体目的是支持环境保护和污染预防，协调它们与社会和经济要求的关系。应当指出的是，其中许多要求是可以同时或重复涉及的。

注：本标准基于策划 - 实施 - 检查 - 改进（PDCA）的运行模式。关于 PDCA 的含意简要说明如下：

——策划：建立所需的目标和过程，以实现组织的环境方针所期望的结果；

——实施：对过程予以实施；

——检查：根据环境方针、目标、指标以及法律法规和其他要求，对过程进行监测和测量，并报告其结果；

——改进：采取措施，以持续改进环境管理体系的绩效。

许多组织通过由过程组成的体系以及过程之间的相互作用对运行进行管理，这种方式称为"过程方法"。GB/T19001—2000 提倡使用过程方法。PDCA 可以应用于所有的过程，因此这两种方式可以看做是兼容的。

本标准第二版的修订重点是更加明确地表述第一版的内容；同时对 GB/T19001 的内容予以必要的考虑，以加强两标准的兼容性，从而满足广大用户的要求。

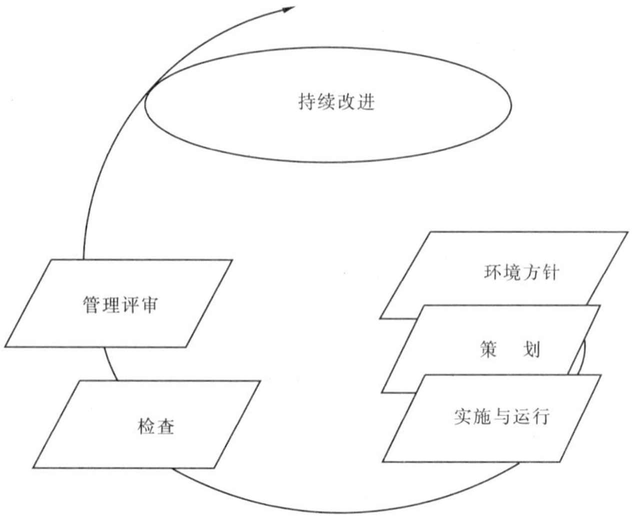

图 5-1　本标准的环境管理体系(EMS)模式

为便于使用,本标准附录 A 和正文第四章的相关条目采用了对应的序号。如 A.3.3 对应 4.3.3,其内容都是关于目标、指标和方案的论述,A.5.5 的内容都是关于内部审核等。另外,还在附录 B 中给出了 GB/T24001—2004、GB/T19001—2000 之间相近技术内容的对应关系。

本标准规定了对组织的环境管理体系的要求,它能够用于对组织的环境管理体系进行认证(或注册)和(或)自我声明,本标准和用来为组织建立、实施或改进环境管理体系提供一般性帮助的非认证性指南有重要区别。环境管理涉及多方面内容,其中有些还具有战略与竞争意义。一个组织可以通过对本标准的成功实施,使相关方确信组织已建立了适当的环境管理体系。

其他一些标准,特别是 ISO/TC207 制定的关于环境管理的各种技术文件,提供了环境管理支持技术的指南,对其他标准的参阅仅用于获取信息。

本标准仅包含那些可以进行客观审核的要求,须要得到对环境管理体系中诸多问题更加全面指导的组织,可参阅 GB/T24004—2004。

本标准除了要求在方针中承诺遵守适用的法律法规要求和其他应遵守的要求,以及进行污染预防和持续改进外,未提出对环境绩效的绝对要求,因而两个从事类似活动但具有不同环境绩效的组织,可能都是符合本标准要求的。

系统地采用和实施一系列环境管理技术,有助于为所有相关方带来更好的结果。然而,采用本标准本身,并不能保证取得这样的结果。环境管理体系能够促使组织为实现环境目标,在适宜和经济条件许可时,考虑采用最佳可行技术,同时充分考虑到采用这些技术的成本效益。

本标准不包含针对其他管理体系的要求,如质量、职业健康安全、财务或风险等管理体系要求。但可以将本标准所规定的要素与其他管理体系的要素进行协调,或加以整合。组织可通过对现有管理体系做出修改,以建立符合本标准要求的环境管理体系。这里还要指出,对各种管理体系要素的应用,可能因不同的用途和不同相关方而异。

环境管理体系的详细程度、复杂程度、体系文件的规模及所投入的资源等，取决于多方面的因素，如体系覆盖的范围、组织的规模、组织的活动、产品和服务的性质等。中小型企业尤其如此。

理解要点：

(1)有效的环境管理须建立并实施结构化的环境体系。

由于世界各国有关的环境立法和相应的依法监督措施的陆续出台，加之人们环境意识的普遍提高以及相关方对环境问题(包括可持续发展)的关注，许多组织都自发地制定了本组织的环境方针和目标来控制其活动、产品、服务对环境的影响，以实现并证实良好的环境绩效。许多组织还推出了环境“评审”或“审核”，但这种“评审”或“审核”还不足以为一个组织提供保证，使之确信自己的环境绩效不仅现在满足，并将持续满足法律法规和环境方针的要求。

为了实施有效的环境管理，组织需要建立并实施一个结构化的环境管理体系，并把这个体系纳入本组织的整个管理体系之中。

GB/T24001—2004 标准提供了 PDCA(策划 - 实施 - 检查 - 改进)的运行模式。

(2)标准规定的环境管理体系要求遵循自愿原则，且不改变组织的法律责任。

GB/T24001—2004 标准虽然为组织规定了有效的管理体系要素，但此标准是一个推荐性标准，每个组织是否实施标准的要求、是否依据标准的规定建立环境管理体系、是否申请环境管理体系认证等则有组织自主决定，不得以任何行政或其他方式强迫组织实施。

标准规定的环境管理体系要求不改变组织应承担的法律责任，组织不会因为实施并符合了标准要求而增加或改变其应承担的法律责任，也不应由此来制造非关税的贸易壁垒。组织的环境管理体系符合标准的要求并不代表组织已满足适用于其活动、产品或服务中环境因素有关的法律法规要求。

(3)标准规定的环境管理体系要求具有广泛适用性，并可作为认证和审核的准则。

标准的“要求”部分规定了环境管理体系要求，是一个由 17 个要素组成的环境管理体系模式。这些要求不仅适用于任何类型与规模的组织，而且使用于各种地理、文化和社会条件组织。标准除了要求组织在环境方针中对遵循有关法律法规和其他要求、实施污染预防和进行持续改进做出承诺外，未对环境绩效提出绝对的要求。因此，两个从事类似活动但具有不同环境绩效的组织，可能都是遵守标准要求的。

标准中“要求”部分规定的环境管理体系要求是必须做到的，而“指南”部分的内容是提供参考的、可选择的。“要求”部分规定的环境管理体系要求，是组织建立、实施、保持和改进环境管理体系的依据，可以作为对环境管理体系进行认证和审核的准则。

(4)标准的总目的是支持环境保护和污染预防，协调它们与社会和经济需求的关系。在标准中充分的体现了环境保护和污染预防的基本思想，并且要求组织在环境管理体系的建立、实施、保持和改进的全过程中将这一基本思想贯彻始终。标准的宗旨是为组织规定有效的环境管理体系要素，这些要素可以与其他管理要求相结合，以帮助组织实现自己的环境目标和经济目标。

(5)强调最高管理者的承诺和责任以及全员参与。

标准强调组织的最高管理者应根据法律法规要求和重要环境因素信息来制定和实施

组织的环境方针和目标，做出持续改进和污染预防的承诺，并应为环境方针的贯彻和环境管理体系的有效运行提供必要的组织结构和资源保证。组织的最高管理者应充分认识到环境管理的重要性，将其作为组织最优事项之一予以实施，这是环境管理体系有效运行的前提。

环境管理体系成功实施的基础是全体员工环境意识的提高和各相关层次与职能的人员均以高度的责任感承担相应的职责。持续改进、污染预防以及环境方针、目标的实现都离不开全体员工的积极参与。

(6)标准着眼于采用系统的管理措施。系统地采用和实施一系列环境管理技术，有助于组织取得良好的环境绩效，有助于为所有相关方带来更好的结果。然而，采用 GB/T24001—2004 标准本身并不能保证组织就能够取得最优化的环境结果，因此标准着眼于系统地采用和实施一系列的环境管理技术，促进组织在经济条件许可的情况下，在考虑采用技术的成本效益的同时，根据需要考虑采用最佳可行的技术，以实现组织的环境目标。

(7)环境管理体系应纳入组织的整个管理体系之中。GB/T24001 标准不包含针对其他管理体系的要求，如质量、职业健康安全、财务或风险等管理体系的要求，但是，环境管理体系是组织整个管理体系的有机组成部分，因此组织在建立环境体系时，不必将环境管理体系的各要素独立于组织现行管理要求之外，可以将 GB/T24001 标准所规定的要素与其他管理体系的要素进行协调，在满足相关标准要求的前提下加以整合。组织可通过对现有管理体系进行修改和调整，以建立符合 GB/T24001 标准要求的环境管理体系。对于不同的组织而言，其对各种管理体系要素的应用，可能会因为不同的用途和不同相关方而有所差异。

第二节　环境管理体系要求

一、总要求

> 4.1　总要求
>
> 组织应根据本标准的要求建立、实施、保持和持续改进环境管理体系，确定如何实现这些要求，并形成文件。
>
> 组织应界定环境管理体系的范围，并形成文件。

理解要点：

(1)概述。环境管理体系是一种工具，它提供了一个结构化的过程，其作用是帮助组织去实现和系统地控制它所设定的环境表现(行为)水准；环境表现改进的程度和范围由组织根据其经济和其他客观条件自行决定；而环境管理体系的详尽与复杂程度，文件提供的程度，支持提供的程度，支持体系运行的资源，都取决于组织的规模及其所从事活动的性质。

(2)建立环境管理体系的指导原则：

① 认识到环境管理是组织中最重要的工作之一；

②建立并保持与内外相关方的信息交流；

③确定与该组织活动、产品或服务有关的法律要求和环境因素；

④明确职责，使管理者和员工对环境保护做出承诺；

⑤鼓励在产品和过程的全部生命周期内进行环境策划；

⑥建立实现预定环境表现水准的过程；

⑦提供适宜和充分的资源，包括培训，不断实现预定的环境表现水准；

⑧建立审核和评审环境管理体系的管理过程，寻求改进体系并进而改进环境表现的机会。

(3)实施环境管理体系的基本目的：

①环境管理体系的基本目的是通过实现环境方针，与组织的环境表现相联系，在具有职责分工、资源保证的经规划、控制的环境管理活动和运行程序支持下，实现体现自身的持续改善，以此促进组织环境表现的不断改进。

②环境表现的改进直接关系到组织活动、产品或服务中环境因素所引起不利环境影响或危害的消除、降低。只有环境表现的改进才是衡量组织实施环境管理有效性的最终尺度。因此，通过环境管理体系的改进，促进组织环境表现的改进才是组织建立、实施环境管理体系、加强环境管理的基本目的。

③建立并实施环境管理体系，其作用在于帮助实现以下目的：识别和控制其活动、产品或服务中环境因素、环境影响和风险；发现有效地解决环境问题的机会；确定适于组织的环境法律法规要求；建立处理环境事项的优先程序，以确定环境目标及行动方案；建立执行程序和支持保障机制，推进环境计划的实施；监视组织的环境表现，评价体系的有效性，实施体系的改进。

(4)环境管理体系的系统特征：

①环境管理体系是一个“系统”，要建立实施一个环境管理体系，不仅需要考虑它的各个组成部分，而且需要从其各个组成部分的相互影响和联系上把握实现系统的整体功能。建立环境管理体系时，应将为制定、实施、实现、评审和保持环境方针所需要的组织结构、规划活动、职责、惯例、程序、过程和资源作为一个有机组织的整体。

②环境管理体系具有“动态”特性，旨在不断改进组织环境，使体系永远处于“PDCA”的良性循环中。

③环境管理体系是组织整个管理系统的子系统，设法使环境管理成为整个管理系统的有机组成部分是运作成功的前提条件。

④污染预防是实施环境管理体系的基本出发点，避免污染的产生在经济与环境上要比污染产生后的净化控制更为可取，尽可能在生产全过程减少废物要比运用各种处理处置措施来保证降低污染对环境影响更有意义。为了有效地减少对人类和环境的风险，需要我们将侧重于污染末端治理的污染防治重心向生产过程的“上游”转移，从污染的产生源头去预防污染。在污染预防思想的指导下，各种对策行动、措施方法、手段工具纷纷推出，如清洁生产、使废物最小化、生态工业、生命周期评价管理、产品生态设计等。

按照ISO14001系列标准，污染预防定义为：旨在防止、减少或控制污染而对各种过程、惯例、材料或产品的使用，它可包括再循环、处理过程更改、控制机制、资源的有效利用和材料替代等。其目的在于尽可能减少或消除各种在生产全过程中产生的废物,最大限度地节约或有效利用能源、资源,减少产品从原材料选取、使用、生产制造到最终处理处置整个生命周期过程中对环境所造成的污染。

二、环境方针

> 4.2　环境方针
>
> 最高管理者应确定本组织的环境方针,并在界定的环境管理体系范围内,确保其:
>
> a)适合于组织活动、产品和服务的性质、规模和环境影响;
>
> b)包括对持续改进和污染预防的承诺;
>
> c)包括对遵守与其环境因素有关的适用法律法规和其他要求的承诺;
>
> d)提供建立和评审环境目标和指标的框架;
>
> e)形成文件,付诸实施,并予以保持;
>
> f)传达到所有为组织或代表组织工作的人员;
>
> g)可为公众所获取。

理解要点:

(1)制定环境方针的目的。环境方针通常是由组织的最高管理者所制定,它反映了最高管理者的价值观、信念、原则和意向,是最高管理者为其组织的环境管理活动确定的指导思想和行为准则;组织的全体员工与环境有关的全部活动,都在环境方针的大前提下进行;所有的计划、措施、行动都应符合环境方针,为实施环境方针服务;方针本身也会在体系实施的过程中得到修正,使其更能实现组织声明的全部环境行为的意图与原则的目的。

(2)环境方针的内容:

①遵守有关的环境法律和法规以及组织应当遵守的其他要求(如地方规章等),是环境保护工作对组织提出的最高要求。

②环境行为的持续改进是实施环境管理体系的基本要求,应在环境方针中予以申明。

③环境方针应由组织的最高管理者(是对组织负有执行职责的个人或集体)制定,并形成文件。方针应由最高管理者批准,并传达到全体员工。

④环境方针应具有公开性,使相关方需要时易于获取,制定时也要考虑相关方的要求。

⑤环境方针应与组织所开展的活动或生产的产品及提供的服务相适应,即不同的行业所开展的活动或提供的产品的类型不同,其环境影响也不同,所以环境方针也应有所不同。

⑥环境方针是组织建立环境目标和指标的框架和基础,因此切忌抽象空洞和不切实际。

例:某公司的环境方针

为了响应全球环境保护运动,本公司将在生产决策过程中引进环境概念,在环境管理上努力符合顾客、市场及政府的要求。

为了达到环境保护和持续发展的目的,本公司将持续地:

——改进工艺流程,致力于污染防治及废物回收,将本公司对环境的影响降至最小;

——与政府执法部门合作,确保对环境法规的了解、获得和符合要求;

——节约能源和资源;

——推广环保理念,提高员工、相关方的环境意识;

——对废物进行妥善管理。

本公司将彻底执行上述原则,并教育员工,使其了解并采取有效行动,积极投入到环境保护的工作中。本公司亦将通过适当的媒体向公众公布上述原则。

三、策划

(一)环境因素

> 4.3 策划
>
> 4.3.1 环境因素
>
> 组织应建立、实施并保持一个或多个程序,用来:
>
> a)识别其环境管理体系覆盖范围内的活动、产品和服务中能够控制或能够施加影响的环境因素,此时应考虑到已纳入计划的或新的开发、新的或修改的活动、产品和服务等因素;
>
> b)确定对环境具有或可能具有重大影响的因素(即重要环境因素)。
>
> 组织应将这些信息形成文件并及时更新。
>
> 组织应确保在建立、实施和保持环境管理体系时,对重要环境因素加以考虑。

理解要点:

(1)环境因素。环境因素是指:一个组织的活动、产品或服务中能与环境发生相互作用的要素。而环境又是指:组织运行活动的外部存在,包括空气、水、土地、自然资源、植物、动物、人以及它们之间的相互关系。所以任何一个组织在它开展活动或提供产品及在服务过程中只要与上述的外部发生相互作用时,这个组织应存在环境因素(包括对资源的使用)。

(2)环境因素的各个层面:

①一个组织应通过建立一个或多个程序的方式来识别出与这个组织有关的尽可能多的环境因素,这些环境因素应能客观全面地反映组织对环境带来的直接或间接的影响。

②识别环境因素时,应当仔细分析该组织本身的活动、产品和所有的服务过程,尽可能地找到对环境有影响的因素,具体方法有:始环境评审、专家识别、工序分析和生命周期评估等;

③对于重要环境因素的评价,还应考虑:有关的法律和法规要求;改变某种环境影响的难度大小;改变某种环境影响所需费用多少;改变将对其他活动和过程有何影响;相关方的关注情况等。

④在考虑环境因素时还应注意:

在各种可能的运行条件下,对环境产生的影响,包括正常、异常和紧急状态的情况;不仅考虑当前存在的环境影响，同时还应考虑产品、服务或活动在过去及对未来所带来的环境影响。当组织的活动、产品或服务有变化时，可能对环境造成新的影响。

⑤组织的环境因素可能因为其开展活动、提供产品及服务的改变而有所改变，如新材料、新设备、新工艺的引进都可能导致新的环境因素的产生及原来的环境因素的变化，这时组织应及时对环境因素进行重新识别和评估并确定重要环境因素。

(3)环境因素的内容：

在原材料的选用甄别上，要考虑的环境因素有：

①是否有法律法规明文禁止以及有违生态保护的材料；

②有毒有害的材料；

③易燃易爆的材料；

④易腐蚀、易变质的材料；

⑤有异味或加工过程中易产生异味的材料；

⑥在使用和加工过程中可能产生有毒有害物质或中间体的材料；

⑦其他有害材料(如放射性材料)等；

⑧采用环保材料替代的可能性。

在初期环境评审过程中，最有效的方法之一是系统地建立一套涉及以上所有内容的原材料一览表。

在生产加工过程中，从原材料的输入到产品的输出，所需要考虑的环境因素有：

①所有产生的废水及其所含的有毒有害物质，包括废水源、废水排放量、对该废水的处理措施目前是否达标排放。更为重要的是，在满足正常生产的情况下，组织是否实施了节约用水、节约用料的措施。

②所有产生的废气及其所含的有毒有害物质，包括废气源废气排放量、组织目前对废气的排放方式、处理措施、是否达标排放、是否实施节约用料措施。

③所有产生的废料及其所含的有毒有害物质，包括废料统计量、组织目前对废料的回收方式、处理措施、是否采取分类放置处理、是否实施节约用料措施。

④所有的噪声源，包括强度、发生频次、持续时间以及对周围邻里的影响。

对于企业当前生产的产品，在销售服务过程中要考虑的环境因素有：

①某些产品是否已经或将要受到法律法规以及生态保护条例的限制或禁止；

②产品自身是否含有有毒有害的物质或对人体或环境产生伤害；

③某些产品在使用过程中是否可能产生有毒有害物质，这些物质对人体或环境产生的伤害程度如何；

④产品在最终成为废品时可回收、可利用以及可降解的情况；

⑤产品在最终成为废品时对环境造成污染或破坏的情况；

⑥产品环保标识及其符合性等。

潜在的环境因素的识别。主要是为了预防、避免和减少在某些异常或紧急状态出现的情况下，原材料、生产工艺过程中的中间体、产品等出现或产生对环境的污染或破坏。这里所指的某些异常或紧急状况包括：

①火灾突然发生；

②窗口突然破裂；

③存储、运输过程中突然发生的事故；

④输送管道破裂；

⑤突然剧烈碰撞；

⑥有毒有害物质的泄露；

⑦因工艺条件控制失误或仪器设备失灵造成报废或产生可能对环境有毒有害的中间体；

⑧突然事件发生，如停电、停水、停气等。

上述情况发生的几率虽然很小，但是万一发生，引起那些易燃易爆、有毒有害物质泄露或者爆炸，就可能对环境造成一定程度甚至是巨大的污染和破坏。所以，必须重视这些潜在的环境因素。

（二）法律、法规和其他要求

> 4.3.2　法律、法规和其他要求
>
> 组织应建立、实施并保持一个或多个程序，用来：
>
> a）识别适用于其活动、产品和服务中环境因素的法律法规和其他应遵守的要求，并建立获取这些要求的渠道；
>
> b）确定这些要求如何应用于组织的环境因素。
>
> 组织应确保在建立、实施和保持环境管理体系时，对这些适用的法律法规和其他要求加以考虑。

理解要点：

（1）组织应建立并保持程序，用以识别和获取适用于其活动、产品和服务中环境因素的法律及其他应遵守的要求，如针对组织所属行业的法规要求及特别许可制度等。

（2）组织在建立环境管理体系时，必须考虑适用组织环境因素的环保法律、法规和条例；并要求组织在建立、实施和保持其环境管理体系过程中，必须参照有关的环境法规，符合法律方面的要求，推动自身的环境工作的持续发展。

（3）组织在确定并了解适用于本组织的法律法规时，应考虑：

①组织如何获取和确定相关的法律和其他要求方面的信息；

②组织如何掌握法律和其他要求；

③组织是否建立和保持了适用于本组织的法律、法规和其他要求的程序；

④组织采取何种方法定期跟踪法律和其他方面的变化；

⑤组织如何向员工传达有关法律法规和其他要求方面的信息；

⑥组织是否建立了适合本组织特点的法律、法规和其他要求的清单。

（4）获得法律和其他要求的渠道可包括：

①各级政府及环境保护主管部门；

②专业协会或团体，如环境保护学会；

③专门的咨询服务公司；

④专业性的环境科学研究机构等。

在我国，国家环境保护总局是国务院环境保护行政主管部门，对全国环境保护工作实施统一监督管理；各省、市、县环境行政主管部门对本辖区的环境保护工作实施统一监督管理。所有这些管理机构都是组织建立环境管理体系的有利保障，各类企业或组织都可以向这些机构了解有关的环境保护的法律、法规、方针和政策，并进行法律咨询。

（三）目标、指标和方案

> 4.3.3　目标、指标和方案
>
> 组织应对其内部有关职能和层次，建立、实施并保持形成文件的环境目标和指标。
>
> 如可行，目标和指标应可测量。目标和指标应符合环境方针，包括对污染预防、持续改进和遵守适用的法律法规和其他要求的承诺。
>
> 组织在建立和评审目标和指标时，应考虑法律法规和其他要求，以及自身的重要环境因素。此外，还应考虑可选的技术方案、财务、运行和经营要求，以及相关方的观点。
>
> 组织应制定、实施并保持一个或多个用于实现其目标和指标的方案，其中应包括：
>
> a）规定组织内各有关职能和层次实现目标和指标的职责；
>
> b）实现目标和指标的方法和时间表。

理解要点：

（1）目标和指标的基本要求。一般对重要环境因素主要是通过设定目标和指标来加以控制的，目标是依据环境方针而确立的环境行为的总体目的；环境目标应是具体的，环境指标应是可测量的，目标、指标应形成文件，必要时目标和指标的设置应将预防措施考虑在内并包含测量的环境行为参数；一个组织的环境目标、指标可以广泛地适用于整个组织，也可以具体到某个特定的场所或个别活动。

（2）明确对污染预防的承诺。全过程控制是预防污染的有效措施，常见的目标内容有：

①减少某种污染物的排放（大气、水体、土壤）；

②加强固体废物分类、管理、处置；

③规范化学品贮存管理；

④尽可能降低水电用量；

⑤减少某种有毒有害物质的使用。

（3）技术方案、财务、运行和经营的可行性。技术、财务、运行和经营的可行性会给组织在实施环境方针、目标指标和方案时带来实际上的压力，这是任何一个组织实施环境管理体系的最大障碍，全面考虑这些障碍可帮助组织确定切实可行的目标指标。

（4）目标的细化与指标的量化。环境方针是长期的原则方向，环境目标中的改进目标、指标是为了完成环境目标的年度目标值，是目标的分解细化，也进一步具体量化，可明确到具体的部门和数据，并配上时限。可行时，还应为每个指标设置可测量环境表现的参数，例如：某化工厂经过初始环境评审，认为废气排放是一个重要的环境因素，为此设立了相应的环境目标：减少有机溶剂的大气排放量。

与此目标相配套的指标可进一步具体量化。

（5）环境表现参数。为了便于度量环境表现的改善状况，环境目标和指标的建立可以考虑设立适当的环境表现参数，以反映该组织实现其环境方针的效果。

环境表现参数常见的形式：

①定性量：难以科学量测，依组织建立的水准分级。对环境影响的高、中、低。

②经济量：与环境表现有关的成本、效益，如废水处理费用，改善环境的投资等。

③绝对量：无需解释或处理可直接使用的参量，如年污染物排放量。

④相对量：基于其他参数折合成的参量，如吨钢/能耗。

⑤比例当量：各种以绝对或相对信息构成的参量，如以全年100%考虑的比例。

环境参数的类型：

①运行领域。原材料方面：单位产品原料使用量；资源方面：循环用水量；产品方面：有害环境的产品比例。

②管理领域。符合性方面：污染物排放达标情况；体系实施方面：环境执行程序的实施状况；环境管理和组织管理体系的一体化方面：环境产品设计开发；财务方面：污水处理投资；社会方面：群众的投诉数量。

选择环境表现参数时的注意事项：

①实用性：形成简洁明了，满足使用要求；

②相关性：能够满足管理者和相关方的信息需求；

③成本/效率：参数确定时数据的获取、处理和利用时的成本费用和可行程度；

④与指标的关联：参数要与指标密切相关联；

⑤可比性：建立在不同时间活动、过程数据基础上的参数应能够相互对比；

⑥代表性：参数传递的信息应能反映组织的环境表现；

⑦敏感性：在合理的时段内应能有效地反映组织环境表现的变化；

⑧预测性：有助于提供组织未来环境表现趋势的信息。

(6)环境管理方案的内容：

①实现环境目标和指标的职责和资源，该环境管理方案应涉及与实现环境目标和指标有关的全部可能的活动(如设计、生产、材料、使用、营销及处置等)资源及具体措施；

②实现环境目标和指标的措施；

③实现环境目标和指标的时间进度。

(7) 文件化的环境管理方案。一个文件化的环境管理方案，按大多数组织的工作惯例，一般用一份清晰的一览表描述，表格中至少包括如下条款：

①行动方案；②方案执行部门和负责人；③财务预算；④时间期限，如工作日期、完成日期等；⑤项目的名称、序号、目标、指标等。

(8)制定环境管理方案的准则：

①符合相关的法律法规的要求；

②符合环境方针的声明；

③考虑相关方的观点；

④考虑技术的进步、工艺的革新所带来对环境的影响。

(9)制定环境管理方案的要求：

①规定相关职能部门及人员的职责；

②规定实施某个过程或项目的具体措施；

③规定实现目标与指标的财务预算及时间表;

④设法使环境管理体系与现行组织的管理体系相融合;

⑤确定组织结构、工作范围,明确汇报方式和途径;

⑥识别潜在的问题,并提出预防的方法。

(10)制定环境管理方案的步骤:

①确定符合环境目标和指标的管理方案;

②确定环境职责;

③经分析后确定优先的工作项目;

④明确每一项运作的成本和效益;

⑤对每一项行动的实施计划文件化向相关人员传达。

(11)制定环境管理方案时应考虑:

①方案应是动态的,当所对应的项目发生重大变化时,如新的开发和修改的活动、产品或服务,就应对有关方案进行修正,使之与该项目相适应,以确保方案持续有效性。

②制定环境管理方案时,考虑问题的角度将随不同操作对象的性质而定。例如对于产品,可将考虑重点放在设计、材料、加工、使用、处置等阶段;对于新的活动,可根据情况重点考虑其计划、设计、施工、试运行、运行、关闭等。

③制定环境管理方案时,不仅要考虑正常运行情况,还应考虑到异常或特殊的运行情况,如启动、关闭、事故、随机事件等。

④由于不同的层次和职能具有不同的性质和条件,环境方案应当针对具体层次和部门的活动。制定方案时其数量的多少,深入到什么程度,可根据实际需要和涉及活动的性质、实现表现要求的难易程度和其他有关条件而定。

四、实施与运行

(一)资源、作用、职责和权限

4.4 实施与运行

4.4.1 资源、作用、职责和权限

管理者应确保为环境管理体系的建立、实施、保持和改进提供必要的资源。资源包括人力资源和专项技能、组织的基础设施以及技术和财力资源。

为便于环境管理工作的有效开展,应对作用、职责和权限做出明确规定,形成文件,并予以传达。

组织的最高管理者应任命专门的管理者代表,无论他(们)是否还负有其他方面的责任,应明确规定其作用、职责和权限,以便:

a)确保按照本标准的要求建立、实施与保持环境管理体系;

b)向最高管理者报告环境管理体系的运行情况以供评审,并提出改进建议。

理解要点:

(1)组织的管理者应对贯彻组织的环境管理方法、环境目标指标和方案所需的人力、物力、财力资源、专项技能和技术提供保证;一个各司其职、各负其责的机制健全的组织结构,能保证各种活动按要求进行;部门和人员都承担与自己岗位有关的环境责任;责任制的建立,还保证了各种责任、问题的可追溯性。

①组织相关人员识别和评价企业内的环境因素;

②结合企业实际情况制定环境目标和指标;

③组织有关部门进行全员性的环境培训;

④主要担负内部审核的整个实施过程;

⑤协助最高管理者完成管理评审。

(2)组织结构和职责的基本内容:

①组织的最高管理者应负责制定环境方针,充分反映管理者在环境和资源保护方面的意向和原则,作为指导组织在环境方面行为的准则;还应为环境管理体系的建立和实施承担主要责任,并提供必要的支持和资源保证,其中包括人力资源、财力资源、技术资源等;以及负责确定对体系进行审核,定期对体系进行评审。

②明确规定管理代表的作用、职责和权限,为他们配备所需的资源;管理代表要在确保环境管理体系的建立、实施中承担具体责任,以充分发挥体系的作用,进行有效的环境管理;同时,还应将监督体系运行的情况及时向最高管理者汇报。

③环境责任人人有份,组织应对所有的部门和岗位,根据其工作性质和所涉及的环境因素,规定他们所应承担的环境责任、在环境管理中应有的作用,以及处理有关环境事务所需的权限和资源。

(二)能力、培训和意识

4.4.2　能力、培训和意识

组织应确保所有为它或代表它从事被确定为可能具有重大环境影响的工作的人员,都具备相应的能力。该能力基于必要的教育、培训,或经历。组织应保存相关的记录。

组织应确定与其环境因素和环境管理体系有关的培训需求并提供培训,或采取其他措施来满足这些需求,并保存相关的记录。

组织应建立、实施并保持一个或多个程序,使为它或代表它工作的人员都意识到:

a)符合环境方针与程序和符合环境管理体系要求的重要性;

b)他们工作中的重要环境因素和实际或潜在环境影响,以及个人工作的改进所能带来的环境效益;

c)他们在实现与环境管理体系要求符合性方面的作用与职责;

d)偏离规定的运行程序的潜在后果。

理解要点:

(1)培训的基本目的。使有关人员能意识到他们的操作对实现组织环境管理方针和环境管理体系的重要性,他们所在岗位存在的实际或潜在的重大环境影响以及他们工作的改进可能给组织带来的环境效益;不但要使工作人员知道正常情况下的操作,还要知道在应急情况下他们的职责及如何响应;使他们具有高度的环境责任感,并对各自的岗位职责和环境因素有充分的认识。

(2)培训内容：

①环境意识；

②环境政策/方针；

③法律法规和标准；

④环境因素及识别；

⑤环境工作指引；

⑥环境发展趋势；

⑦内部审核员的训练。

(3)培训的基本方法。为了达到让组织内的人员对5W1H(即什么、为什么、何时、何地、谁、如何)的了解与认识，可以采取不同的方法，比如：专题讲座；内部会议；内部/外部期刊；有声材料，如电视/录像；专家讨论会；模拟审核。

(三)信息交流

> 4.4.3 信息交流
>
> 组织应建立、实施并保持一个或多个程序，用于有关其环境因素和环境管理体系的：
>
> a)组织内部各层次和职能间的信息交流；
>
> b)与外部相关方联络的接收、形成文件和回应。
>
> 组织应决定是否就其重要环境因素与外界进行信息交流，并将决定形成文件。如决定进行外部交流，则应规定交流的方式并予以实施。

理解要点：

(1)内部信息交流是组织内部各层次与职能间的交流，如部门间的日常联络、指令、常规报表、各种信息通报、各部门间的行文等，用以支持组织的环境管理活动能有效地进行。

(2)组织应建立一套程序，其中有与各界沟通的内容。应遵守法律法规要求，并满足外部相关方了解组织的环境方针和环境状况的需求，并就其所关注的事宜给以答复或直接对话，其中可能涉及分部供应商。

(四)文件

> 4.4.4 文件
>
> 环境管理体系文件应包括：
>
> a)环境方针、目标和指标；
>
> b)对环境管理体系的覆盖范围的描述；
>
> c)对环境管理体系主要要素及其相互作用的描述，以及相关文件的查询途径；
>
> d)本标准要求的文件，包括记录；
>
> e)组织为确保对涉及重大环境因素的过程进行有效策划、运行和控制所需的文件和记录。

理解要点：

(1)环境管理体系文件是保证环境管理体系有效运行的基础。

(2)环境管理体系文件的内容应详尽，能充分描述环境管理体系的核心要素，以及它们之间相互作用的情况，即能详细描述环境管理体系各要素的实施要求和实施程序及它们之间的相互作用。

(3)与ISO9000系列标准的要求不同，环境管理体系标准不要求编制专门的环境手册。

(4)文件可以传统的书面文件形式或先进的电子媒体予以保存，或两者并用。

(五)文件控制

> 4.4.5　文件控制
>
> 应对本标准和环境管理体系所要求的文件进行控制。记录是一种特殊类型的文件，应按照4.5.4的要求进行控制。
>
> 组织应建立、实施并保持一个或多个程序，以规定：
>
> a)在文件发布前进行审批，以确保其充分性和适宜性；
>
> b)必要时对文件进行评审和更新，并重新审批；
>
> c)确保对文件的更改和现行修订状态做出标识；
>
> d)确保在使用处能得到适用文件的有关版本；
>
> e)确保文件字迹清楚，易于识别；
>
> f)确保对策划和运行环境管理体系所需的外来文件做出标识，并对其发放予以控制；
>
> g)防止对过期文件的非预期使用。如须将其保留，要做出适当的标识。

理解要点：

(1)文件控制的目的是要确保组织对文件的建立和保持能够充分适应实施环境管理体系的需要，但组织应将主要注意力放在对环境管理体系的有效实施及其环境表现上。

(2)所有文件都应字迹清楚，注明批准颁布日期，文件修改后应注明修订日期，文件的标识应明确，易于查找。文件要妥善保管，应根据文件的重要程度及其类型，规定制定和修订文件的程序和职责；对于电子文件，应注意备份。

(3)法律要求有些文件失效后还应继续保留，以备必要时提供法律所需信息，或者出于保留知识或信息的要求不能将其销毁，对这些文件应进行适当标识，并和有效文件明显区分。

(六)运行控制

> 4.4.6　运行控制
>
> 组织应根据其方针、目标和指标，识别和策划与所确定的重要环境因素相关的运行，以确保它们通过下列方式在规定的条件下进行：
>
> a)建立、实施并保持一个或多个形成文件的程序，以控制因缺乏程序文件而导致偏离环境方针、目标和指标的情况；
>
> b)在程序中规定运行准则；
>
> c)对于组织使用的产品和服务中所确定的重要环境因素，应建立、实施并保持程序，并将适用的程序和要求通报供方及合同方。

理解要点：

(1)运行控制是环境管理实施中的关键活动，针对运行中有关环境因素的活动加以控制、采取措施以减少它们对环境的不良影响,是实施的重要环节。

(2)每个组织在建立或修改其运行控制和程序时,应考虑具有重大环境影响的活动,例如:设备设施的改造或建立;采购;签订合同;原材料储运;生产和维护过程;实验室;产品储存;运输;用户服务。

(3)程序中要规定操作的要求,这可以和过程的操作方法结合起来制定,使运行过程按照要求进行,这有些类似于实施 ISO9000 时有关"过程控制"的"作业指导"类文件。

(七)应急准备和响应

> 4.4.7　应急准备和响应
>
> 组织应建立、实施并保持一个或多个程序,用于识别可能对环境造成影响的潜在的紧急情况和事故,并规定响应措施。
>
> 组织应对实际发生的紧急情况和事故做出响应,并预防或减少随之产生的有害环境影响。
>
> 组织应定期评审其应急准备和响应程序。必要时对其进行修订,特别是当事故或紧急情况发生后。
>
> 可行时,组织还应定期试验上述程序。

理解要点:

(1)应急准备和响应所需要考虑的因素可包括:

①生产操作中的严重失误;

②火及防火材料、结构对储存原料的影响;

③意外的泄漏或事故性溢出;

④污染控制设备失灵或损坏;

⑤特殊气候带来的影响,如暴雨、洪水;

⑥操作过程中的失误。

(2)制定程序的目的是为了实际执行,在发生事故和紧急情况之后,应视情况对程序的适应性进行评审和修订。对程序的评审是要看体系的运行能否正确确定潜在事故和制定合适的应急计划,能否对紧急事故作出及时响应,以减少可能伴随的环境影响,根据评审的结果,对程序作出合适的修改。

五、检查

(一)监测和测量

> 4.5　检查
>
> 4.5.1　监测和测量
>
> 组织应建立、实施并保持一个或多个程序,对可能具有重大环境影响的运行的关键特性进行例行监测和测量。程序中应规定将监测环境绩效、适用的运行控制、目标和指标符合情况的信息形成文件。组织应确保所使用的监测和测量设备经过校准或验证,并予以妥善维护,且应保存相关的记录。

理解要点：

（1）组织应建立并保持一套文件化的监测和测量程序，在管理体系和运行过程的领域，根据环境和指标对所确定的有重大环境影响的运行与活动的关键性进行例行监测和测量。

（2）组织在运行过程中，应通过科学仪器对其活动的各种环境特性进行持续或例行的监测，以获取有关数据。这一过程所提供的数据的典型性与准确性，对以此为基础所进行的各种体系运作有重要影响；这些数据可以反映环境方针、环境目标和指标的达成情况。

（3）为了保证测量的准确性，所有用于监测的设备，都要按照规定的周期进行校准，并妥善维护。对监测设备的校准和维护，组织也要建立相应的程序。

（二）合规性评价

4.5.2　合规性评价 4.5.2.1　为了履行遵守法律法规要求的承诺，组织应建立、实施并保持一个或多个程序，以定期评价对适用法律法规的遵守情况。 组织应保存对上述定期评价结果的记录。 4.5.2.2　组织应评价对其他要求的遵守情况。这可以和4.5.2.1中所要求的评价一起进行，也可以另外制定程序，分别进行评价。组织应保存对上述定期评价结果的记录。

理解要点：

（1）GB/T24001—2004标准要求在组织的环境方针中做出遵守适用法律法规和其他要求的承诺，要求组织识别和获取这些要求并确定其如何应用于组织的环境因素。由此可见，适用的法律法规和其他要求是组织应遵守的基本要求。组织遵守适用法律法规和其他要求的情况，是组织履行其守法承诺和对环境因素实施有效控制并取得良好的环境绩效的重要体现。因此，组织应对其遵守适用法律法规和其他要求的情况进行评价。

（2）组织应建立、实施和保持一个或多个程序，用以定期评价对适用法律法规（如法规（包括条例和规章），法令和指令，许可、执照或其他形式的授权，执法部门发布的规定，司法或行政裁决，习惯法或不成文法，条约、公约和议定书等）的遵守情况，以履行其遵守法律法规的承诺。

（3）组织还应定期评价对其他要求（如与政府机构的协议、与顾客的协议、非法规性指南、自愿性原则或业务规范、环境标准、自愿性环境标志或产品照管承诺、行业协会的要求、与社区团体或非政府组织的协议、组织或其上级组织对公众的承诺、本组织的要求等）的遵守情况。

组织可以根据其活动、产品和服务的特点及所识别的适用的法律法规和其他要求的类型，结合组织的环境管理活动的实际情况，来决定是否将其他要求遵守情况的评价与法律法规遵守情况的评价一起进行。组织既可以将对其他要求的遵守情况的评价与法律法规要求的评价一起进行，也可以另行制定程序用以对其他要求遵守情况的评价，与法律法规遵守情况的评价分别进行。

(4)组织在建立程序时,应明确对法律法规和其他要求的进行评价的具体要求、职责和方法,如:何时、由哪个部门或什么人、以何种方法、对哪些内容进行评价,包括对实施评价的人员的能力、知识技术方面的要求等。

(5)组织应保存对适用法律法规和其他要求的遵守情况进行定期评价的结果的记录,为其遵守这些要求提供证据,也为后续采取相应的措施提供依据。

(三)不符合、纠正措施和预防措施

> 4.5.3 不符合、纠正措施和预防措施
>
> 组织应建立、实施并保持一个或多个程序,用来处理实际或潜在的不符合,采取纠正措施和预防措施。程序中应规定以下方面的要求:
>
> a)识别和纠正不符合,并采取措施减少所造成的环境影响;
>
> b)对不符合进行调查,确定其产生原因,并采取措施避免再度发生;
>
> c)评价采取预防措施的需求;实施所制定的适当措施,以避免不符合的发生;
>
> d)记录采取纠正措施和预防措施的结果;
>
> e)评审所采取的纠正措施和预防措施的有效性。
>
> 所采取的措施应与问题和环境影响的严重性相符。
>
> 组织应确保对环境管理体系文件进行必要的更改。

理解要点:

(1)ISO14001 标准中,"不符合"是指各种不符合环境方针、目标、指标或其他任何体系要求的情况。包括日常活动出现的不符合,内部和外部的投诉以及内部环境体系审核和管理评审提出的不符合。不符合的调查与纠正程序的内容,可包括:

①确定不符合引起的原因;

②确定并实行必要的纠正措施;

③验证纠正措施的效果;

④实施或修改必要的措施,以防止再度发生不符合等。

(2)纠正与预防措施应与相应不符合的严重程度及其伴随的环境影响的规模相适应。

(3)纠正和预防措施可能会导致有关程序文件的更改,组织应做好更改,予以记录。

(四)记录控制

> 4.5.4 记录控制
>
> 组织应根据需要,建立并保持必要的记录,用来证实对环境管理体系和本标准要求的符合,以及所实现的结果。
>
> 组织应建立、实施并保持一个或多个程序,用于记录的标识、存放、保护、检索、留存和处置。
>
> 环境记录应字迹清楚,标识明确,并具有可追溯性。

理解要点：

组织应制定程序，对环境记录的标识、保存与处置作出规定。其重点应放在那些为实施环境管理体系所需的记录以及有关环境目标与指标实现程度的记录上，一般可包括：

①有关法律与其他要求的信息；

②投诉记录；

③培训记录；

④过程信息；

⑤产品信息；

⑥检查、维护与校准记录；

⑦有关的供方与承包方信息；

⑧事故报告；

⑨应急准备与响应结果；

⑩重要环境因素信息；

⑪审核结果；

⑫管理评审。

当环境记录采用电子媒体形式记录时，要有适当备份和调阅的权限规定，以防损坏和丢失。

（五）内部审核

4.5.5 内部审核

组织应确保按照计划的时间间隔对环境管理体系进行内部审核。目的是：

a）判定环境管理体系 。

1）是否符合组织对环境管理工作的预定安排和本标准的要求；

2）是否得到了恰当的实施和保持。

b）向管理者报告审核结果。

组织应策划、制定、实施和保持一个或多个审核方案，此时，应考虑到相关运行的环境重要性和以往的审核结果。

应建立、实施和保持一个或多个审核程序，用来规定：

——策划和实施审核及报告审核结果、保存相关记录的职责和要求；

——审核准则、范围、频次和方法。

审核员的选择和审核的实施均应确保审核过程的客观性和公正性。

理解要点：

（1）ISO14001：3.2“环境管理体系审核”的定义是：客观地获取审核证据并予以评价，以判断一个组织的环境管理体系是否符合所规定的环境管理体系审核准则的一个有文件支持的系统化验证过程，包括将这一过程的结果呈报管理者。

（2）ISO14010：2.9“环境审核”的定义是：客观地获取审核证据并予以评价，以判断特定的环境活动、事件、状况、管理体系，或有关上述事项的信息是否符合审核准则的一个有文件支持的系统化验证过程,包括将这一过程的结果呈报委托方。

(3)审核组成员是来自组织内部或外部,由组织自行决定。无论属于哪种情况,他们都应具备从事这一工作所必要的能力并做到客观公正。为了做好环境管理体系审核,应根据被审核活动的环境重要性以及过去审核的结果,制定审核方案和审核程序,方案和程序中可包括下列内容:

①审核范围;

②审核的频次;

③管理与实施审核的职责;

④审核结果的通报;

⑤审核员的能力;

⑥审核的步骤和方法。

某公司内部审核的流程,参见图 5-2 内部审核流程。

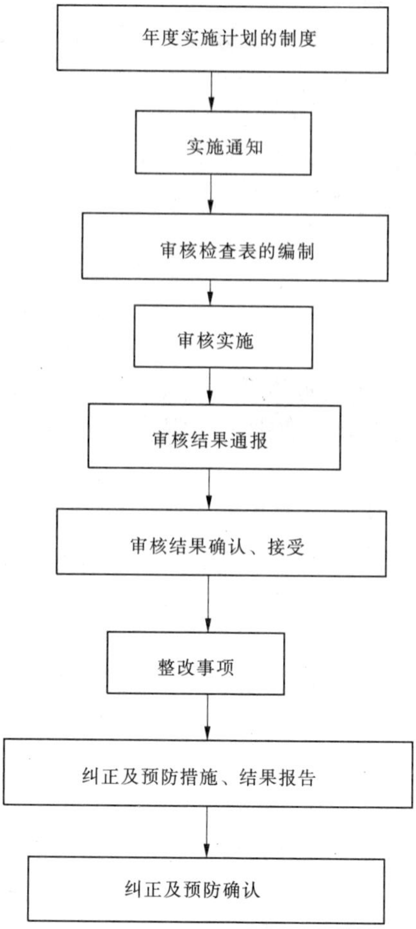

图 5-2　内部审核流程

六、管理评审

> 4.6　管理评审
>
> 组织最高管理者应按计划的时间间隔，对组织的环境管理体系进行评审，以确保其持续适宜性、充分性和有效性。评审应包括评价改进的机会和对环境管理体系进行修改的需求，包括环境方针、环境目标和指标的修改需求。应保存管理评审记录。
>
> 管理评审的输入应包括：
>
> a）内部审核和合规性评价的结果；
>
> b）来自外部相关方的交流信息，包括抱怨；
>
> c）组织的环境绩效；
>
> d）目标和指标的实现程度；
>
> e）纠正和预防措施的状况；
>
> f）以前管理评审的后续措施；
>
> g）客观环境的变化，包括与组织环境因素有关的法律法规和其他要求的发展变化；
>
> h）改进建议。
>
> 管理评审的输出应包括为实现持续改进的承诺而做出的，与环境方针、目标、指标以及其他环境管理体系要素的修改有关的决策和行动。

理解要点：

（1）管理评审的重点：

每一次管理评审都是持续改进，也是管理体系的一次循环，并且持续不断、循环不止。每一次循环，应当前进一步，使得管理体系不断完善、环境质量不断提高。这种循环是一个从环境方针开始，到环境管理体系的建立、实施、运行、检查、纠正，直到管理评审的持续改进过程。

实施持续改进，应贯穿于从建立环境管理体系开始到体系试运行、直至认证批准后的全过程。特别是认证批准后，组织更应自觉和坚持不懈地去完成。而认证机构，则应按要求每年进行1～2次检查和指导。

为有效实施持续改进，作为组织，应当很好地抓住每一次的管理评审机会，以便更好地执行现行的方案和方针、技术革新、开发新工艺新产品、开拓新市场、进行培训等。

（2）管理评审的目的：

抓住和确定有可能通过改进环境管理体系的机遇，引导环境行为的改进。

找出和确定造成不符合或问题的根本原因。

针对上述根本原因，制定并实施有关纠正和预防措施的计划。验证纠正和预防措施的有效性。

过程改进导致的对程序的任何变更，应形成文件。对照目标和指标，进行比校。

（3）管理评审的内容可包括：

①对环境目标、指标和环境表现的评审；

②环境管理体系审核的结果；

③对体系的适应性和有效性的评价；

④根据下列因素对环境方针适宜性和更改需要的评价:法律的变化、相关方愿望和要求的变化、组织的产品或活动中的变化、科学技术的进步、从环境事故中得到的教训等。

第三节　环境管理体系的建立过程

随着可持续发展战略在全球的实施,环境保护正朝着污染预防的方向发展。这要求组织以主动自觉的方式从其管理职能上推动生命周期的环境管理,将环境保护贯穿渗透到组织的基本活动过程中,以促进组织环境表现的持续改进。实践表明,为实现这一目的,在组织中需要一种系统的结构化管理机制。环境管理体系正是这样一个有效的方法工具。建立环境管理体系,必须以 ISO14001 标准为规范、ISO14004 标准为指南,并结合国家的法律法规和环境标准。需要特别指出的是,ISO14001 是用于对组织所拥有的环境管理体系进行认证、注册和自我声明的规范标准。因而其对环境管理体系的规定和表述,更侧重于从审核认证或自我声明的角度对环境管理体系的建立和实施提出基本要求。相反,GB/T24004 - ISO14004 则是一个拟用于对环境管理体系进行认证、注册或自我声明的标准。它作为一个组织由于自身环境管理的需要而自愿选用的支持工具,为组织的环境管理体系的建立、实施及改善提供了具体而广泛的指导。在各类组织的实际应用中,不同的组织所建立的环境管理体系,其特定形式、具体内容等有可能并不完全相同,这取决于组织及其活动,产品或服务过程的具体特点和复杂程度等。

一、环境管理体系的建立过程

建立并实施环境管理体系的过程如图 5-3 所示。

下面就部分内容作一简要叙述,有关具体内容请参阅相关章节。应该注意的是,这些阶段的划分及具体工作的先后顺序,有时并没有明显的界限,环境管理体系的设立是一个不断发展和相互作用的过程,体系要素的确定应注意其相互关系、相互作用;各个过程步骤往往反复替代、循环反馈,甚至一个体系要素的确定都可能是一系列复杂的规划活动。

(一) 准备工作

获得组织高层管理者对环境管理体系建立和实施的认同与承诺是准备阶段工作最基本的要求。实践证明,高层管理者的决心与承诺不仅是组织能够启动环境管理体系建设的内部动力,而且也是动员组织不同部门和全体员工积极投入环境管理体系建设的重要保证。

按照 GB/T24000 - ISO14001 标准,在环境管理体系的建立实施组织过程中,一个重要的问题是指定专门的管理代表。规定他们对建立实施环境管理体系的职责和权限。管理代表是组织中环境管理体系建立实施的直接负责人员。

员工培训,是顺利及有效建立、运行和维持环境管理体系的基础工作,是建立环境管理体系的准备工作之一,并宜先于其他工作来进行。此时培训的重点宜放在环境意识和职责上,从上到下都应参与。因为,只有领导层的意识,而无广大员工的环境自觉性,要想

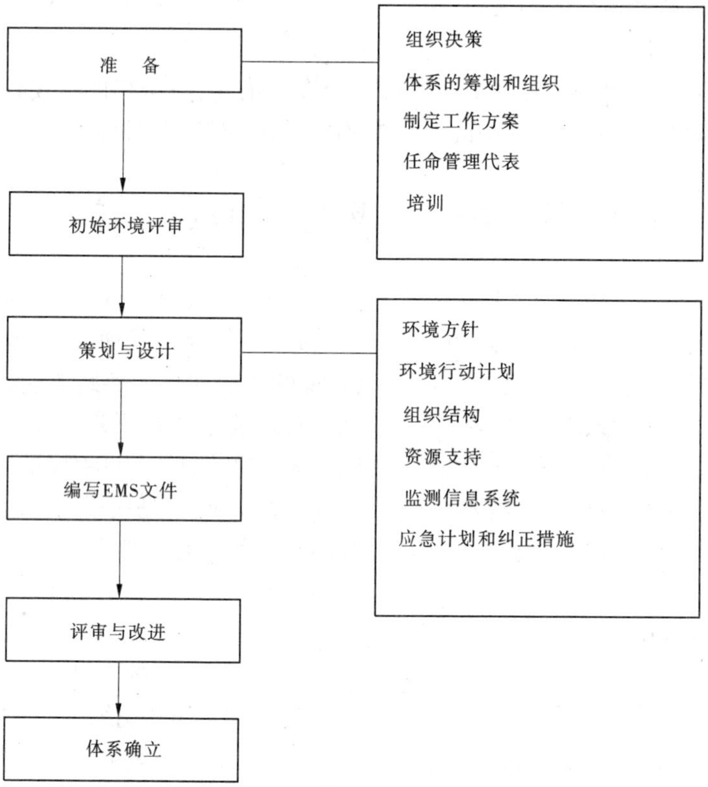

图 5-3　建立实施 EMS 的流程图

建立、运行和维持环境管理体系是不可能的。

（二）环境因素的识别与评价

为了做好环境规划活动的基础工作，ISO14001 中规定：组织应当考虑其现行的及与此有关的过去的活动、产品或服务所伴随的投入和产出。确定自身的环境因素，并判定其中具有重大环境影响的环境因素，以对这些环境因素进行控制或施加影响。

识别环境因素应包括所有的活动、产品和服务，即产品生命周期的每个过程：设计、采购、生产加工、贮存、运输、交付、使用、废置等。识别环境因素的目的是判定重大环境因素，因此在识别的同时还应进行评价。一般的过程是：分析环境因素的影响—评价环境影响的严重性—确定重大环境因素。在评价环境影响时应制定评审原则或要求，考虑过去、现在、将来三种时态和正常、异常、紧急三种状态。

对环境因素进行识别和评价，同时也必须结合生产实际，采取科学的方法。值得注意的是，当组织的生产、产品或服务发生较大变化时，应及时对环境因素重新进行识别和评价，以确定是否有新的重大环境因素。

（三）建立文件化的环境管理体系

体系文件是建立和实施环境管理体系的重要基础工作，ISO14001 标准共 17 个要素，在描述控制要求时，都对文件化作出了不同程度的规定，环境管理体系文件是“对管理体系核心要素及其相互作用的描述”，是实施环境管理体系的基础，整个体系文件可分为手册、程序、作业指导书三个层次，同时各个文件应达到接口协调、互相支持、口径统一、规定一致的要求。

环境管理体系文件应具备可操作性和可追溯性，在适用范围、职责权限、接口关系、控制要求、检查考核、实施效果（证据）等方面须作出明确规定。形成的体系文件在执行过程中应根据现场操作、工艺环境、法律法规等的改变，及时进行修改、补充和不断完善，并且确保各个作业现场始终持有有关文件的现行有效版本。

（四）EMS 的运行控制

“该写的一定要写到，写到的一定要做到”，这是对搞好运行控制的基本要求。所谓必须要做到，即按体系文件（含法律法规）的各项控制要求严格操作，并能提供可追溯的证据。运行控制的目的是为了实现环境方针目标和指标，并保证环境管理方案中提到的措施能够按照进度要求实施。组织在对各要素的运行实施控制时，应把握以下要点：第一，每个岗位（场所）必须按照体系文件的规定进行有效的控制，正确无误地操作；第二，对具有重大环境影响的活动，关键岗位的操作应有相应的控制标准或作业指导书，同时使操作人员明白，不正确（违反规程）的操作可能造成的环境影响和危害；第三，对相关方关注的环境因素，应给予高度重视，除及时搞好信息沟通外，应对控制要求作出明确规定，保证所涉及的对环境因素有影响的活动得到有效控制；第四，当组织的（或其使用的）产品服务中存在重大环境因素时，应予以标识并规定相应的控制要求，及时通报给相关方（主要指供方或分承包方）。

（五）内部体系审核

环境管理体系内部审核是为了验证环境活动和有关结果是否符合计划的安排，并验证体系运行的符合性和适用性，内审是企业内部自我查找问题或缺陷，然后对审核中发现的不符合及时采取纠正措施或预防措施，以此来促进环境管理体系的不断完善。

内部审核是体系总体运行的重要环节，是决策层进行体系评审的输入，因此应严格按照审核计划坚持实施。对于内审，一是要具备一支熟悉业务、经培训、有资格、掌握一定审核技巧的内审员队伍；二是应制定周密的审核计划，配置相关的资源，准备好所需的工作文件；三是合理安排日程，掌握审核进度，及时协调审核过程中遇到的问题；四是认真、客观、公正地搞好现场取证，不仅收集现场的证据符合或不符合，而且要对潜在的环境因素进行观察；五是协助被审核部门制定针对性强的纠正和预防措施，并指导措施的执行；六是跟进整改效果并提出适当的跟踪意见。

通过内审，能够全面了解并掌握整个体系的运行效果，能够对体系运行的符合性、适宜性和有效性作出判断，从而保证环境行业的持续改进和环境管理体系的有效运行。

（六）持续改善

从 ISO14001 标准的“环境管理体系运行模式”图可以明显看出，环境管理体系各要素之间的联系不是周而复始，而是螺旋上升的，旧的循环是新的改进的基础。管理过程不可能是一个封闭的系统，这需要随着管理的进步，针对管理活动实践中所发现的缺陷不足或根据变化的内外部条件，不断进行管理活动的调整、完善。

环境管理体系建立一个由“规划、实施、检查、评审”诸环节构成的动态循环过程。这种循环过程体现着环境管理以改善组织总体环境表现为目标，通过检查评审活动等方式使环境管理体系永远处于持续改善不断前进的过程中。例如:定期对环境管理体系(包括环境方针、环境目标等)的调整和改善,以促进组织环境表现的不断改进。

二、实例:某公司建立环境管理体系的案例

人类已越来越深刻地意识到环境保护的重要性。改善和维护生态环境质量,减少因人类各项活动而产生的生态破坏和环境污染,是世界各国政府和人民的共同目标。ISO14001 系列标准的推出,给企业实现这一目标提供了一条切实可行的途径。在我国,已经有一大批企业开始或准备实施 ISO14001 环境管理体系。某公司就是其中成功的一家获证企业。

为了实现保护环境的使命,某公司坚持生产经营与环境保护协调发展的方针,先后投资建设袋式尘器 17 台,工业污水处理站一座,从一开始构筑 ISO14001 环境管理体系(EMS),就同时投资 200 多万元建设生活污水处理站一座。自从 EMS 体系运行以来,公司 EMS 得到有效实施,环境管理方案按计划推进,除尘设施和污水处理设施按 EMS 作业要领书严格操作,实现了安全达标排放;固体废弃物分类存放,废含铅劳动保护用品和废铅电极 100% 回收处理,化害为利;铅渣产生率平均从 4.43% 降至 1.64%,降低了生产成本,每千伏安时耗电量平均下降 6.38%;厂内的环境条件大大改善。

下面是某公司一些成功的做法。

(1)任命管理者代表。环境管理体系的建立和实施是个系统工程,将涉及组织各方面的工作,按标准要求,最高管理者应任命环境管理者代表,在环境管理体系的建立、实施与保持方面代表最高管理者行使规定的职权。环境管理者代表应至少被授如下职权:按标准要求建立、实施和维护环境管理体系;向最高管理层汇报体系运行情况,以供管理层评审并为体系的改进提供证据。环境管理者代表应负责协调体系在建立和运行过程中与各部门间的关系,向最高管理者提出建议。由于环境管理体系包容的范围比质量管理体系广泛得多,几乎涉及组织的各个部门、全体职工以及生产经营活动的各方面,因此环境管理者代表应由组织中具有相当级别,并且对企业的产品、技术、生产工艺乃至行政后勤管理工作都十分熟悉的人选担任。

(2)最高管理者应授权环境管理者代表组建立一个精干的工作班子,其主要任务是初始环境评审及建立环境管理体系。ISO14001 工作班子的组成应着重考虑以下几个因素:

①由于管理体系涉及面宽,其人选应具有代表性,由对组织有较深了解并来自不同部门的人员组成。

②ISO9000 和 ISO14001 都是企业管理体系的组成部分,遵循共同的管理原则,因此工作人员对管理体系的认识显得十分重要。对于已能通过 ISO9000 认证的组织,建议由原有的 ISO9000 工作班子承担环境管理体系的建立工作,以体现两个体系内在的联系。

③工作班子成员应具备一定的环境科学、管理科学和生产技术知识。毕竟是需要不断地投入大量资源的行动,在环境管理体系建立和实施的初期更是如此。这方面的投入收益不直接,相对见效慢。在这种客观前提下,尤其是企业刚建成投产,经营状况尚不十分理想,公司总经理能够做出一决策,承诺实现对环境保护的投入和按标准建立环境管理

体系实属不易。这为以后的工作奠定了很好的基础。

(3)初始环境评审的进行。初始环境评审是建立环境管理体系的基础,是为组织建立和评审环境方针,制定环境目标、指标和环境管理方案,确定体系的优先项,编制体系文件和建立体系的基础。国外权威机构认为,完成了初始环境评审,就相当于完成了全部工作的40%。公司对此极为重视,不仅事先做好了充分准备,收集、分析了大量相关资料,还专门聘请了外界的环境管理专家作为技术顾问,对他们的工作进行现场指导。

针对公司的实际情况,在初始环境评审之前,公司对负有一定环境责任的部分中层干部进行了培训,使其掌握了相当的知识,然后对照他们在各自工序、负责场所进行环境因素的识别。顾问对照他们识别出的环境因素,进行现场校核,剔除不正确的,补足遗漏的。这样一来,不仅可以很好地识别出所有环境因素,而且让公司的所有员工能真正参与进来,从而摆脱了仅少数人去做,大多数人对此一无所知的局面,最后共识别环境因素307人。

在彻底普查的基础上,针对所有活动、产品、服务的环境因素按工艺流程分类,从法规、安全与健康、空气污染、水污染、土壤污染、噪音、废物产生、所有资源以及业务关系等九个方面进行打分,最后确定以25分为界,大于25分的列为公司级别的重大环境因素,共12条。并认定公司中存在的主要问题有五项:一是烟尘的对外排放;二是固体废物的管理;三是危险化学品的管理;四是工人的安全和健康;五是生活污水的处理。

(4)体系策划与设计。依据以上结论,重新修订原来拟定的环境方针,把减少或消除污染物质的排放及节能降耗作为重点,在方针中予以充分体现。在充分考虑公司的经营状况、技术难度、相关方及其他要求下,制定了四项环境目标、九项指标及相应的管理方案。在这一步骤中,其目标、指标、管理方案的确是由各相关部门根据自己的实际情况来制定的。这样做的缺点在于,方案针对性差,各相关部门被动地开展工作,可能缺少主动性,难以让部门员工热心主动参与。

(5)环境管理体系文件编制。环境管理体系实际上是一套文件化的管理制度和方法。编制体系文件是组织实施ISO14001标准并保证其有效运行和持续适用的重要基础工作,也是组织达到预定的环境目标、评价与改进体系、实施持续改进和污染预防必不可少的依据和见证。在体系文件编制阶段,文件化体系的总体策划是一个重要的问题,某公司EMS体系是由环境管理手册、系统程序(14个)、实务程序(14个)、作业指导书(30余个)及必要的记录组成。这种文件结构的优点是层次清楚,可操作性强。

至此,环境管理评审已基本建成,以后就是体系试运行,内审、管理评审以及第三方审核。

在整个工作过程中,最高管理层的真正承诺和全体员工的积极参与是建立EMS的基础和重要保障。只有做到了这一点,才能够顺利开展工作,真正符合ISO14001标准达到全员参与的要求,也才能真正做到环境管理体系的持续改进,实现保护环境的最终目的。

第三部分　OHSAS18001 标准理解与实施

第六章　概　述

第一节　全球职业健康安全形势和我国工程建设行业安全生产现状

职业健康安全状况是国家经济发展和社会文明程度的反映，事关劳动者的基本人权和根本利益，使所有劳动者获得安全与健康是社会公正、安全、文明、健康发展的基本标志之一，也是保持社会安定团结和经济持续健康发展的重要条件。

工伤事故和职业危害不但威胁千百万劳动者的生命与健康，还给国民经济造成巨大损失。

根据国际劳工组织近年的统计，全球每年发生的各类伤亡事故大约为 2.5 亿起，这意味着每天发生 68.5 万起，每小时发生 2.8 万起，每分钟发生 475.6 起。全世界每年死于工伤事故和职业病危害的人数约为 110 万人，其中约 25% 为职业病引起的死亡。在这些工伤事故和职业危害中，发展中国家所占比例甚高，如中国、印度等国家事故死亡率比发达国家高出一倍。

近年来，我国安全生产形势严峻，重大、特大事故时有发生，各类伤亡事故十分严重。据统计，2000 年全国发生各类伤亡事故 83 万多起，死亡 117 900 人，其中矿山事故 3 465 起，死亡 6 563 人。非矿山事故一次死亡 10 人以上的特大伤亡事故 122 起，死亡 2 739 人；一次死亡 30 人以上的特别重大事故 14 起，死亡 1 123 人。2001 年上半年，全国共发生各类伤亡事故 35 万多起，死亡 4.7 万多人，其中发生死亡 10 人以上的特大事故 64 起，死亡 1 211 人。据不完全统计，全国有 50 多万个厂矿存在不同程度的职业危害，实际接触粉尘、毒物和噪声等职业危害的职工在 2 500 万人以上。

从工程建设行业来看，据统计，2002 年全国建筑施工共发生伤亡事故 1 208 起，死亡 1 292 人，重伤 272 人次，与 2001 年相比，事故增加 204 起，上升 20.32%；死亡增加 247 人，上升 23.64%。2003 年上半年，全国共发生建筑施工事故 519 起，死亡 582 人、重伤 68 人，与 2001 年同期相比，事故起数、死亡人数分别上升 24.5% 和 20.7%，其中发生建筑施工一次死亡 3 人以上事故 15 起、死亡 66 人、重伤 5 人。虽然全国的建筑安全生产形势总体来说较为平稳，但部分地区安全生产形势依然较为严峻，建筑施工事故起数和死亡人数居高不下，重大建筑安全事故依然频频发生。

为维护劳动者的基本人权和促进职业健康安全事业，国际劳工组织制定颁布了一系列法律文件和国际标准，作为各成员国制定本国安全生产发展战略与规划的指导原则和立法参考。目前,国际劳工组织(ILO)已颁布了与职业健康安全直接有关的国际公约和建议书32项,这些公约划归在基本人权一类中。

第二节 全球经济一体化趋势下的职业健康安全管理要求

在全球经济一体化的大背景下,近年来,国际上已出现了职业健康安全标准一体化的倾向。美、欧等发达国家认为,发展中国家在改善劳动条件方面投入不够,使其生产成本降低所造成的"不公平"是不能接受的,并已经开始对发展中国家施加压力和采取限制措施;提出要把人权、环境保护和劳动条件纳入国际贸易范畴,将劳动者权益和健康安全状况与经济问题挂钩,即所谓"社会条款"。

近年来,国际标准化组织(ISO)一直在努力使职业健康安全管理体系标准发展成为类似ISO9000和ISO14000的标准。

中美两国政府1999年11月15日签订中国加入世贸组织(WTO)的双边协定后不久,在美国西雅图召开的WTO部长级会议上,围绕劳工标准问题展开了激烈辩论,发达国家坚持劳工标准必须与贸易相联系。而发展中国家普遍对发达国家可能以此作为贸易保护主义的工具而担忧,强烈反对将劳工标准列入贸易谈判中。2000年2月在曼谷召开的联合国贸易发展大会上,劳工标准和贸易壁垒问题再次成为会议的焦点之一。

这些新的国际动向可能对我国社会与经济发展产生潜在和巨大的影响,它应引起我们充分重视,并尽早采取防范对策,以便尽量消除或减少可能带来的不良后果。近几年来,国际上安全生产管理水平和健康安全科学技术水平提高很快,进展迅猛。因此,无论从保护劳动者的健康、促进国民经济健康发展的角度分析,还是从顺应全球经济一体化的国际趋势的角度分析,我们都应注重安全生产,加强职工劳动保护,尽早推行与国际接轨的职业健康安全管理体系。

第三节 职业健康安全管理体系标准产生的背景

职业健康安全问题,一方面是生产技术条件落后造成的,另一方面是管理不善造成的。但纯粹因技术条件而无法避免的事故只占很小一部分,绝大多数事故是可以通过合理有效的管理得以避免的,只有加强管理并辅以技术手段,才能最大限度地减少生产事故和劳动疾病的发生。

世界各国都在努力探索加强职业健康安全管理的科学方法。现代安全科学理论认为,发生伤亡事故是由于人的不安全行为(或人的失误)和物的不安全状态造成的。通过教育培训可以提高人的意识和能力以控制人的不安全行为,通过采纳实用安全技术可以改善物的不安全状态。但是对于复杂的工业系统来说,完全依赖安全技术系统的可靠性和人的可靠性还不能完全杜绝各种事故。而直接影响安全技术系统的可靠性和人的可靠性的组织管理因素,已成为复杂的工业系统是否发生事故的深层原因。为此,系统化管理被提到议事日程上来。

职业健康安全管理体系标准是20世纪80年代后期在国际上兴起的现代安全生产管理模式，它与ISO9000和ISO14000等标准化管理体系一样被称为后工业化时代的管理方法。它产生的主要原因，一是企业自身发展的需要，二是在全球经济一体化潮流推动下出现的职业健康安全标准一体化趋势。

在20世纪80年代末90年代初，一些跨国公司和大型的现代化联合企业为强化自己的社会关注力和控制损失的需要，开始建立自律性的职业健康安全与环境保护的管理制度并逐步形成了比较完善的体系。到20世纪90年代中期，为了实现这种管理体系的社会公正性，引入了第三方认证的原则。随着国际社会对职业健康安全问题的日益关注，以及ISO9000和ISO14000标准在各国得到广泛认可与成功实施，考虑到质量管理、环境管理与职业健康安全管理的相关性，国际标准化组织（ISO）于1996年9月召开了国际研讨会，讨论是否制定职业健康安全管理体系国际标准，结果未达成一致意见。随后，ISO在1997年1月召开的技术工作委员会（TMB）会议上决定，ISO目前暂不颁布这类标准。但许多国家和国际组织都继续在本国或所在地区发展这一标准，使得职业健康安全管理标准化问题成为继质量管理、环境管理标准之后世界各国关注的又一管理标准化问题。

一些发达国家率先开展了实施职业健康安全管理体系的活动。1996年英国颁布了BS8800：1996《职业健康安全管理体系指南》国家标准；美国工业健康协会制定了《职业健康安全管理体系指导性文件》；1997年澳大利亚/新西兰制定了AS/NZS 4804：1997《职业健康安全管理体系　原则、体系和支持技术的总则》；日本工业灾害预防协会（JISHA）提出了《职业健康安全管理体系指南》；挪威船级社（DNV）制定了《职业健康安全管理体系认证标准》；1999年英国标准协会（BSI）、挪威船级社（DNV）等13个组织联合制定了职业健康安全评价系列（OHSAS）标准，即OHSAS18001：1999《职业健康安全管理体系　规范》及OHSAS18002：2000《职业健康安全管理体系　指南》。

我国积极参与了国际标准化组织有关职业健康安全管理体系问题的技术活动，开展了有关职业健康安全管理体系的研究和标准的制定工作。1996年3月成立了由原国家技术监督局和原劳动部组成的“职业健康安全管理标准化协调小组”，同年6月召开了研讨会。随后，中国劳动保护科学技术学会、原劳动部劳动保护科学研究所等单位开展了职业健康安全管理体系标准的研究工作。1997年中国石油天然气总公司制定了《石油天然气工业健康、安全与环境管理体系》等行业标准。1999年10月国家经贸委颁布了《职业安全卫生管理体系试行标准》，2001年12月20日发布了《职业安全健康管理体系指导意见》和《职业安全健康管理体系审核规范》，取代试行标准。2001年中国标准研究中心、中国合格评定国家认可中心和中国国家进出口企业认证机构认可委员会共同制定了GB/T 28001—2001《职业健康安全管理体系　规范》，于11月12日由国家质量监督检验检疫总局发布，并于2002年1月1日起实施。

第四节　GB/T28001—2001《职业健康安全管理体系　规范》的结构和特点

一、GB/T28001—2001《职业健康安全管理体系　规范》的结构

现代职业健康安全管理，强调按系统理论管理职业健康安全及其相关事务，以达到预防和减少生产事故及劳动疾病的目的。

系统理论认为，系统化模式一般包括输入、过程、输出和反馈四个要素。戴明模型是一种系统化的管理模式，包括策划（P）、行动（D）、检查（C）和改进（A）四个相互联系的环节，构成一个动态循环并呈螺旋上升以持续改进的模式。

在确定职业健康安全管理体系运行模式时，采用了戴明模型。职业健康安全管理体系运行模式包括五个环节：职业健康安全方针、策划、实施和运行、检查和纠正措施、管理评审（见图 6-1）。

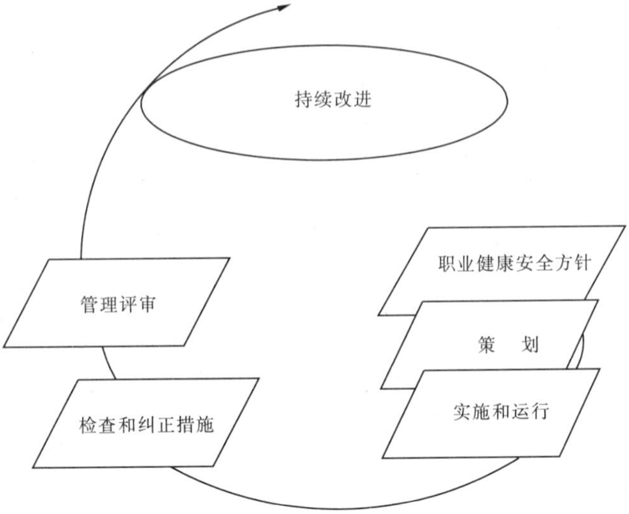

图 6-1　职业健康安全管理体系模式

GB/T 28001—2001 第 4 章是标准的主要内容，其结构如图 6-2 所示。

第 4 章共包括 6 个一级条和 15 个二级条。其中，除 4.1（一级条）外，其余 5 个一级条与职业健康安全管理体系模式图（见图 6-1）的各环节相对应，这 5 个一级条分别是：

——职业健康安全方针（4.2）；

——策划（4.3）；

——实施和运行（4.4）；

——检查和纠正措施（4.5）；

——管理评审（4.6）。

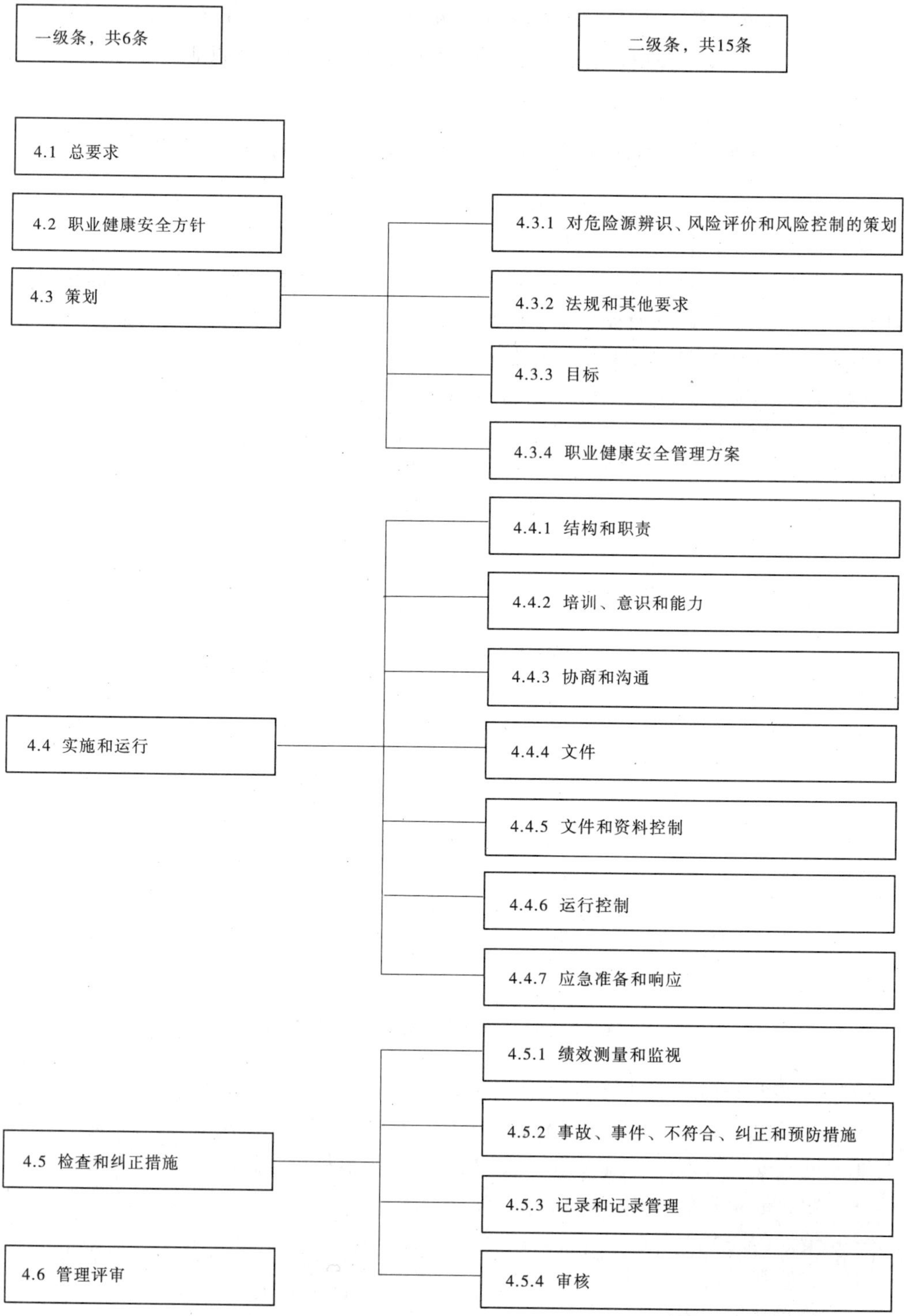

图 6-2 GB/T28001 第 4 章结构图

第4章中的两个一级条（4.2 和 4.6）加上15个二级条（4.3.1、4.3.2、4.3.3、4.3.4、4.4.1、4.4.2、4.4.3、4.4.4、4.4.5、4.4.6、4.4.7、4.5.1、4.5.2、4.5.3、4.5.4）构成了职业健康安全管理体系的完整要求，通常也被称为17个职业健康安全管理体系要素。

二、GB/T28001—2001《职业健康安全管理体系　规范》的特点

（一）自愿原则

GB/T28001—2001 标准不是强制性的，而是自愿采用的。一个组织是否实施这个标准，如何实施这个标准，是否申请认证等，完全由组织自主决定。当然，市场和相关方要求形成的压力，是组织实施职业健康安全管理、改善其绩效的外部推动力。

GB/T28001—2001 标准的基本思路是引导组织建立起职业健康安全管理的自我约束机制，从最高管理者到每个员工都以主动、自觉的精神处理好与职业健康安全绩效有关的活动，树立企业形象，提高竞争力。

（二）适用性

GB/T28001—2001 标准借鉴了 ISO9000 标准的成功经验，给出了建立职业健康安全管理体系的框架。"本标准提出了对职业健康安全管理体系的要求，旨在使一个组织能够控制职业健康安全风险并改进其业绩。它并未提出具体的职业健康安全绩效准则，也未作出设计管理体系的具体规定"。而把建立绩效目标和指标、设计管理体系的工作留给组织，调动组织的积极性，允许组织从实际情况出发量力而行。因此，本标准具有广泛的适用性。

一个组织自愿实施、保持和持续改进职业健康安全管理体系，则本标准规定的要求必须做到，它既是组织建立职业健康安全管理体系的依据，也是对职业健康安全管理体系认证审核的依据。

（三）兼容性

GB/T28001—2001 标准在制定时，就考虑了与 GB/T24001—1996《环境管理体系　规范及使用指南》、GB/T19001—2000《质量管理体系　要求》标准的相容性，以便组织将职业健康安全、环境和质量管理体系相结合。

（四）过程控制

GB/T28001—2001 标准把职业健康安全管理作为一项系统工程，围绕危险源辨识、风险评价，提出控制要求和实现目标，制定职业健康安全管理方案并实施，检查执行情况并及时采取纠正和预防措施，通过内审、管理评审评价职业健康安全管理体系的有效性、充分性和适宜性，持续改进职业健康安全管理绩效，实行安全过程控制。

此外，如同 GB/T19001—2000《质量管理体系　要求》和 GB/T24001—1996《环境管理体系　规范及使用指南》标准一样，本标准也强调最高管理者作用和承诺、全员参与及持续改进，这些也是 GB/T28001—2001《职业健康安全管理体系　规范》标准的特点。

第五节　质量、环境、职业健康安全三个管理体系的异同

一、三个管理体系的相同点

（一）具有相同的管理原则

（1）领导作用：在组织的管理中，领导者起着确定本组织的方针、目标，为员工创造一个实施方针和目标的环境的作用。

（2）员工参与：各层次的管理、技术、操作、执行和验证人员的充分参与是管理体系运行所必需的条件。

（3）过程方法：识别并管理相互关联的过程及其接口，才能确保体系的有效运行。

（4）管理的系统方法：从组织的全公司出发，围绕总体目标，分析、解决或协调局部与整体的关系，使体系协调运行。

（5）基于事实的决策方法：虽然三个体系的策划内容和数据分析有所不同，但都应根据客观事实作出正确的决策。

（6）持续改进：在制定管理体系目标时，均贯彻预防为主的思想，由事后处理转向事先预防、持续改进的全过程控制。

（7）与供方互利的关系：虽然三个体系对供方、相关方的定义略有差异，但使组织与相关方共同受益是建立、实施管理体系的前提。

（二）体系的运行模式相同

三个体系都包括体系的策划建立、实施保持、监视测量、评审改进四个方面，都采用PDCA 过程模式。

（三）具有广泛的适用性

三个体系均适用于各行各业及各种类型的组织。

（四）体系文件的框架结构相似

一般包括管理手册、管理程序和作业文件三个层次。

（五）体系标准的性质相同

都是推荐采用的管理标准。

二、三个管理体系的不同点

（一）各体系管理的直接目标和对象不同

质量管理体系：以产品为对象，控制与产品实现有关的过程，关注预期产品，防止出现不合格，不断增强顾客满意。

环境管理体系：以活动、产品或服务中可能与环境发生相互作用的要素即环境因素为对象，关注非预期产品，防止破坏环境，规范组织的环境行为，合理利用资源，保护环境，不断满足社会要求，追求社会满意。

职业健康安全管理体系：以作业场所内所有人员的安全和健康的条件与因素为对象，控制产品实现过程中可能的职业健康安全风险，预防事故和疾病的发生，不断满足员工和

相关方在职业健康安全方面的要求，追求员工和相关方满意。

（二）各体系过程的切入点不同

质量管理体系：从识别过程及其相互作用入手，将组织的活动分为管理职责、资源管理、产品实现和测量分析改进四大过程，据此建立、实施和改进整个体系。

环境管理体系：从分析环境因素入手，来建立、实施和改进整个体系。

职业健康安全管理体系：从危险源辨识、风险评价入手，来建立、实施和改进整个体系。

（三）各体系相关的法规和其他要求不同

由于各体系关注的对象不同，因此适用的法规和其他要求不同，其获取、识别、传达及更新的途径也不相同。

（四）各体系涉及组织内部的部门和人员不同

质量管理体系涉及与产品实现过程有关的部门和人员。

环境管理体系涉及与环境因素有关的部门和人员。

职业健康安全管理体系几乎涉及所有的部门和人员。

第七章 《职业健康安全管理体系 规范》在工程建设行业的理解与实施

第一节 职业健康安全管理体系的适用范围

1 范围

本标准提出了对职业健康安全管理体系的要求，旨在使一个组织能够控制职业健康安全风险并改进其绩效。它并未提出具体的职业健康安全绩效准则，也未作出设计管理体系的具体规定。

本标准适用于任何有下列愿望的组织：

a)建立职业健康安全管理体系，消除或减小因组织的活动而使员工和其他相关方可能面临的职业健康安全风险；

b)实施、保持和持续改进职业健康安全管理体系；

c)使自己确信能符合所声明的职业健康安全方针；

d)向外界证实这种符合性；

e)寻求外部组织对其职业健康安全管理体系的认证；

f)自我鉴定和声明符合本标准。

本标准中的所有要求意在纳入任何一个职业健康安全管理体系。其应用程度取决于组织的职业健康安全方针、活动性质、运行的风险与复杂性等因素。

本标准针对的是职业健康安全，而非产品和服务安全。

1. *术语理解*

(1)建立和实施GB/T28001—2001标准的目的，是使组织能够控制职业健康安全风险，持续改进职业健康安全绩效。

(2)按照GB/T28001—2001标准的要求建立和保持职业健康安全管理体系，是组织的自愿行为。

(3)凡有以下愿望的组织均可以实施本标准：

①建立职业健康安全管理体系，以有效控制或消除危险源及职业健康安全风险。

②确保实施、保持和持续改进职业健康安全管理体系。

③保证实现所声明的职业健康安全方针。

④向社会表明职业健康安全工作原则。

⑤谋求职业健康安全管理体系认证/注册。

⑥自我评价并公开评价结果。

(4)组织决定建立职业健康安全体系并谋求认证，就必须执行本标准的所有要求。但本标准并未提出具体的职业健康安全绩效准则，也未作出管理体系设计的具体规定。

这应由组织根据其职业健康安全方针、活动性质、运行的风险与复杂性、实践经验和管理状况，去识别和策划。

(5)建立职业健康安全管理体系，并不是对组织原有的职业健康安全管理手段、制度、组织机构等的否定，而是按标准的要求将原有的管理规范化、系统化，使其更加完善、有效。

(6)本标准针对影响作业场所内所有人员的健康和安全的条件及因素，而不针对具体产品和服务的安全。产品服务的安全是ISO9000标准涉及的范畴。

(7)职业健康安全管理体系的范围取决于组织的管理权限、活动领域、产品范围和现场区域，不应扩大和缩小，它适用于作业场所内的所有人员。

2. 思考题

(1)职业健康安全管理体系标准的性质和适用范围是什么？

(2)组织建立和保持职业健康安全管理体系的目的是什么？

第二节 术语和定义

在GB/T28001—2001标准第3章中，给出了17个术语及定义，可以分为三类：

(1)职业健康安全基本概念术语，包括：事故(3.1)、危险源(3.4)、危险源辨识(3.5)、事件(3.6)、职业健康安全(3.10)、风险(3.14)、风险评价(3.15)、安全(3.16)、可容许风险(3.17)；

(2)职业健康安全管理体系基本术语，包括：持续改进(3.3)、相关方(3.7)、目标(3.9)、职业健康安全管理体系(3.11)、组织(3.12)、绩效(3.13)；

(3)职业健康安全管理体系审核术语，包括：审核(3.2)、不符合(3.8)。

这些术语和定义，是理解、应用本标准的基础，也是建立、保持职业健康安全管理体系和进行认证的基础。

1. 事故

造成死亡、疾病、伤害、损坏或其他损失的意外情况。

术语理解：

(1)事故是造成不良结果的非预期情况。质量管理体系关注的主要是预期的结果(产品)；职业健康安全管理体系在主观上关注的是活动、过程的非预期情况，在客观上这些非预期结果的性质是负面的、不良的，甚至是恶性的。

(2)事故对人员来说，可能是死亡、疾病或伤害，即伤亡事故和职业病；对物质财产来说，是损毁、破坏或其他形式的价值损失。

(3)(91)国务院令第75号《企业职工伤亡事故报告和处理规定》、《中华人民共和国职业病防治法》等文件对此作出了具体规定。

2. 审核

见GB/T19000—2000中3.9.1的定义。即：为获得审核证据并对其进行客观的评价，以确定满足审核准则的程度所进行的系统的、独立的并形成文件的过程。

术语理解:

(1)审核是一个评价过程。首先要确定审核准则、界定审核范围,然后在其范围内收集审核证据并依据审核准则进行客观评价。

(2)审核准则是组织的职业健康安全方针、目标和国家的法律、法规、技术标准及组织的职业健康安全管理体系文件。

(3)审核的目的是确认组织的职业健康安全管理体系,其:

①运行活动和结果是否符合审核准则;

②是否得到有效实施和保持;

③是否满足组织的方针和目标。

(4)审核是按审核方案和程序进行的系统的、独立的并形成文件的过程。

3. 持续改进

为改进职业健康安全总体绩效,根据职业健康安全方针,组织强化职业健康安全管理体系的过程。

注:该过程不必同时发生在活动的所有领域。

术语理解:

(1)持续改进是职业健康安全管理体系非常重要的一个环节。通过强化与完善职业健康安全管理体系,改进与提高组织的职业健康安全绩效,实现组织职业健康安全方针的承诺。

(2)职业健康安全管理体系包括许多要素,持续改进活动可以针对整个体系,也可以针对某个要素,不必发生在活动的所有方面。

4. 危险源

可能导致伤害或疾病、财产损失、工作环境破坏或这些情况组合的根源或状态。

术语理解:

(1)危险源是可能导致人员伤亡、疾病或物质损失事故的潜在不安全因素。

(2)危险源根据 GB/T13861—1992《生产过程危险和有害因素分类与代码》可分为6类:

①物理性危险和有害因素;

②化学性危险和有害因素;

③生物性危险和有害因素;

④心理、生理性危险和有害因素;

⑤行为性危险和有害因素;

⑥其他危险和有害因素。

(3)危险源还可根据事故类别、职业病类别进行分类。首先,按照 GB6441—86,将危险、危害因素分为16类:物体打击;车辆伤害;机械伤害;起重伤害;触电;淹溺;灼烫;火灾;高处坠落;坍塌;放炮;火药爆炸;化学性爆炸;物理性爆炸;中毒和窒息;其他伤害(含冒顶片帮、透水、瓦斯爆炸等)。其次,参照职业病的有关规定,将危险危害因素分为:生产性粉尘、毒物、噪声与振动、高温、低温、辐射、其他危害因素。

5. 危险源辨识

识别危险源的存在并确定其特性的过程。

术语理解：

(1)由于能量和物质的运用是人类社会存在的基础，一个组织在运行过程中使用能量和物质是不可避免的，能量的失控或不正常的运动就构成了危险源，因此组织内必然存在危险源，但其形式可能多种多样，有的显而易见，有的则不易被发现。为此，需要采用一些特定的方法和手段去识别，判断其可能导致事故的种类及其发生的直接因素。这一识别过程就是危险源辨识。

(2)危险源辨识是防止事故发生的第一步，只有识别出危险源的存在，找出导致事故的根源，进而采取措施，才能有效地控制事故的发生。

(3)辨识时应识别出危险源的分布、伤害方式、途径以及重大危险源。对于一个组织来说，应辨识的重要部位有厂址、厂区平面布局、建(构)筑物、生产工艺和生产过程、生产设备、有害作业部位和管理设施、应急抢救设施及辅助生产生活健康设施等。

(4)危险源辨识是职业健康安全管理体系最基本的活动。危险源辨识方法包括：询问和交谈、现场观察、安全检查表、事件树分析、故障树分析等。

6. 事件

导致或可能导致事故的情况。

注：其结果未产生疾病、伤害、损坏或其他损失的事件，在英文中还可称为“near－miss”。英文中，术语“incident”包含“near－misses”。

术语理解：

事件是指活动、过程本身的情况，事件的发生可能造成事故，也可能未造成任何损失。

对于没有造成职业病、死亡、伤害、财产损失或其他损失的事件可称为未遂事件，事件包括未遂事件。

7. 相关方

与组织的职业健康安全绩效有关的或受其职业健康安全绩效影响的个人或团体。

术语理解：

(1)组织的职业健康安全绩效受到多方面的影响和制约，同时也对许多相关的个人和团体产生影响。这些主动或被动与组织的职业健康安全绩效发生关系的个人和团体就是组织的职业健康安全方面的相关方。

(2)关注组织职业健康安全状况的相关方可以是：执法部门、新闻媒体、科研机构、投资方、供应商、顾客等；受组织职业健康安全绩效影响的相关方可以是：员工、员工家属、开发商、监理、设计人员、社区居民、访问者，临时工作人员等。

(3)从广义上说，组织的相关方可以是整个社会。但在实施职业健康安全体系的过程中，特别是体系认证过程中，相关方的应用涉及到组织的义务，应注意界定范围，不能无限扩大。

8. 不符合

任何与工作标准、惯例、程序、法规、管理体系绩效等的偏离，其结果能够直接或间接导致伤害或疾病，财产损失、工作环境破坏或这些情况的组合。

术语理解：

（1）组织的作业标准、惯例、程序、规章、管理体系绩效等构成了职业健康安全管理体系的基本内容。在体系运行过程中，可能会出现与上述内容的偏离，由此可能会直接或间接地导致事故。这种偏离即为不符合。

（2）不符合包括但不限于下述任一情况：

①体系文件未遵照标准要求，即文件规定不符合标准；

②未按体系文件运行和保持，即现状不符合文件规定；

③体系运行结果未达到预定的目标，即效果不符合目标。

9. 目标

组织在职业健康安全绩效方面所要达到的目的。

术语理解：

（1）组织的职业健康安全绩效，要用具体的目标来表述。

（2）目标应与职业健康安全方针一致，可行时应予以量化，以便测量。

（3）组织的目标可在适当的层次上展开、分解为子目标或指标。目标内容包括：风险水平的降低、消除或降低特殊意外事件的频次等。

10. 职业健康安全

影响工作场所内员工、临时工作人员、合同方人员、访问者和其他人员健康和安全的条件和因素。

术语理解：

（1）职业健康安全是指一组影响特定人员的健康和安全的条件和因素。

（2）受影响的人员包括在工作场所内组织的正式员工、临时工、合同方人员，也包括进入工作场所的参观访问人员、推销员、顾客等。

（3）工作场所包括组织内部的工作场所，也包括与组织的生产活动有关的临时、流动场所。

11. 职业健康安全管理体系

是总的管理体系的一个部分，便于组织对与其业务相关的职业健康安全风险的管理。它包括为制定、实施、实现、评审和保持职业健康安全方针所需的组织结构、策划活动、职责、惯例、程序、过程和资源。

术语理解：

（1）职业健康安全管理体系是一个组织总的管理体系的一部分，应与组织的经营、生产、质量和环境管理尽可能地结合起来。

（2）职业健康安全管理体系由相互联系、相互作用的5个环节、17个要素所组成。包括为制定、实施和保持职业健康安全方针所需的组织结构、策划活动、职责、惯例、程序、过程和资源。职业健康安全方针是体系的核心。

12. 组织

见GB/T19000—2000中3.3.1的定义。即：职责、权限和相互关系得到安排的一组人员及设施。

注：对于拥有一个以上运行单位的组织，可以把一个单独的运行单位视为一个组织。

术语理解:

(1)职业健康安全管理体系所涉及的组织概念,其包含范围十分广泛,组织的形式多种多样,可以是公司、集团、商行、企业、政府机构、事业单位、研究机构、代理商、社团或它们的部分或组合。组织不一定是法人单位。

(2)无论组织形式如何,各组织必须具有其自身职能,即从事某种活动、生产某类产品或提供某种服务,同时有管理、控制这些活动的能力。

13. 绩效

基于职业健康安全方针和目标,与组织的职业健康安全风险控制有关的,职业健康安全管理体系的可测量结果。

注:①绩效测量包括职业健康安全管理活动和结果的测量。

②"绩效"也可称为"业绩"。

术语理解:

(1)绩效是组织职业健康安全管理体系在控制职业健康安全风险方面所表现出的实际业绩和效果。

(2)职业健康安全管理体系运行的结果是指职业健康安全管理体系的符合性、有效性和适宜性。

(3)职业健康安全绩效应是可以测量和评价的。

14. 风险

某一特定危险情况发生的可能性和后果的组合。

术语理解:

(1)风险是对某种可预见的危险情况发生的概率及其后果的严重程度这两项指标的综合表述。

(2)危险情况有两个主要特性,即可能性和严重性。可能性指危险情况发生的概率;严重性指危险情况一旦发生后,造成的人员伤害和经济损失的大小及程度。两个特性中任意一个过高或过低都会使风险发生变化,如果其中一个特性不存在或为零,则不存在这种风险。

15. 风险评价

评估风险大小以及确定风险是否可容许的全过程。

术语理解:

(1)风险评价主要包括两个阶段,即对风险进行分析评估,确定其大小或严重程度,然后将风险与安全要求进行比较,判定其是否可接受。

(2)安全要求是判定风险是否可接受的依据,需要根据法律、法规、标准、组织的职业健康安全方针和目标等要求来确定。

16. 安全

免除了不可接受的损害风险的状态。

术语理解:

(1)安全是不发生不可接受风险的一种状态。当风险的严重程度是合理的,在经济、身体、心理上是可承受的,可认为处在安全状态;当风险达到不可接受的程度时,则形成了不安全状态。安全与否,要对照风险的可接受程度来判定。随着时间、空间的变化,可接受程度也会发生变化,从而使安全状态发生变化。因此,安全是一种相对的概念。

(2)不可接受的损害风险是指:

①超出了法规的要求;

②超出了方针、目标和组织规定的其他要求;

③超出了人们普遍接受程度(通常是隐含的)的要求等。

17. 可容许风险

根据组织的法律义务和职业健康安全方针,已降至组织可接受程度的风险。

术语理解:

(1)可容许风险是指经过组织的努力,将原来较大的风险变成较小的可以接受的风险。

(2)判定风险是否容许,主要是依据风险评价的结果,对照职业健康安全法规和组织的职业健康安全方针的要求来确定。

(3)组织是否接受,主要是指是否符合职业健康安全法规和组织的职业健康安全方针的要求。

第三节　职业健康安全管理体系要素的理解与实施

一、总要求

4.1　总要求

组织应建立并保持职业健康安全管理体系。第4章描述了对职业健康安全管理体系的要求。

职业健康安全管理体系模式如图1所示。

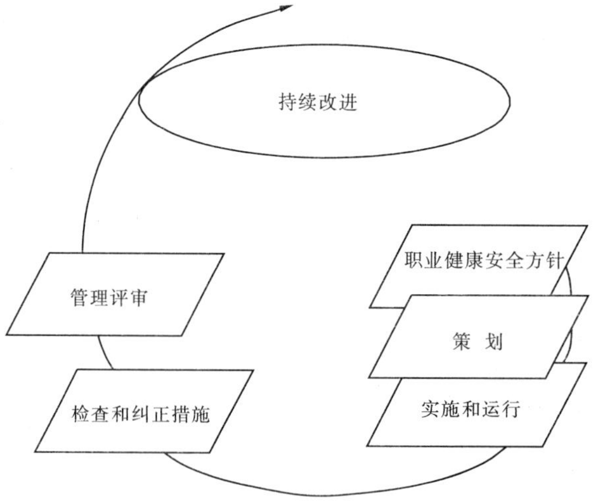

图1　职业健康安全管理体系模式

1. 术语理解

(1)一个组织决定实施 GB/T28001—2001 标准并据此建立职业健康安全管理体系,意味着该体系在组织内不是临时的,而是永久的,该体系的所有要素均应得到实施。

(2)最高管理者自始至终的承诺和领导,对建立职业健康安全管理体系具有决定性的作用。

(3)实施职业健康安全管理体系的界限和范围,由组织自行决定,可以在整个组织的范围内,也可以是组织内部的某特定运行单位或活动,但应与改善组织职业健康安全的根本宗旨相一致。

(4)为达到保持和持续改进的目的,组织在制定发展规划时要考虑体系维护的需要;在机构调整、开发新项目新产品时要注意确定其职业健康安全风险,及时获取新的法律、法规;对体系运行中出现的问题应及时调整,采取纠正和预防措施。

2. 实施要点

工程建设行业建立、保持职业健康安全管理体系一般采用 PDCA 循环方法。

(1)策划(P)包括:

①教育培训,统一认识;

②培养安全管理骨干队伍;

③制定安全方针,目标;

④收集和获取适用的法律、法规和技术标准;

⑤策划管理体系文件框架;

⑥危险源辨识、评价,确定重大危险源;

⑦编制安全管理体系文件;

⑧针对重大危险源编制管理方案。

(2)运行(D)包括:

①职责、安全意识培训教育;

②安全管理体系文件培训;

③相关的法律、法规和技术标准的学习;

④识别项目的危险源,针对项目特有的危险源,制定安全措施计划;

⑤编制项目的安全防护方案、单项的安全措施,如脚手架搭设方案等;

⑥安全交底;

⑦设备及临时设施安装验收;

⑧按照安全体系文件、管理方案、安全措施等进行实施和运行。

(3)检查(C)包括:

①开工前的安全验收和安全检查;

②定期和不定期的安全检查、专项安全检查;

③整改措施效果检查;

④内部审核。

(4)改进(A)包括:

①纠正和预防措施的实施及效果验证;

②管理评审；

③持续改进。

3. 思考题

职业健康安全管理体系的模式是什么？是否符合 PDCA 循环的方法？

二、职业健康安全方针

4.2　职业健康安全方针

职业健康安全方针如图 2 所示。

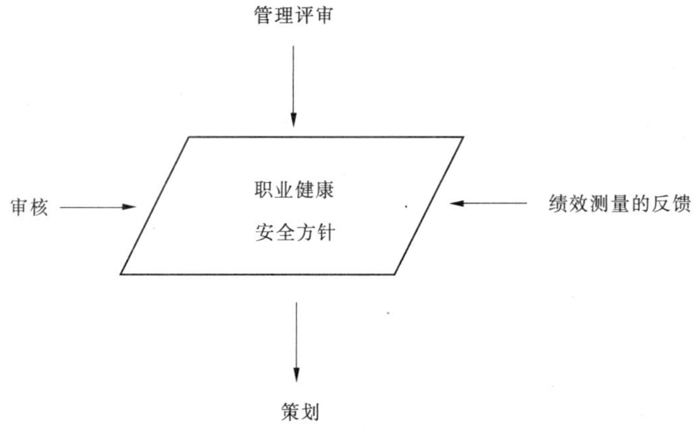

图 2　职业健康安全方针

组织应有一个经最高管理者批准的职业健康安全方针，该方针应清楚阐明职业健康安全总目标和改进职业健康安全绩效的承诺。

职业健康安全方针应：

a)适合组织的职业健康安全风险的性质和规模；

b)包括持续改进的承诺；

c)包括组织至少遵守现行职业健康安全法规和组织接受的其他要求的承诺；

d)形成文件，实施并保持；

e)传达到全体员工，使其认识各自的职业健康安全义务；

f)可为相关方所获取；

g)定期评审，以确保其与组织保持相关和适宜。

1. 术语理解

(1)制定职业健康安全方针的目的在于：

①确立组织职业健康安全管理的总方向和总原则；

②确定整个组织所需的有关职业健康安全的职责和绩效目标；

③表明组织实行良好的职业健康安全管理的正式承诺，尤其是组织最高管理者的承诺。

(2)职业健康安全方针是组织总方针的一个组成部分，应与其他方面的方针保持一致。职业健康安全方针是组织实施和改进职业健康安全管理体系的原动力,必须由组织的最高管理者批准和发布。

(3)标准对方针提出七个方面的要求,其主要内容是“一个适合、两个承诺和定期评审”。一个适合是:适合于组织的职业健康安全风险的性质和规模。两个承诺是:对持续改进的承诺和遵守法律法规及其他要求的承诺。前者表明组织最高管理者对职业健康安全的态度和组织对职业健康问题的认识和责任,后者是标准的最基本的要求。定期评审是:定期评审方针的适宜性、充分性和有效性,并及时修订以适应不断变化的内外部环境和要求。此外,方针应形成文件并实施、保持,要传达到全体员工,并可为相方关所获取。

(4)职业健康安全方针是下述要素的重要输入信息:

①目标(4.3.3);

②职业健康安全管理方案(4.3.4);

③协商和沟通(4.4.3);

④文件(4.4.4);

⑤运行控制(4.4.6);

⑥绩效测量和监视(4.5.1);

⑦审核(4.5.4);

⑧管理评审(4.6)。

(5)制定职业健康安全方针时应注意:

①根据所面临的职业健康安全风险的性质、特点制定方针,应实事求是,不夸大也不缩小其风险,同时,还要考虑到未来的发展要求,使方针具有可操作性和前瞻性。

②提出组织的职业健康安全总体绩效的改进要求,具体的绩效改进要求可在目标中阐述,并通过职业健康安全管理方案进行管理。

③组织确定的职业健康安全目标不能低于法规和其他要求。其他要求可以是社团方针、组织内部标准或规范、组织接受的行为准则等。

④由于提供的资源不充分和不适宜,往往使已制定的方针和目标不切实际。为确保方针的实施,必须获得必要的财力、技术、人力和其他资源。

⑤应体现工程建设行业的特点、企业的规模和层次。

(6)安全方针的管理要求:

①建立职业健康安全方针,形成文件并经最高管理者批准、发布和实施。

②应传达到全体员工,使员工认识到本人在职业健康安全方面的责任和义务,方针对全体员工的行动起着指南的作用。

③组织应具有向相关方传递职业健康安全方针的机制,确保相关方在要求时可以获得,但是若相关方没有提出要求,组织也无需主动提供。

④应定期评审职业健康安全方针的适宜性、充分性和有效性。

2.实施要点

(1)依据“一个适合、两个承诺”的要求,自下而上广泛征集本企业安全方针的初稿,经最高管理者筛选、归纳,提出适合本企业的安全方针,并经最高管理者批准、发布后执行。

(2)企业的安全方针应能传达到全体员工，使其认识到各自的安全责任和义务，并以方针指导行动。

(3)安全方针是公开性文件，应向相关方传递和通报。

(4)安全方针应定期评审，通常结合管理评审一并开展。

3. 安全方针实例

(1)某电建企业安全方针：

预防为主，控制电建施工危险；

强化监督，遵守有关法律法规；

以人为本，保护员工安全健康；

科学管理，实现绩效持续改进。

(2)某建筑施工企业安全方针：

主动熟悉危害，严格规矩自我，保障长久安全。

(3)某冶金建筑施工企业安全方针：

以人为本，关注职业健康；

文明施工，构筑安全工程。

4. 思考题

(1)组织确立职业健康安全方针的目的是什么？

(2)职业健康安全方针应满足哪些管理要求？

(3)制定职业健康安全方针应考虑哪些因素？

三、策划

策划如图3所示。

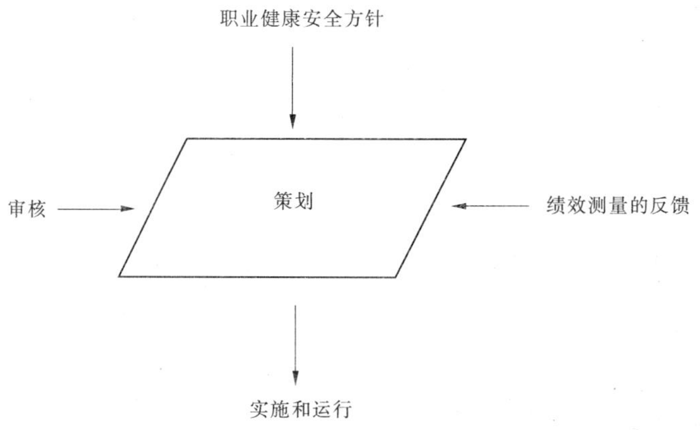

图3　策划

(一)对危险源辨识、风险评价和风险控制的策划

4.3.1　对危险源辨识、风险评价和风险控制的策划

组织应建立并保持程序，以持续进行危险源辨识、风险评价和实施必要的控制措施。这些程序应包含：

——常规和非常规活动；

——所有进入工作场所的人员（包括合同方人员和访问者）的活动；

——工作场所的设施（无论由本组织还是由外界所提供）。

组织应确保在建立职业健康安全目标时，考虑这些风险评价的结果和控制的效果，将此信息形成文件并及时更新。

组织的危险源辨识和风险评价的方法应：

——依据风险的范围、性质和时限性进行确定，以确保该方法是主动性的而不是被动性的；

——规定风险分级，识别可通过4.3.3和4.3.4中所规定的措施来消除或控制的风险；

——与运行经验和所采取的风险控制措施的能力相适应；

——为确定设施要求、识别培训需求和（或）开展运行控制提供输入信息；

——规定对所要求的活动进行监视，以确保其及时有效的实施。

1.术语理解

（1）危险源及其带来的职业健康安全风险是职业健康安全管理体系的核心，是建立职业健康安全管理体系的基础。组织通过不断控制职业健康安全风险来取得职业健康安全绩效，达到持续改进的目的。

（2）组织要控制风险，首先要辨识危险源，然后评价其给组织带来的风险程度，据此制定风险控制措施，并确定降低风险的优先顺序。

（3）危险源存在于人的不安全行为和物的不安全因素两个方面，包括：

①组织的常规活动，指正常的生产和管理活动。如正常的施工、安装，机械启动、运行等；

②组织的非常规活动，一般指出现事故、设备出现故障的临时抢修活动，紧急状态如出现火灾、洪水等情况；

③所有进入作业场所的人员的活动，包括内部员工和外部的合同方、访问者等的活动；

④作业场所内本组织的内部设施，如组织拥有的建筑物、生产设备、物资等；

⑤作业场所内由外部提供给组织的设施设备，如组织租赁和顾客提供的建筑物、生产设备等。

（4）组织建立职业健康安全目标时，首先要根据风险评价结果考虑哪些风险是不可接受的，然后考虑降低风险的控制措施。组织要将危险源辨识、风险评价的结果和风险控制的效果形成文件并及时更新。

（5）危险源辨识和风险评价的方法应达到下述要求：

①应依据其针对的范围、对象性质及时间变化来确定，以保证采用适当的、可操作的方法，要具有主动性、前瞻性，不要等已经产生了事件或事故，再确定危险源。

②应提供风险级别，据此得出组织不可接受的风险，确定风险控制的优先项，进而识别哪些风险可通过目标（4.3.3）和职业健康安全管理方案（4.3.4）来消除或降低。

③采取的方法应与组织的实际情况、运行经验和该方法的控制效果相适应。

④应为组织提供其设施设备要求、培训要求和开展运行控制的技术、管理措施等方面的信息。

⑤应规定对所要求的活动进行必要的监测,从而保证方法的有效和及时。

2. 实施要点

(1)工程建设各类企业首先要编制危险源辨识、风险评价和控制的程序文件。该文件应明确职责、确定危险源辨识的方法、风险评价的方法以及可能采取的对策等措施,该程序包括的过程如图 7-1 所示。

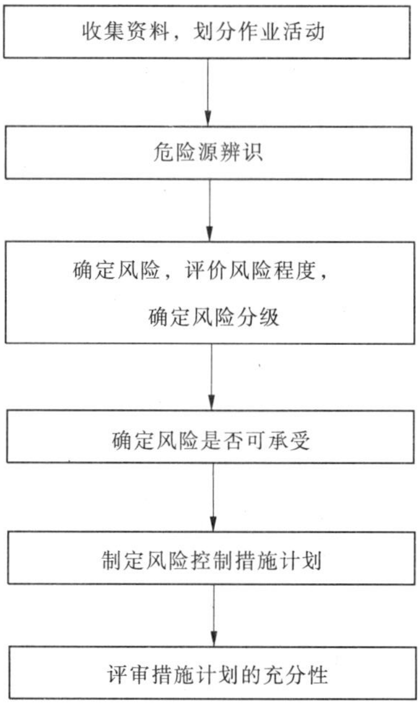

图 7-1　危险源辨识、风险评价和风险控制策划的步骤

(2)危险源辨识的范围包括三种时态(过去、现在和将来)和三种状态(正常、异常、紧急)的活动、所有进入作业场所的人员和设备。

(3)工程建设行业常用的危险源辨识方法有:调查表、检查表等方法。

(4)一般由工程建设各企业的安全管理部门编制危险源辨识调查表(参见表 7-1),发放全企业,广泛调查可能出现的危险源。

(5)制定本企业的《风险评价准则》,通常采用头脑风暴法、LEC 法对风险进行评价和分级,评价结果一般分四个等级,将结果填入风险评价一览表中(参见表 7-2)。

(6)对重大风险制定风险控制措施计划。风险控制措施包括制定目标、制定管理方案、运行控制、培训与教育、制定应急预案、监视和检查等六种措施中的一种或几种。重大风险的控制措施计划参见表 7-3。

表 7-1　危险源辨识调查表

序号	作业活动	危险因素	可能出现的事故
1	焊接作业	设备缺陷、漏电	触电
2		作业点 10m 内有易燃易爆物质	燃烧、爆炸
3		通风不良、有大量焊接烟尘	中毒、尘肺
4		电弧光的强刺激	眼病
5		焊渣飞溅	灼伤、燃烧
6		氧气瓶、乙炔瓶漏气或距离过近	爆炸
7		工件倒翻	物体打击
8		操作工的违章作业	触电、爆炸、燃烧、中毒
9		一次线、二次线长度不符合要求	触电

表 7-2　风险评价一览表

序号	施工阶段	作业活动	潜在的危害因素	可能导致的事故	作业条件危害性评价				风险等级
					L	E	C	D	
1	外脚手架防护	搭设与使用	基础没有平整夯实	坍塌					2
2			连墙杆数量少	坍塌					2
3			剪力撑设置不符合规定	坍塌	1	2	7	14	5
4			悬挑架挑杆未在结构上生根	坍塌					2
5			探头板绑扎不牢	坠落	3	3	7	63	4
6			安全网密目网张设不严	坠落					2
7			操作层未张设安全平网	坠落					2
8			挑架底部铺设不严	坠落					2
9			施工荷载超过规定	坍塌	3	2	15	90	3
10			架体与动荷载相连接	坍塌					2
11			架子工作业未系安全带	坠落					2
12		拆除	不按顺序拆除	坍塌					2
13			监护警戒不力	物体打击	1	2	15	30	4
14			乱扔钢管、扣件	物体打击	3	1	15	45	4
15			架子工作业未系安全带	坠落					2
16			架体上有雨雪	坠落	3	1	7	21	4
17			堆放失稳	物体打击	3	1	3	9	5

表 7-3 重大风险及其控制措施计划

序号	重大风险	作业活动	重大危害因素	产生原因	控制措施（a～e）
1	高处坠落	2m 以上的作业	无安全技术防护措施；安全网、安全带使用不满足要求；四口、五临边不按规定防护；不按规定安装集料平台	管理缺陷、防护缺陷	a. 制定管理方案；b. 四口、五临边按规定防护；b. 安全三宝满足要求；e. 加强现场监督检查
2	物体打击	施工作业	高处落物打击、大模板未按规定存放、未按规定戴安全帽	防护缺陷、违章作业	b. 制定控制程序；c. 培训与教育；e. 加强现场监督
3	机械伤害	施工作业	机械故障、未使用或不正确使用个人防护用品	违章指挥、违章作业	b. 制定控制程序；c. 培训与教育
4	起重伤害	高处吊物作业	设备故障，设备未经验收使用，起重未按规定操作，指挥信号不对，未戴安全帽，不正确使用（选用）吊索具	设备设施缺陷，管理缺陷，违章操作，违章指挥	a. 制定管理方案；b. 制定控制程序；c. 培训教育；d. 制定应急预案；e. 加强现场监督检查
5	坍塌	土方施工	沉箱护壁强度不够，边坡开挖和堆物不满足要求	管理缺陷，违章作业	a. 制定管理方案；c. 培训教育；d. 制定应急预案；e. 加强现场监督检查
6	触电	施工作业	未达到三级配电、两级保护，未提供用电防护用品，电线敷设不满足要求	防护缺陷，违章作业	a. 制定管理方案；c. 培训教育；d. 制定应急预案；e. 加强现场监督检查
7	中毒	有毒作业/休息/食用/化学危险品使用和存储	有毒作业场所未提供防毒用品，现场生活区冬季取暖烧煤没有防煤气中毒装置，外来工人误食含毒工业用盐，化学危险品未按规定存放使用	防护缺陷，违章作业，使用	a. 制定防护管理方案；c. 培训教育；d. 制定应急预案；e. 加强现场监督检查

续表 7-3

序号	重大风险	作业活动	重大危害因素	产生原因	控制措施(a~e)
8	中暑	夏季高温作业	未提供防暑降温品,连续高温作业时间过长	违章指挥,防护缺陷	a. 制定高温管理方案;d. 制定应急预案
9	火灾	施工用电、动火	无用火管理规定,用电器不满足要求,火源处防护不满足要求,禁火处无明显标识,员工在禁火处吸烟。焊渣引燃引起明火	管理缺陷,防护缺陷,违章作业	a. 制定用火管理方案;b. 制定控制程序;d. 制定应急预案;e. 加强现场监督检查
10	爆炸	高压容器、氧气瓶、乙炔瓶	不按规定正确存放	违章作业	a. 制定管理方案;d. 制定应急预案;e. 加强现场监督检查
11	职业病	有毒、粉尘、噪声、振动作业	无防护用品,未进行含毒化学元素监测,无防尘防噪防振装置,未定期体检,无工伤社会保险	违章指挥	b. 制定管理程序;e. 加强现场监督检查

编制人:　　　　批准人:　　　　批准日期:

注:a. 制定目标、指标和管理方案;b. 制定控制程序;c. 培训与教育;d. 制定应急预案;e. 加强现场监督检查。

3. 思考题

(1)危险源辨识、风险评价及控制在建立和实施职业健康安全管理体系中的地位如何?

(2)危险源辨识、风险评价和风险控制的基本步骤如何?

(3)制定风险控制措施计划应考虑哪些因素?

(4)初始评审的重要性和内容如何?

(二)法规和其他要求

> 4.3.2　法规和其他要求
>
> 组织应建立并保持程序,以识别和获得适用法规和其他职业健康安全要求。
>
> 组织应及时更新有关法规和其他要求的信息,并将这些信息传达给员工和其他有关的相关方。

1. 术语理解

(1)遵守法规和其他要求是组织职业健康安全管理体系的基本要求,它贯穿于整个体系的全过程,是持续改进体系的基础。

(2)组织要树立法律法规意识,识别需要遵守的法律法规和其他要求,包括:

①遵守哪些法规和其他要求;
②在何处采用这些法规和其他要求;
③组织内部谁需要获取哪些法规和其他要求的信息;
④获取所需要的法规和其他信息的渠道。
(3)组织应建立和保持职业健康安全法律法规的控制程序,其内容包括:
①确定适合于组织的职业健康安全法律法规和其他要求的范围;
②明确获取的途径和方法;
③明确跟踪法律法规和其他要求变化的措施,及时更新、保持最新的版本;
④明确传达这些信息给本组织员工和有关的相关方的方式;
⑤建立法律法规和其他要求的清单。
(4)法律法规和其他要求包括:
①国家的法律、法规、条例;
②行业及地方规章;
③国标、行标、地方标准;
④国际公约;
⑤其他要求,包括相关方的要求,上级要求,组织自身的要求。
(5)法律法规获取的途径包括:标准书店、信息报纸、专业杂志、网上、各种会议等。
(6)法规和其他要求是下列要素的重要输入信息:
①职业健康安全方针(4.2);
②对危险源辨识、风险评价和风险控制的策划(4.3.1);
③目标(4.3.3);
④职业健康安全管理方案(4.3.4);
⑤结构和职责(4.4.1);
⑥培训意识和能力(4.4.2);
⑦文件(4.4.4);
⑧文件和资料控制(4.4.5);
⑨运行控制(4.4.6);
⑩应急准备和响应(4.4.7);
⑪绩效测量和监视(4.5.1);
⑫事故、事件、不符合、纠正和预防措施(4.5.2);
⑬审核(4.5.4)。

2. 实施要点

(1)应制定识别和获取相关的法规和其他要求的程序文件,包括职责、识别要求、获取途径、更新、培训和传达等。

(2)应建立获取法律、法规和其他要求的渠道。

(3)应建立适用法规和其他要求的清单,并及时更新。

(4)对适用法规的相关条款应传达给相关方,并组织内部员工培训学习。

3. 思考题

(1)如何认识法规和其他要求的重要性?

(2)法规和其他要求程序文件应包括哪些内容?

(三)目标

4.3.3 目标 组织应针对其内部各有关职能和层次,建立并保持形成文件的职业健康安全目标。如可行,目标宜予以量化。 组织在建立和评审职业健康安全目标时,应考虑: ——法规和其他要求; ——职业健康安全危险源和风险; ——可选择的技术方案; ——财务、运行和经营要求; ——相关方的意见。 目标应符合职业健康安全方针,包括对持续改进的承诺。

1. 术语理解

(1)目标是组织职业健康安全方针的具体体现,是追求的水准、绩效测量的依据和持续改进的成果。

(2)组织建立和评审目标时,应考虑的因素包括:

①法律法规和其他要求;

②组织的职业健康安全方针及对持续改进的要求;

③组织的规模、性质、生产作业特点;

④危险源辨识、风险评价、风险控制状况;

⑤可选择的技术方案;

⑥财务、运行和经营要求;

⑦员工和相关方的意见。

(3)制定目标的要求包括:

①与组织职业健康安全有关的职能和层次应建立目标。

②为实现目标,需要制定具体指标,可行时,目标和指标宜量化。

③目标应符合安全方针,包括对持续改进的承诺。

④目标应形成文件并传达到全体员工,通过制定管理方案等措施实现安全目标。

(4)目标是以下要素的重要输入信息:

①职业健康安全管理方案

②结构和职责(4.4.1);

③培训、意识和能力(4.4.2);

④协商和沟通(4.4.3);

⑤文件(4.4.4);

⑥文件和资料控制(4.4.5);

⑦运行控制(4.4.6);

⑧绩效测量和监视(4.5.1);

⑨事故、事件、不符合、纠正和预防措施(4.5.2);

⑩审核(4.5.4);

⑪管理评审(4.6)。

2. 实施要点

(1)应制定组织的职业健康安全目标,并在分公司、项目部层次上建立分目标和指标,或针对重大风险建立目标和指标,形成文件。

(2)制定目标应考虑经济可行性,不要制定出不切实际的目标。目标应是可实现的,并非已经实现,切忌将已实现的低标准作为目标。

3. 安全目标实例

安全目标实例见表7-4。

表7-4 安全目标

序号	重大风险	现 状	目 标
1	触电	少数设备绝缘体破坏;在潮湿场所不使用安全电压;少数设备未做保护接地	触电零事故
2	火灾	焊接下方有易燃物质;动火未申请审批	不发生火灾事故
3	高空坠落	少数洞口未加盖板;个别人不使用安全带;安全带使用错误;局部临边未加栏杆	不出现高空坠落事故
4	坍塌	四周堆土离基坑过近;基坑支护不及时	杜绝坍塌事故出现

4. 思考题

(1)制定目标的要求是什么?

(2)制定和评审目标时应考虑哪些因素?

(四)职业健康安全管理方案

4.3.4 职业健康安全管理方案

组织应制定并保持职业健康安全管理方案,以实现其目标。方案应包含形成文件的:

a)为实现目标所赋予组织有关职能和层次的职责和权限;

b)实现目标的方法和时间表。

应定期并且在计划的时间间隔内对职业健康安全管理方案进行评审,必要时应针对组织的活动、产品、服务或运行条件的变化对职业健康安全管理方案进行修订。

1. 术语理解

(1)职业健康安全管理方案是为实现目标制定的计划方案,是保证职业健康安全管理体系有效实施的主要途径之一。

(2)职业健康安全管理方案主要包括两个方面的内容:

①规定实现目标所涉及的有关职能和层次的职责及权限;

②制定实现目标的方法和时间表。制定的方法要从技术、经济、效果等多方面论证，要考虑其可行性。

(3)制定职业健康安全管理方案时，可综合考虑以下因素：

①职业健康安全方针和目标；

②法规和其他要求；

③危险源辨识、风险评价和风险控制的结果；

④产品和服务实现过程的情况；

⑤员工对工作场所的职业健康安全协商、评审和改进活动的信息；

⑥可选择的技术方案评审的信息；

⑦持续改进活动；

⑧实现目标所需资源的可获得情况。

(4)职业健康安全管理方案应形成文件，并定期按计划进行评审，根据活动、产品、服务或运行条件的变化及时对职业健康安全管理方案进行修改。

(5)职业健康安全管理方案是以下要素的重要输入信息：

①培训、意识和能力(4.4.2)；

②文件(4.4.4)；

③文件和资料控制(4.4.5)。

2. 实施要点

(1)工程建设行业的企业在制定管理方案时，可考虑两个层次：

①企业级的管理方案；

②工程项目的管理方案。

(2)管理方案的内容包括：

①应实现的目标和指标；

②可行的控制措施；

③责任部门和责任人；

④应配置的资源；

⑤完成的时间及进度要求；

⑥验收内容及时机。

(3)企业级的管理方案一般由安全管理部制定，管理者代表或总经理审批。工程项目的管理方案，根据本项目的危险源和重大风险情况，公司可依照本工程情况对已有的管理方案进行调整、修改和补充。

(4)安全管理部应适时地对管理方案的执行情况进行检查，执行效果进行评审，根据需要，对管理方案进行修订。对各项目部制定的管理方案适时纳入企业级管理方案中。

3. 编制管理方案

工程施工企业一般针对施工临时用电、脚手架搭设、模板工程、起重机安装和拆除、起重吊装等编制管理方案。

4. 思考题

(1)职业健康安全管理方案的作用是什么？

(2)职业健康安全管理方案应包括哪些内容?

四、实施和运行

4.4　实施和运行

实施和运行如图4所示。

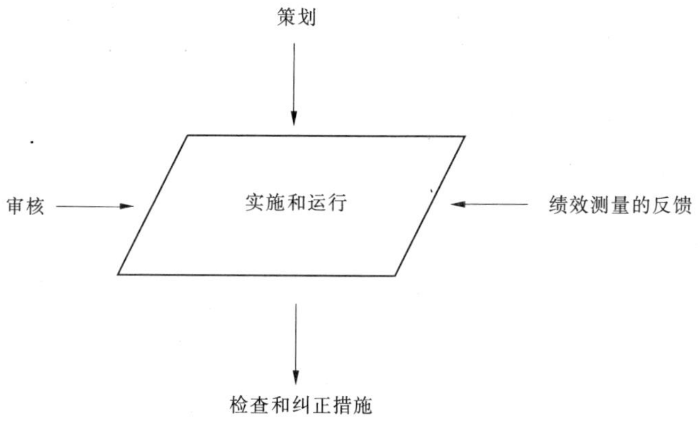

图4　实施和运行

(一)结构和职责

4.4.1　结构和职责

对组织的活动、设施和过程的职业健康安全风险有影响的从事管理、执行和验证工作的人员,应确定其作用、职责和权限,形成文件,并予以沟通,以便于职业健康安全管理。

职业健康安全的最终责任由最高管理者承担。组织应在最高管理者中指定一名成员(如:某大组织内的董事会或执委会成员)作为管理者代表承担特定职责,以确保职业健康安全管理体系正确实施,并在组织内所有岗位和运行范围执行各项要求。

管理者应为实施、控制和改进职业健康安全管理体系提供必要的资源。

注:资源包括人力资源,专项技能、技术和财力资源。

组织的管理者代表应有明确的作用、职责和权限,以便:

a)确保按本标准建立、实施和保持职业健康安全管理体系要求;

b)确保向最高管理者提交职业健康安全管理体系绩效报告,以供评审,并为改进职业健康安全管理体系提供依据。

所有承担管理职责的人员,都应表明其对职业健康安全绩效持续改进的承诺。

1. *术语理解*

(1)结构和职责是确保职业健康安全管理体系成功实施和有效运行的重要组织保障。对组织的活动、设施和过程的职业健康安全风险有影响的管理、执行和验证人员,应规定其职责和权限。但是,组织的职业健康安全是组织内每个人的共同责任,而不限于那些具有明确职业健康安全管理体系职责的人员。结构和职责应形成文件并予以沟通。

(2)规定职责的人员，包括：

①最高管理者；

②管理者代表；

③组织的各层管理者；

④生产运行人员；

⑤对合同方的职业健康安全进行管理的人员；

⑥负责职业健康安全培训的人员；

⑦职业健康安全关键设备的负责人员；

⑧组织内具有职业健康安全管理资格的人员或其他职业健康安全专家；

⑨参加协商讨论会的职业健康安全员工代表。

(3)最高管理者是职业健康安全的最终责任者，其主要职责是：

①确定组织的职业健康安全方针；

②确保职业健康安全管理体系的实施；

③指定一名管理者代表，支持管理评审；

④提供必要的资源。

(4)管理者代表的职责是：

①全面负责职业健康安全管理体系的建立、实施与保持；

②向最高管理者报告职业健康安全管理体系的运行情况，以供评审和改进。

(5)职业健康安全管理体系必须覆盖组织与安全有关的所有部门和活动，应规定各部门、各层次管理者的职责，并对其职业健康安全绩效的持续改进做出承诺并提供证实，证实的方式可包括：

①访问和检查现场；

②参与事故调查；

③执行纠正和预防措施并提供资源；

④出席职业健康安全会议等。

2. 实施要点

(1)工程建设企业应建立安全管理的组织机构，配备必要的安全管理专职人员。安全员应持证上岗。

(2)应规定与职业健康安全风险有关的部门和管理、执行、验证人员的作用、职责和权限，形成文件，并传达沟通。

(3)应规定最高管理者、管理者代表的职责、权限，形成文件，并传达沟通。

(4)应为实施、控制和改进职业健康安全管理体系提供必要资源。

(5)应有表明履行职责、承诺持续改进的证据。

(6)工程建设企业有关部门安全职能分配参见表7-5。

3. 思考题

(1)哪些人应规定职责和权限？

(2)最高管理者、管理者代表、管理者和承担管理职责的人员的区别？

表 7-5　部门安全职能分配表

GB/T 28001—2001 标准条款	总经理	管理者代表	办公室	科技质量部	安全管理部	设备管理部	人力资源部	第一分公司	第二分公司	第三分公司	项目部
4.2	▲	△	△	△	△	△	△	△	△	△	△
4.3.1		▲			▲	△		▲	▲	▲	▲
4.3.2	△	△	△	▲	▲	△	△	△	△	△	△
4.3.3	▲	△	△	△	△	△	△	△	△	△	▲
4.3.4		△			▲	△		△	△	△	▲
4.4.1	▲	△	△	△	△	▲	▲	△	△	△	△
4.4.2		△	△	△	▲	△	▲	△	△	△	△
4.4.3		△			▲			△	△	△	▲
4.4.4		▲		△	▲						
4.4.5			△	▲	▲	△	△	△	△	△	▲
4.4.6		▲			△	△		△	△	△	▲
4.4.7		▲			△			△	△	△	▲
4.5.1		△			▲			△	△	△	▲
4.5.2					▲			△	△	△	▲
4.5.3					▲	△		△	△	△	▲
4.5.4		▲	△	△	▲	△	△	△	△	△	△
4.6	▲	△	△	△	△	△	△	△	△	△	△

注：▲为主责部门，△为相关部门。

（二）培训、意识和能力

4.4.2　培训、意识和能力

对于其工作可能影响工作场所内职业健康安全的人员，应有相应的工作能力。在教育、培训和（或）经历方面，组织应对其能力作出适当的规定。

组织应建立并保持程序，确保处于各有关职能和层次的员工都意识到：

——符合职业健康安全方针、程序和职业健康安全管理体系要求的重要性；

——在工作活动中实际的或潜在的职业健康安全后果，以及个人工作的改进所带来的职业健康安全效益；

——在执行职业健康安全方针和程序，实现职业健康安全管理体系要求，包括应急准备和响应要求（见 4.4.7）方面的作用和职责；

——偏离规定的运行程序的潜在后果。

培训程序应考虑不同层次的：

——职责、能力及文化程度；

——风险。

1. 术语理解

(1)员工的意识和能力是职业健康安全管理体系成功实施和有效运行的关键。只有员工具有强烈的职业健康安全意识和责任感,才能使所有的职业健康安全管理活动变成员工的自觉行动;只有员工具有相应的工作能力,才能避免或降低风险。

(2)对其工作可能影响工作场所内职业健康安全的人员,应具有相应的能力,对其教育、培训和经历应作出适当规定。

(3)组织应开展经常性的职业健康安全培训、教育,使有关职能和层次的员工都意识到:

①符合职业健康安全管理体系要求的重要性;

②个人工作与组织整体职业健康安全绩效的关系;

③个人的职业健康安全职责,包括应急准备和响应要求方面的职责;

④违规管理和违章操作的后果。

(4)组织应建立和保持培训程序。培训是手段,增强员工职业健康安全意识并使其达到所需的工作能力才是目的。组织需识别不同职责、能力与文化程度的人员和不同风险特点的培训要求,制定培训方案,有针对性地进行培训并评价培训效果,保存适当的记录。

2. 实施要点

(1)工程建设行业应对以下人员从教育、培训和经历方面制定上岗及任职的基本条件:

①施工单位主要包括:项目经理、施工员、质量检查员、安全员、设备管理员、材料员等。

②勘察单位包括:勘察项目负责人、技术负责人、描述员、钻机机长等。

③适合于工程建设行业的特种作业人员,除满足本企业制定的任职条件外,还应满足国家对特种作业人员持证上岗的要求,以及证书定期审核的要求。工程建设行业的特种人员包括:电工、电气焊工、提升设备操作工、电梯安装及维修工、试验员、施工车辆驾驶(推土机、挖掘机、翻斗车等)、架子工、锅炉和压力容器作业人员、爆破作业人员等。

(2)应制定培训控制程序,内容包括安全意识培训、职责培训、安全技能培训、安全三级教育、安全交底等。

(3)培训应有针对性。针对不同的能力和文化程度、不同的岗位,还要考虑风险程度,培训的要求方式不尽相同。

(4)根据企业的发展规划和各部门的培训需求,每年应制定本企业的年度培训计划,对每次较大规模的培训应编制培训大纲。培训效果应采取适当的检验方式,并保存教育培训的记录。

(5)各类人员上岗除满足任职条件外,还要定期进行考核。如结合年终的理论考核、操作考核、绩效考核等。

3. 思考题

如何认识培训、意识和能力在实施职业健康安全管理体系中的作用?

（三）协商和沟通

4.4.3　协商和沟通 组织应具有程序，确保与员工和其他相关方就相关职业健康安全信息进行相互沟通。 组织应将员工参与和协商的安排形成文件，并通报相关方。 员工应： ——参与风险管理方针和程序的制定和评审； ——参与商讨影响工作场所职业健康安全的任何变化； ——参与职业健康安全事务； ——了解谁是职业健康安全的员工代表和指定的管理者代表（4.4.1）。

1.术语理解

（1）协商和沟通是职业健康安全管理体系十分重要的要素，体现组织的职业健康安全管理“人人有关、人人有责”的精神，是组织的员工和其他相关方积极参与组织的职业安全事务的保证。

（2）职业健康安全的直接受益对象是组织的员工，组织的职业健康安全管理要有员工参与，并以文件形式规定其权力。

①以一定的方式参与组织的职业健康安全风险管理的方针和程序的制定及评审；

②参与商讨影响工作场所职业健康安全的任何变化，如新设备、新技术等的引进和过程、程序的改变；

③监督组织的职业健康安全状况，参与组织的职业健康安全事务，享有代表的权力；

④知晓谁是职业健康安全的员工代表和组织的管理者代表。

（3）协商和沟通包括组织内部的协商交流和外部的信息交流，其形式有：

①程序文件；

②职业健康安全的员工代表与管理者之间的协商和沟通，参与事故、事件调查和现场检查；

③管理者与员工通过如职业健康安全管理委员会等机构的正式协商；

④员工和其他相关方的职业健康安全简报；

⑤公告栏及其他媒体等。

（4）建立协商和沟通的程序文件。

2.实施要点

（1）应建立协商与沟通的程序文件，明确职责与权限、内外部协商沟通的内容和方式。

（2）协商和沟通包括内部员工的参与、协商和交流，外部信息的交流。

（3）外部交流的信息包括：

①职业健康安全的方针和目标；

②与上级部门交流的安全监测结果、事故事件报告及处理结果；

③与相关方（如开发商、监理单位、社区居民、供方等）交流抱怨和投诉的处理结果；

④法律法规的规定和变更的信息；

⑤员工参与职业健康安全管理的程度。

(4)内部员工参与、协商和交流的内容包括：

①参与职业健康安全的方针、目标、程序、管理方案的制定和评审；

②协商安全环境、设施的改变；

③参与安全事故的通报、处理；

④通报负责安全事务的重要人员的职责、权限；

⑤通报监测的信息；

⑥相关法律法规的传达；

⑦熟悉应急响应的计划和程序；

⑧通报员工的抱怨和投诉处理情况。

(5)工程建设各企业的员工代表一般指工会代表，或工会主席，或工会中负责安全事务的小组成员。

3. 思考题

协商和沟通在职业健康安全管理体系建立和运行中的作用是什么？

(四)文件

4.4.4　文件

组织应以适当的媒介(如：纸或电子形式)建立并保持下列信息：

a)描述管理体系核心要素及相互作用；

b)提供查询相关文件的途径。

注：重要的是，按有效性和效率要求使文件数量尽可能少。

1. 术语理解

(1)应以文件形式描述组织的职业健康安全管理体系核心要素及其相互作用，并提供查询相关文件的途径。

(2)标准并未规定职业健康安全管理体系文件的结构，组织可以根据标准要求，结合实际情况，确定适用于组织的文件形式。只要符合标准要求，现有的文件仍可保留和使用。

(3)文件通常包括：

①职业健康安全管理体系手册或综述分析；

②程序文件，在标准中明确要求建立程序的要素有11个：

4.3.1、4.3.2、4.4.2、4.4.3、4.4.5、4.4.6、4.4.7、4.5.1、4.5.2、4.5.3、4.5.4。

③作业文件，如管理方案、应急预案、操作规程、管理规定、记录表格等。

(4)核心要素包括：4.2、4.3.1、4.3.2、4.3.3、4.3.4、4.4.1、4.4.6、4.5.1、4.5.4、4.6共10个要素。

2. 实施要点

(1)工程建设是高安全风险的行业，最好编制企业的安全手册，描述17个要素或10个核心要素的主要控制内容及其相互关系，也可与质量手册、环境手册合三为一，形成企业的管理手册。不管采用哪种方式，都应便于查询相关的程序文件和作业文件。

(2)标准中提出应形成程序的11个要素，都应编制程序文件或作业文件。

3. 思考题

标准要求的文件包括哪些类型？

（五）文件和资料控制

> 4.4.5　文件和资料控制
>
> 组织应建立并保持程序，控制本标准所要求的所有文件和资料，以确保：
>
> a）文件和资料易于查找；
>
> b）对文件和资料进行定期评审，必要时予以修订并由被授权人员确认其适宜性；
>
> c）凡对职业健康安全体系的有效运行具有关键作用的岗位，都可得到有关文件和资料的现行版本；
>
> d）及时将失效文件和资料从所有发放和使用场所撤回，或采取其他措施防止误用；
>
> e）对出于法规和（或）保留信息的需要而留存的档案文件和资料予以适当标识。

1. 术语理解

（1）文件和资料控制的范围是：所有职业健康安全管理体系运行和安全活动绩效的关键信息的文件和资料，其控制目的是保持文件和资料的适宜性和正确性。

（2）控制包括文件的编制、评审、批准、发放、使用、更改、再批准、标识、回收和作废的管理活动。

①文件在发布前应经授权人员审查批准，确保其适宜性；

②文件和资料应易于查找，如专人管理、放置在固定场所、文件清单、登记簿等；

③文件在实施中可能发生各种情况变化，如法规变化、生产过程变化等，因此需要对文件和资料进行定期评审，必要时进行修订，并再次经授权人员批准，确认其适宜性；

④确定文件的发放范围，对职业健康安全体系运行起关键作用的岗位，均应得到相关文件和资料的现行版本；

⑤及时从发放和使用场所撤回失效的文件和资料，或采取其他措施防止误用；

⑥对于需保存的作废文件，以适当方式标识，如“作废存档”。

（3）应建立和保持文件与资料控制程序，包括文件和资料的分类、职责与权限和管理活动。

（4）文件除包括职业健康安全管理体系文件外，还应包括报告、图纸，操作规程及检验规程，危险源清单，适用的法规及其他要求清单，健康安全评价报告，现场平面图，各种办法及细则等。

（5）文件可以使用纸张、磁盘、光盘、照片及其他电子媒体或它们的组合。

2. 实施要点

（1）应建立文件和资料控制程序，控制本标准要求的所有文件和资料。

（2）工程建设行业应控制的文件和资料包括：

①法律、法规、规章；

②企业的安全手册、程序文件、作业文件；

③具体项目的施工组织设计、安全防护方案、专项安全措施等。

(3)文件和资料应易于查找,包括制定文件清单、登记簿及其他管理措施。

(4)关键岗位应能得到有关文件和资料的现行版本,及时撤回失效版本,适当标识需要留存的作废文件和资料。

(5)应定期评审文件和资料,必要时修订并再次批准。

3. 思考题

文件和资料控制的内容是什么?

(六)运行控制

> 4.4.6 运行控制
>
> 组织应识别与所认定的、需要采取控制措施的风险有关的运行和活动。组织应针对这些活动(包括维护工作)进行策划,通过以下方式确保它们在规定的条件下执行:
>
> a)对于因缺乏形成文件的程序而可能导致偏离职业健康安全方针、目标的运行情况,建立并保持形成文件的程序;
>
> b)在程序中规定运行准则;
>
> c)对于组织所购买和(或)使用的货物、设备和服务中已识别的职业健康安全风险,建立并保持程序,并将有关的程序和要求通报供方和合同方;
>
> d)建立并保持程序,用于工作场所、过程、装置、机械、运行程序和工作组织的设计,包括考虑与人的能力相适应,以便从根本上消除或降低职业健康安全风险。

1. 术语理解

(1)运行控制是职业健康安全管理体系的重要核心要素,是体系中有关风险控制的重要组成部分。

(2)标准要求组织确定与风险有关且需要采取控制措施的作业和活动,制定程序文件并实施,确保其运行不偏离职业健康安全方针、目标和指标。

(3)对具体生产操作,尤其是可能引发重大事故的活动,应规范和控制,制定相应的程序和作业指导书,明确运行标准和要求及违规操作的危险。

(4)对供方和合同方的危险因素应给予关注,组织有责任要求相关方按照组织的职业健康安全方针和程序从事作业活动,出现违规时应按合同约定实行整改。

(5)运行控制的三个要素是控制、检查、不符合与纠正措施。

(6)制定运行控制文件的依据是职业健康安全方针、目标、法规和其他要求、危险源辨识风险评价和风险控制策划的结果。

(7)组织在设计工作场所、过程、装置、机械、运行程序和工作组织时应考虑应用人体工效学原理,使上述设计内容符合人的生理和心理特点并与人的能力相适应,以便从根本上消除或降低职业健康安全风险。

(8)当组织的风险有可能扩展至顾客或其他相关场所,如组织的员工在顾客或其他相关场所工作时,组织可能需就这类职业健康安全与外部相关方进行协商,并根据需要进行控制。

(9)组织应对运行控制进行定期评审,识别其修改需要并及时修改,以确保运行控制的适宜性和有效性。

(10)运行(作业)控制的内容包括:

①作业场所危险源辨识、风险评价;

②产品和工艺设计在生产过程中的安全;

③作业许可制度(如高处作业、动火作业、带电作业等);

④设备维护保养;

⑤安全设施与个人防护用品;

⑥安全标志;

⑦物料搬运与贮存;

⑧运输安全;

⑨采购控制;

⑩供应商和承包商评估与控制等。

(11)运行控制与下列要素有关:

①结构和职责(4.4.1);

②培训、意识和能力(4.4.2);

③协商和沟通(4.4.3);

④文件(4.4.4);

⑤文件和资料控制(4.4.5);

⑥应急准备和响应(4.4.7);

⑦绩效测量和监视(4.5.1);

⑧审核(4.5.4)。

2. 实施要点

(1)工程建设企业应识别哪些危险必须靠日常的运行控制来降低风险。如施工机具的使用,电焊、起吊设备的运行,模板的拆除和存放、高空作业、钢筋加工等,都需要靠日常运行管理来降低风险。

(2)对于需要运行控制的风险应尽可能地制定操作性文件。工程建设行业应执行行业或国家已制定的规章或操作规程,如:建设部《建筑工程预防高处坠落事故若干规定》、《建筑工程预防坍塌事故若干规定》、《建筑工程施工现场管理规定》、《建筑安装工人安全技术操作规程》等。

若没有行业的规定,企业应制定相应的管理规定,如《劳动防护用品管理规定》、《消防管理规定》、《设备管理规定》、《施工用电管理规定》等。

(3)对于采购、租赁、使用的货物、设备和服务中的职业健康安全风险,不能放任自由,也应制定程序识别危险源,进行评价,采用运行控制的方式消除风险,所开展的活动应通报供方和合同方。

应识别作业场所内相关方人员带来的风险,如电梯安装的施工人员等,也应制定相应的管理要求,并通知相关方遵守。

(4)在工作场所、过程、装置、机械、运行程序和工作组织设计时,应考虑人体工效学,从根本上消除或降低职业健康安全风险的措施。如工作时间的合理安排、搬运工具的设计考虑人体臂膀和脊椎的受力等。

3. 思考题

(1)运行控制在职业健康安全管理体系中的作用如何?

(2)运行控制包括哪些内容?

(七)应急准备和响应

> 4.4.7　应急准备和响应
>
> 组织应建立并保持计划和程序,以识别潜在的事件或紧急情况,并作出响应,以便预防和减少可能随之引发的疾病和伤害。
>
> 组织应评审其应急准备和响应的计划和程序,尤其是在事件或紧急情况发生后。
>
> 如果可行,组织还应定期测试这些程序。

1. 术语理解

(1)组织在活动、产品或服务过程中,由于某种主观或客观的原因可能发生紧急情况或意外事故,如火灾和爆炸、毒物泄漏或事故性溢出、安全控制设备失灵或损坏、操作过程失误、特殊气候影响等,组织应建立一套应急措施,以尽可能减少或降低损失。

(2)应急准备和响应的措施是针对不可控的风险和风险控制措施失效情况下所采取的补充措施及抢救行动,以及随之引发的疾病和伤害所采取的措施。

(3)组织首先要识别应急响应需求,可从下述方面考虑:

①危险源辨识、风险评价和风险控制的结果;

②法规和其他要求;

③以往事故、事件和紧急情况的经验;

④来自于类似组织以往事故、事件和紧急情况的经验。

组织应制定应急计划包括建立有关的配套程序,提供充分的应急设备,并对该计划和程序进行测量和评审。

(4)应急计划是对特定紧急情况发生时所采取措施的概括性描述,包括:

①应急工作的组织及相应职责;

②应急期间的负责人及责任、权限和义务;

③应急期间关键人员包括消防员、急救人员及有关专家的职责、权限和义务,人员名单;

④有关人员包括处于应急场所的外部人员在应急期间所采取的措施;

⑤应急期间必要的信息,如平面布置图,装置布置图,危险源的资料、程序、联络电话号码等;

⑥疏散程序,包括疏散负责人、疏散人员和物资、疏散方法和步骤、疏散路线、疏散工具和设备等;

⑦危险源材料的识别和处置及所要求的应急措施;

⑧与外部应急服务机构的联络;

⑨与立法部门、公安部门的联络,与邻居和公众的沟通;

⑩重要设备和记录的保护。

(5)应急程序是指实施应急措施和行动的程序,如应急疏散程序,传染病的应急预防程序等。

例如:应急疏散程序可包括以下内容:

①疏散对象:人和物资(贵重物资、危险物质);

②疏散负责人;

③疏散的方法和步骤;

④疏散的路线和地点;

⑤疏散的工具和设备等。

(6)对应急设备应定期测试,确保其应急能力。应急设备包括:

①报警系统;

②应急照明和动力;

③逃生工具;

④安全避难所;

⑤危急隔离阀、隔离开关和断流器;

⑥消防设备;

⑦急救设备;

⑧通信设备等。

(7)组织应测试和评审应急准备和响应的计划和程序,测试方法包括实习演练、计算机模拟等。评审是为改进应急响应计划和程序,尤其是在事件或紧急情况发生后应进行评审,以提高应急能力,同时还要评审不会因实施某项活动而产生新的风险。

(8)应急准备和响应是以下要素的重要输入信息:

①文件(4.4.4)

②文件和资料控制(4.4.5);

③事故、事件、不符合、纠正和预防措施(4.5.2);

④记录和记录的管理(4.5.3);

⑤审核(4.5.4);

⑥管理评审(4.6)。

2. 实施要点

(1)对于一旦发生事件或事故可能引发更大灾难的情况,才需建立应急计划和程序,如火灾、坍塌事故、传染病等。局部的事故无须制定应急计划。

(2)应急计划是紧急情况的概括性描述,应急程序是具体的行动步骤。对于一个突发事件可以将应急计划与程序合并编写,形成详细的应急计划。

(3)工程建设企业一般应编制火灾应急计划、坍塌应急计划、食物中毒应急计划等。对于火灾应急计划,视需要进行演练。

(4)应配置相关的应急设备、设施、工具并具备应急能力,应有应急设备清单。

(5)应评审应急计划和程序,特别是在事件或紧急情况发生后。

3. 思考题

(1)建立和保持应急计划和程序的目的是什么?

(2)应急计划应考虑哪些因素,包括哪些内容?

(3)应急设备包括哪些?

五、检查和纠正措施

4.5 检查和纠正措施

检查和纠正措施如图5所示。

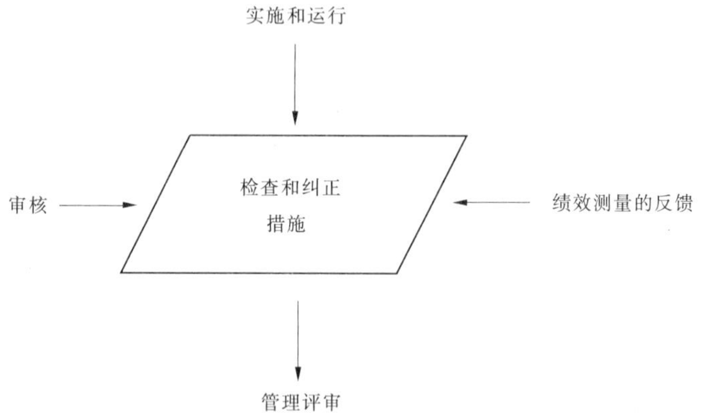

图5 检查和纠正措施

(一)绩效测量和监视

4.5.1 绩效测量和监视

组织应建立并保持程序,对职业健康安全绩效进行常规监视和测量。程序应规定:

——适合组织需要的定性和定量测量;

——对组织的职业健康安全目标的满足程度的监视;

——主动性的绩效测量,即监视是否符合职业健康安全管理方案、运行准则和适用的法规要求;

——被动性的绩效测量,即监视事故、疾病、事件和其他不良职业健康安全绩效的历史证据;

——记录充分的监视和测量的数据和结果,以便于后面的纠正和预防措施的分析。

如果绩效测量和监视需要设备,组织应建立并保持程序,对此类设备进行校准和维护,并保存校准和维护活动及其结果的记录。

1. 术语理解

(1)绩效测量和监视是构成组织职业健康安全管理体系主体框架并体现体系基本功能的核心要素,贯穿于组织的整个职业健康安全管理体系,是对体系的一种常规测量和监视活动,是体系持续有效运行的重要保障。

(2)组织应建立和保持绩效测量和监视程序,对安全管理的绩效进行常规监视和测量。

(3)对组织的职业健康安全目标实现程度的监视和测量,其内容包括:

①方针和目标是否正在实施;

②风险控制措施是否已实施并有效;

③是否吸取了失败、事故的教训;

④员工和相关方的安全意识,沟通与协商是否有效;

⑤是否收集、分析和利用评审、改进的信息。

(4)根据绩效指标的不同,采用适于组织需要的定性和定量方法,确定方法时可考虑下述情况:

①应用危险源辨识、风险评价和风险控制过程的结果;

②使用检查表对工作场所进行系统检查,包括作业环境(如粉尘、毒物、易燃易爆作业点)的检查、监测;

③职业健康安全视察、检查、巡视;

④对新装置、设备、原材料、化学品、技术、过程、程序或工作模式的预先评估;

⑤设备、设施的安全检查,列出设备清单,制定监测计划;

⑥检查员工的不安全行为,包括不安全工作习惯、违章指挥,违章作业等;

⑦相关方的职业健康安全态度、行为;

⑧具备认可资格的人员及其数量和使用的有效性检查。

进行绩效测量和监视时,可将主动性与被动性两种方法结合起来。

(5)主动性测量是一种预防性测量,主要是指检查组织职业健康安全活动与职业健康安全管理方案、运行准则、法规和其他要求的符合性,包括:

①员工对管理层关于职业健康安全承诺的认识;

②接受职业健康安全培训的人数及培训效果;

③上层管理人员职业健康安全巡视的次数和效果;

④员工对危险源和风险控制的态度;

⑤员工关于职业健康安全的建议情况;

⑥工作场所暴露水平(如粉尘、噪声等);

⑦个人防护装置、用品的使用情况等。

(6)被动性测量是一种反应式测量,主要是指调查、分析和记录职业健康安全管理体系的不良绩效,如事故案例、未遂过失事件、职业病案例、财产损失案例,包括:

①伤害频率;

②伤害严重程度;

③永久丧失劳动能力案例数、暂时丧失劳动能力案例数;

④财产损失事故;

⑤未遂事件;

⑥公众投诉;

⑦执法机构的批评与处罚等。

(7)监视对象和监视的频次,由组织根据所面临的风险水平和有关法规要求来确定,可以制定监视计划并对所有一线管理人员承担关键任务的现场检查作出规定。

(8)所有的测量、监视、检验记录应齐全并予以保存,对记录的分析有助于判断不符合或重复出现的危险源,以便采取纠正或预防措施。

(9)所有的测量、监视、检验或验证,并不替代管理者、作业人员对危险源的识别和常规自检的责任。

(10)所有用于测量、监视、检验的设备和仪器,组织应建立和保持校准、维护、标识、记录的程序,确保其测量能力符合要求。对合同方的测量设备应同样控制。

2. 实施要点

(1)应建立并保持绩效测量和监视的程序文件,规定职责权限、内容、方法、频次和记录。

(2)工程建设行业可以从验收、监测、检查和监视四个方面进行测量和监视。

①安全设施验收。施工企业的安全设施验收包括:开工前的整体验收、单项设施验收(如塔吊安装验收、脚手架搭设验收、施工用电验收等。)

②监测。对作业场所内噪音排放监测、粉尘的监测,对员工的健康体检等。

③检查。安全员的检查、安全管理部对项目部的检查。检查的内容包括安全管理方案、运行准则、运用的法规要求以及本项目的安全防护措施等的执行情况。

④监视。安全管理部对各项目的安全目标、指标的监视,对整个企业安全目标实现程度的统计分析。

(3)对测量和监视中发现的不符合项,一般填写安全隐患整改通知单,责令责任部门整改或采取纠正措施。

(4)应建立并保持测量和监视设备控制程序,规定依据、校准周期、标识、记录及维护等。

(5)应对测量和监视的数据与结果进行分析,并用于制定纠正和预防措施,持续改进职业健康安全绩效。

3. 思考题

(1)绩效测量和监视的作用是什么?

(2)测量和监视程序文件应包括哪些内容?

(二)事故、事件、不符合、纠正和预防措施

4.5.2 事故、事件、不符合、纠正和预防措施

组织应建立并保持程序,确定有关的职责和权限,以便:

a)处理和调查:

——事故;

——事件;

——不符合;

b)采取措施减小因事故、事件或不符合而产生的影响;

c)采取纠正和预防措施,并予以完成;

d)确认所采取的纠正和预防措施的有效性。

这些程序应要求，对于所有拟定的纠正和预防措施，在其实施前应先通过风险评价过程进行评审。为消除实际和潜在不符合原因而采取的任何纠正或预防措施，应与问题的严重性和面临的职业健康安全风险相适应。

组织应实施并记录因纠正和预防措施而引起的对形成文件的程序的任何更改。

1. 术语理解

(1)通过建立有效的程序，报告、评估(调查)事故、事件和不符合。虽然这是一种被动性的职业健康安全管理，仅起“亡羊补牢”的作用，但本要素体现了职业健康安全管理体系的自我控制和完善的机制，是体系运行的重要保障。

(2)制定的程序文件应包括：

①规定作业场所内所有的内部和外部人员，包括参与纠正和预防措施的实施、报告、调查、跟踪和监视的人员的职责和权限。

②对已发生的事故、事件、不符合，应立即采取措施处理事态，减小其产生的影响，迅速查清发生的原因，防止再发生。需要时，应及时采取应急计划和措施，确定事故调查处理工作的范围与安排。根据处理和调查结果，分析事故、事件、不符合的类型、根源，找出重点问题，为制定纠正和预防措施提供依据。应按制定的措施执行，确认其有效性，将执行结果报告最高管理者，纳入管理评审。

③应建立和保存事故、事件、不符合的记录，保存事故登记簿。

(3)拟定的纠正和预防措施在实施前，应通过风险评价，确保不因实施纠正和预防措施而带来新的风险。

(4)采取任何纠正或预防措施来消除实际的和潜在的不符合原因时，应与事故、事件和不符合的严重程度及伴随的职业健康安全风险相适应。

(5)组织实施纠正和预防措施往往会引起对原有程序文件的修改，组织应保持文件修改记录。

(6)本要素是以下要素的重要输入信息：

①对危险源辨识、风险评价和风险控制的策划(4.3.1)；

②目标(4.3.3)；

③应急准备和响应(4.4.7)；

④绩效测量和监视(4.5.1)；

⑤审核(4.5.4)；

⑥管理评审(4.6)。

2. 实施要点

(1)应建立并保持事故、事件、不符合、纠正和预防措施的控制程序文件，规定职责权限、范围、处置、报告和记录等。

(2)应对已发生的事故、事件、不符合立即调查，迅速查明原因，及时采取措施处置事态，以减小其影响，并明确与应急计划和程序的衔接关系。

(3)采取的纠正和预防措施应先进行风险评价，确认其不可能带来新的风险后再实施，跟踪检查实施结果，评价其有效性，提交管理评审。

(4)应识别因实施纠正和预防措施引起的管理体系文件的更改，并进行更改和记录。

(5)应保存事故登记、调查结果、不符合报告、纠正和预防措施报告等记录文件。

3. 思考题

(1)事故、事件、不符合、纠正和预防措施程序文件应包括哪些内容?

(2)事故、事件、不符合、纠正和预防措施在职业健康安全管理体系中的作用如何?

(三)记录和记录管理

4.5.3　记录和记录管理 组织应建立并保持程序,以标识、保存和处置职业健康安全记录以及审核和评审结果。 职业健康安全记录应字迹清楚、标识明确,并可追溯相关的活动。职业健康安全记录的保存和管理应便于查阅,避免损坏、变质或遗失。应规定并记录保存期限。 应按照适于体系和组织的方式保存记录,用于证实符合本标准的要求。

1. 术语理解

(1)记录是组织职业健康安全管理体系符合性和有效性的证据,也是提供给第三方认证审核的见证。

(2)组织应建立和保持程序,包括:

①标识:应认真填写、字迹清晰、标识明确、便于检索查阅;

②保存:根据其内容和有关法规要求,确定保存期限,落实保管部门,妥善保管,防止损坏、变质及丢失;

③处置:规定处置方式和权限;

④保密:若记录涉及保密要求,应在程序中作出规定;

⑤记录有时也是文件,需要时应执行文件管理的规定,文件可以使用纸张、磁盘及其他载体。

(3)组织需保持的记录可包括:

①危险源辨识、风险评价和风险控制清单;

②适用的法律、法规及其他要求清单;

③职业健康安全管理方案清单;

④事故、事件、职业病报告;

⑤培训记录;

⑥协商与交流记录,相关方投诉及处理记录;

⑦职业健康安全会议纪要;

⑧危险性较大设备、设施及物资清单;

⑨运行过程记录;

⑩监测、检查、验收记录;

⑪设备检修校准记录;

⑫紧急情况及应急措施记录;

⑬个体防护设备发放和维护记录;

⑭监视和测量设备清单;

⑮不符合、纠正和预防措施记录;

⑯管理评审记录；

⑰职业健康安全管理体系审核报告等。

2. 实施要点

(1)应建立和保持记录管理程序文件，明确记录的标识、保存、查阅、处置、保密和保存期限等要求。

(2)记录应齐全，应能证实组织的职业健康安全绩效和职业健康安全管理体系的符合性和有效性。

3. 思考题

记录管理程序文件包括哪些内容？

(四)审核

4.5.4 审核

组织应建立并保持审核方案和程序，定期开展职业健康安全管理体系审核，以便：

a)确定职业健康安全管理体系是否：

1)符合职业健康安全管理的策划安排，包括满足本标准的要求；

2)得到了正确实施和保持；

3)有效地满足组织的方针和目标；

b)评审以往审核的结果；

c)向管理者提供审核结果的信息。

审核方案，包括日程安排，应基于组织活动的风险评价结果和以往审核的结果。审核程序应既包括审核的范围、频次、方法和能力，又包括实施审核和报告审核结果的职责和要求。

如果可能，审核应由与所审核活动无直接责任的人员进行。

注：这里“无直接责任的人员”并不意味着必须来自组织外部。

1. 术语理解

(1)审核是职业健康安全管理体系的核心要素，是指内部审核，是一种全面而正式的自我评价方式，侧重于组织的职业健康安全管理体系绩效的评价。

(2)组织应建立并保持审核方案和程序，以便定期开展内部审核活动。

(3)审核方案是指年度内部审核的总体策划，不是每次内部审核的具体计划安排。在制定审核方案时，要考虑：

①组织活动的风险评价结果；

②以往的审核结果，包括纠正和预防措施验证情况；

③组织的职业健康安全绩效是审核的重点，而不要把审核混同为一般的健康安全检查；

④规定审核范围(涉及的部门、场所、活动、设施设备等)、频次、方法等；

⑤规定审核准则，包括标准要求、法规和其他要求，方针和目标、职业健康安全管理体系文件等。

(4)程序文件应包括：

①审核的准则。

②审核的范围、频次，需要时可考虑以下因素：与职业健康安全管理体系要素失败相

关的风险;职业健康安全管理体系绩效的资料;管理评审的输出;内外部环境条件变化对职业健康安全管理体系的影响。

③审核的职责,包括审核人员的职责和资格,审核员应经过培训和资格认可,一般不能审核自己的工作,以确保审核过程的客观性和公正性。

④审核方法,依审核性质确定,可参照质量管理体系和环境管理体系的审核方法。

⑤审核实施过程,包括审核前的准备(组成审核组、制定检查表、准备记录表式等)、现场审核并记录审核结果、形成审核报告、提交受审核区域的管理者制定纠正措施,需要时起草补救措施计划并经批准,将审核结果尽快反馈给相关方。

(5)审核的内容包括:

①确定职业健康安全管理体系文件是否满足本标准的要求;

②确定职业健康安全管理体系是否有效地实现组织的安全方针和目标;

③组织的职业健康安全管理体系是否正确实施并保持,即组织职业健康安全管理体系的有效性;

④评审以往审核的结果,包括上一次内审和外审纠正措施的执行情况。

⑤纠正措施的实施和验证,包括分析不符合原因,制定纠正措施并跟踪验证,报告验证结果。

(6)审核效果的好坏关键是管理者的支持和全体员工的参与。审核结果的信息应及时向最高管理者报告。

2. 实施要点

(1)应制定内部审核程序文件,规定职责、审核准则、范围、频次、方法、实施审核和报告审核结果等。

(2)应根据组织活动的风险评价结果和以往审核的结果,制定审核方案和审核计划。

3. 思考题

审核方案和程序文件应包括哪些内容?

六、管理评审

4.6　管理评审

管理评审如图6所示。

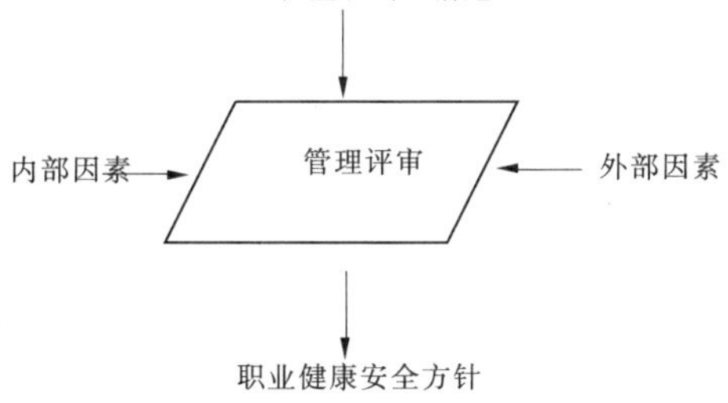

图6　管理评审

组织的最高管理者应按规定的时间间隔对职业健康安全管理体系进行评审,以确保体系的持续适宜性、充分性和有效性。管理评审过程应确保收集到必要的信息以供管理者进行评价。管理评审应形成文件。

管理评审应根据职业健康安全体系审核的结果、环境的变化和对持续改进的承诺,指出可能需要修改的职业健康安全管理体系方针、目标和其他要素。

1. 术语理解

(1)管理评审是构成职业健康安全管理体系主体框架并体现其基本功能的核心要素,其目的是:

①评价组织的职业健康安全管理体系是否完全实施和持续保持,起到控制风险改进绩效的作用,即持续的有效性。

②评价组织的职业健康安全管理体系是否适合于实现组织制定的职业健康安全方针、目标和组织的实际状况,即持续的适宜性。

③评价组织的职业健康安全管理体系是否适合于组织未来的发展、所有相关方的要求,各过程或活动是否已充分展开,即持续的充分性。

(2)管理评审的对象是组织的职业健康安全管理体系,应由最高管理者亲自主持,并按规定的时间间隔进行,一般每年至少进行一次,但当社会环境、市场要求、内部机构与职责发生重大变化、发生重大事故或重大投诉时,应及时进行评审。

(3)管理评审可包括下述内容:

①内部审核报告;

②职业健康安全方针、目标、管理方案的实施情况;

③现有危险源辨识、风险评价和风险控制的结果与现行控制措施的有效性;

④事故调查和处理情况;

⑤纠正和预防措施的实施与验证情况;

⑥相关方的投诉、建议及要求,包括员工的要求;

⑦实施管理体系的资源是否适宜和充分;

⑧职业健康安全方针、目标和体系文件是否需要修订;

⑨法规和其他要求的预期变动对体系的影响;

⑩存在问题及改进措施。

(4)组织在制定管理评审计划时,应明确评审的主要事项、参加评审的人员及其职责、应提供的信息等。评审后应形成文件,作为下一轮运行过程的开始,形成新的目标和指标,制定新的职业健康安全管理方案,以实现持续改进。

2. 实施要点

(1)最高管理者应按规定的时间间隔(一般一年一次)主持管理评审,评价体系的持续适宜性、充分性和有效性。

(2)应制定管理评审计划,评审的输入信息和结果应形成文件。

(3)根据内外部审核结果、环境的变化和对持续改进的承诺,识别、确定职业健康安全方针、目标和体系文件的修改要求。

(4)管理评审提出的改进措施应予以落实,并验证效果。

3. 思考题

管理评审的目的是什么？评审的内容有哪些？

第四节　职业健康安全管理体系各要素间的联系

在职业健康安全管理体系中，按不同的功能分为17个体系要素，每一个要素都具有独立的管理作用，但是各个要素又是相互联系、相互作用的，共同构成了职业健康安全管理体系这一有机整体。

由于每个要素都是职业健康安全管理体系不可分割的一个组成部分，而且相互之间存在着紧密的内在联系，因此必须从职业健康安全管理体系整体出发，弄清要素之间的相互关系和相互作用，才能够深刻理解每个要素在整个职业健康安全管理体系中的地位和作用，真正理解每个要素的内涵。

同其他管理体系一样，职业健康安全管理体系同样遵循PDCA循环的管理模式。按实现组织的职业健康安全方针的要求分解为：方针（4.2）；策划（4.3），即实现方针的计划安排和重点要求；实施和运行（4.4），即实现计划并实现方针的要求；检查和纠正措施（4.5），即通过检查和纠正措施确保运行过程符合方针的规定；管理评审（4.6），即通过评审实现方针中关于持续改进的承诺。

一、职业健康安全方针是职业健康安全管理的总方向

一个组织的职业健康安全方针是根据组织的职业健康风险的性质和规模、职业健康安全法规及其他要求、持续改进职业健康安全管理绩效的要求制定的。制定方针是组织实施本标准的起点，也是职业健康安全管理体系策划和运行的出发点。它统领组织的一切职业健康安全管理活动。

职业健康安全方针必须通过组织的职业健康安全目标和管理方案具体落实，目标是方针的具体化，管理方案是为实现目标制定的计划安排。

二、危险源辨识、风险评价和风险控制是职业健康安全管理体系的管理核心

实施职业健康安全管理体系的目的是控制危险源所带来的风险，改善组织的职业安全绩效，因此全面识别危险源、准确评价危险源所带来的风险，成为了建立和保持职业健康安全管理体系的基础。

围绕危险源辨识、风险评价，提出控制措施计划（4.3.1），制定目标（4.3.3）；进而根据目标、指标制定管理方案，明确实现目标的方法和时间表（4.3.4）；通过运行控制（4.4.6）与应急准备和响应（4.4.7）控制与危险因素有关的活动及潜在的紧急情况，确保这些活动在规定的条件下进行，以最大限度地预防和减少疾病和伤害、财产损坏和损失；在职业健康安全体系实施和运行的过程中，还要对职业健康安全方针、目标和风险控制绩效进行测量和监视（4.5.1），若发现事故、事件和不符合，应及时采取纠正和预防措施

(4.5.2)，减小其影响，防止其再次发生。

三、法规和其他要求是建立与实施职业健康安全管理体系的基础和危险源辨识、风险评价与控制的依据

职业健康安全管理体系服务于众多的相关方和社会对人权和环境保护的需要，而这种需要是以政府法规要求和社会意愿等形式表现出来的。

标准的 17 个要素中直接涉及法律法规和其他要求的要素共有 5 个，它们是：方针(4.2)、法规和其他要求(4.3.2)、目标(4.3.3)、文件和资料控制(4.4.5)、绩效测量和监视(4.5.1)。方针(4.2)中要求包括对遵守职业健康安全法律、法规和其他要求的承诺，体现了职业健康安全管理的宗旨与行动纲领，制定了方针，就要认真实施。法规和其他要求(4.3.2)规定组织应充分掌握适用的法律法规和其他要求，明确获得的途径，及时跟踪新的信息。目标(4.3.3)制定过程中，必须考虑法规和其他要求、方针要求和组织的职业健康安全状况，并通过制定的职业健康安全管理方案来实现。文件和资料控制(4.4.5)也要求对法规和其他要求这一类特殊文件进行管理和控制。绩效测量和监视(4.5.1)要求定期评价法规和其他要求的执行情况，对存在的不符合应采取纠正和预防措施。

四、监控系统是职业健康安全管理体系运行的保障

职业健康安全管理体系同其他管理体系一样，具有自我调节、自我完善的功能。标准中绩效测量和监视(4.5.1)与事故、事件、不符合、纠正和预防措施(4.5.2)，审核(4.5.4)，管理评审(4.6)等要素具有独立发现问题和解决问题的能力，形成了三级监控机制。

绩效测量和监视(4.5.1)与事故、事件、不符合、纠正和预防措施(4.5.2)，主要是监控体系运行目标的实现和法规的遵守情况，监控事故、事件、不符合的产生与处理情况，随时发现问题随时解决问题，这构成了第一级监控措施。

审核(4.5.4)是第二级监控措施，主要是评价体系的符合性和有效性，从要素管理的角度采取纠正措施，集中发现问题集中解决问题。

管理评审(4.6)是第三级监控措施，从高层决策的角度，评价体系的持续适宜性、有效性和充分性，调查、修订和完善体系。

上述三级监控措施并不是各自独立的，在内容上有所交叉、互为补充，构成了完整的监控机制。

五、结构和职责是实施职业健康安全管理体系的前提

职业健康安全涉及每个员工的切身利益，又需要每个员工的积极参与和支持。为确保职业健康安全管理体系的有效实施和运行，组织需要建立或完善适宜的组织结构，明确各职能和层次间的相互关系，规定其职责和权限。同时，还应提供必要的资源，通过培训强化职业健康安全意识和能力，通过与员工和其他相关方就职业健康安全事务进行协商和沟通调动其积极性，使职业健康安全管理成为全体员工的事业。

机构合理、职责分明、授权明确、资源充分和全员参与，是职业健康安全管理体系运行

的前提。

总之,职业健康安全管理体系的 17 个要素各有其功能,都是管理体系中不可缺少的要素,它们之间的联系可参照图 7-2 来理解。

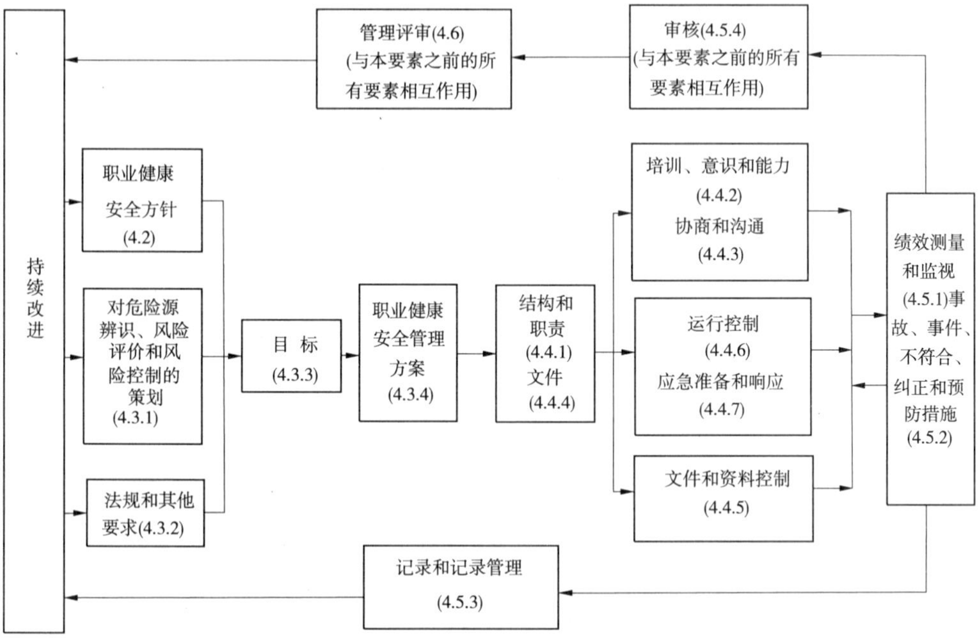

图 7-2 职业健康安全管理体系各要素间的联系示意图

第四部分　范　例

一、一体化管理手册

（版本号/修改状态：A/0）
（页码）

颁布令

为提高公司的管理水平和信誉，依据 GB/T19001—2000、GB/T28001—2001 和 GB/T24001—2004 标准，结合公司实际，制定了质量/环境/职业健康安全管理手册。

本手册阐述了公司的质量/环境/职业健康安全管理方针，并具体描述了公司质量/环境/职业健康安全管理体系，是指导公司实施质量/环境/职业健康安全管理的纲领性文件，是公司员工的行为准则，也是公司对顾客和相关方的承诺。现予以批准发布并实施，公司所属部门和员工必须严格贯彻，遵照执行。

总经理：（签字）

日期：2007 年 × 月 × 日

管理者代表任命书

为确保公司质量/环境/职业健康安全管理体系的有效运行，提高管理水平，与国际管理接轨，塑造企业形象，扩大市场占有率，经研究决定，任命

__×××__ 同志为公司质量/环境/职业健康安全管理者代表，其职责是：

1. 负责建立、实施和保持公司质量/环境/职业健康安全管理体系。

2. 经常汇报质量/环境/职业健康安全管理体系的有关情况。

3. 代表公司负责就质量/环境/职业健康安全管理体系的有关事宜进行内、外部联络。

4. 确保公司员工树立和增强质量/环境/职业健康安全意识，以满足法律法规要求及期望。

5. 审批公司质量/环境/职业健康安全法律法规清单、重要环境因素和重大危险源清单及环境、职业健康安全管理方案。

6. 负责领导内部审核，并策划管理评审活动。

总经理：（签字）

日期：2007 年 × 月 × 日

1 前言

1.1 公司简介:(略)

1.2 范围和适用领域

1.2.1 总则

本手册对公司的管理方针做了阐述,并对一体化管理体系的结构和运作进行了描述,是公司一体化管理的纲领性文件,充分证实我公司有能力满足顾客及相关方要求,生产的产品、环境和职业健康安全行为符合法律、法规要求。

1.2.2 范围

本手册规定了公司所承建的水利水电、公路、市政工程建筑、安装施工过程质量、环境和职业健康安全管理活动控制的要求。

1.2.3 适用领域

本手册适用:公司的质量、环境和职业健康各个过程,通过一体化管理体系的有效实施,包括持续改进体系实施的有效性,以达到顾客及相关方满意,保护环境和职业健康安全并符合法律、法规要求。适用于合同情况、第二方认定情况和第三方管理体系认证情况。

1.3 允许的删减

由于 GB/T19001—2000idtIS09001:2000 标准的所有要求或条文并不针对某一行业,所以在确保一体化管理体系持续性、适宜性、充分性和有效性的前提下,为了使公司更好地提供满足顾客和符合法律、法规要求的产品。对标准中 7.3 条款设计和开发部分进行删减。

因为公司是施工单位,施工图纸由甲方提供,公司按图施工,因此删减 7.3 条款不影响对一体化管理体系的贯彻执行,对顾客的服务和遵守法律法规要求的能力和责任。

2 引用标准

2.1 GB/T19001—2000idtISO9001:2000《质量管理体系 要求》;

2.2 GB/T19000—2000idtISO9000:2000《质量管理体系 基础和术语》;

2.3 GB/T19004—2000idtISO9004:2000《质量管理体系 业绩改进指南》;

2.4 GB/T24001—2004idtISO14001:2004《环境管理体系 要求及使用指南》;

2.5 GB/T24004—2004idtISO14004:2004《环境管理体系 原则、体系和支持技术通用指南》;

2.6 GB/T28001—2001《职业健康安全管理体系 规范》。

3 术语和定义

3.1 术语

3.1.1 本管理手册采用 GB/T19001—2000 标准中的术语,供应链为:“供方—组织—顾客”。

3.1.2 本管理手册采用 GB/T24001—2004 和 GB/T28001—2001 标准中的术语。

3.2　定义

3.2.1　顾客:接受产品的组织或个人。公司的顾客为工程建设单位或业主。

3.2.2　特殊过程:结果不能通过其后产品的检验和试验完全验证,其质量问题仅在使用后才能暴露出来的过程。

3.2.3　关键过程:施工难度大、费用比重大、对工程质量有重要影响的过程。如疏浚工程、抛石工程、混凝土工程等。

3.2.4　供方:为公司提供物资或支持性服务的组织或个人。

3.2.5　相关方:受我公司质量环境、职业健康安全状况的影响或关注我处质量、环境、职业健康安全状况的个人或组织。

3.2.6　重大危险源:公司通过危险评价,确定的不可容许或不可接受的风险。

3.2.7　四不放过:事故原因未查清不放过;事故责任人未处理不放过;整改措施未落实不放过;事故责任人与群众未受到教育不放过。

3.2.8　劳动保护用品:在生活及施工生产中保护人们免受伤害的防护用品。

3.2.9　高处坠落:在基准面 2m 及以上高度发生的坠落事故。

3.2.10　物体打击:高处掉落的物料或人为的抛散物所造成的伤人事故。

3.2.11　临时用电:在施工过程中,为各种机械设备、电动工具等所提供的用电设施。

3.2.12　事故:造成死亡、职业病、伤害、财产损失或其他损失的意外事件。

3.2.13　死亡事故:发生事故残废和负伤一个月内死亡的事故。

3.2.14　职业病:劳动者在生产劳动及其他职业活动中,接触职业因素引起的疾病。

3.2.15　关键岗位人员:与质量、环境、职业健康安全管理及其重大环境、安全因素直接相关的岗位人员(包括特殊工种人员)或与应急响应直接相关的岗位人员。

3.2.16　未成年工:指 16 周岁以上、未满 18 周岁的劳动者。

3.2.17　环境因素:一个组织的活动、产品或服务中与环境发生作用的要素。

3.2.18　环境影响:全部或部分的有组织的活动、产品或服务给环境造成的任何有害或有益的变化。

3.2.19　污染预防:为了避免、减少污染而控制对各种过程、材料或产品的采用。

3.2.20　不符合:任何与工作标准、条例、程序、法规、管理体系绩效等的偏离,其结果能够直接或间接导致伤害、疾病、财产损失、工作环境破坏或这些情况的结合。

3.2.21　简称:

一体化管理体系——质量/环境/职业健康安全管理体系

3.2.22　缩写

《质量、环境和职业健康安全管理手册》	《手册》
管理者代表	管代
一体化办公室	一体化办
财务部	财务部
经营开发部	经营部
项目经理部	项目部

3.3 《一体化管理手册》的管理要求

手册是由公司技术部根据 GB/T19001—2000、GB/T24001—2004、GB/T28001—2001 标准的要求组织编制的，经管理者代表审核，总经理审批后发布的一体化管理体系文件。

本手册是本公司开展质量活动的纲领性文件，它的发布、实施必须受到严格控制，技术部负责具体的管理，负责发放、回收的控制工作。管理办法如下：

3.3.1 手册由一体化办负责组织编制，经总经理批准发布。

3.3.2 一体化办负责印刷、出版、管理、修订。

3.3.3 手册的任何修订、更改由职能部门填写"文件更改通知单"，交一体化办审核，由总经理批准后发放，并填写修改记录页。

3.3.4 一体化办负责将修改的文件及时发放到受控版本的持有人，同时将原文件收回，加盖作废印章，除存档外其余销毁。

3.3.5 手册中的内容需要做较大变动时，技术部提出申请，由总经理批准后以新版的形式签署发布。

3.3.6 手册新版本发放的同时，回收受控状态的旧版本，对于非受控版本不回收。

3.3.7 手册限定在公司范围内使用，未经分管总经理批准，任何部门或个人不得擅自对外交流、外借和外送，确需外借的应经分管总经理同意并办理有关手续。

4 一体化管理体系

4.1 总要求：按照 GB/T19001—2000、GB/T24001—2004 和 GB/T28001—2001 标准对影响产品质量、环境、职业健康的全过程予以有效的控制，建立文件化的一体化管理体系，实施、保持，并持续改进，以提供满足顾客和适用的法律、法规要求的产品。

一体化管理体系覆盖范围：总公司各部室及承建的水利水电、公路、市政公用工程施工过程中以及产品服务与质量、环境和职业健康、安全管理有关的所有活动。

总公司位于×××××××××。

《一体化管理手册》对公司的管理方针做了阐述，并对一体化管理体系的结构和运作进行了描述，是公司一体化管理的纲领性文件，充分证实我公司有能力满足顾客及相关方要求，生产的产品、环境和职业健康安全行为符合法律、法规要求。

公司是围绕我公司产品特点，通过识别过程和因素建立一体化管理体系。公司产品形成的主要过程如下：

(1)参加投标或议标、签订合同；

(2)做好工程项目策划；

(3)提供资源；

(4)按计划组织工程施工；

(5)进行必要的监视和测量(含在监理单位和政府主管部门监督下的监视和测量)；

(6)竣工交付；

(7)按合同约定和法规要求，提供必要的保修服务。产品实现过程流程如下：

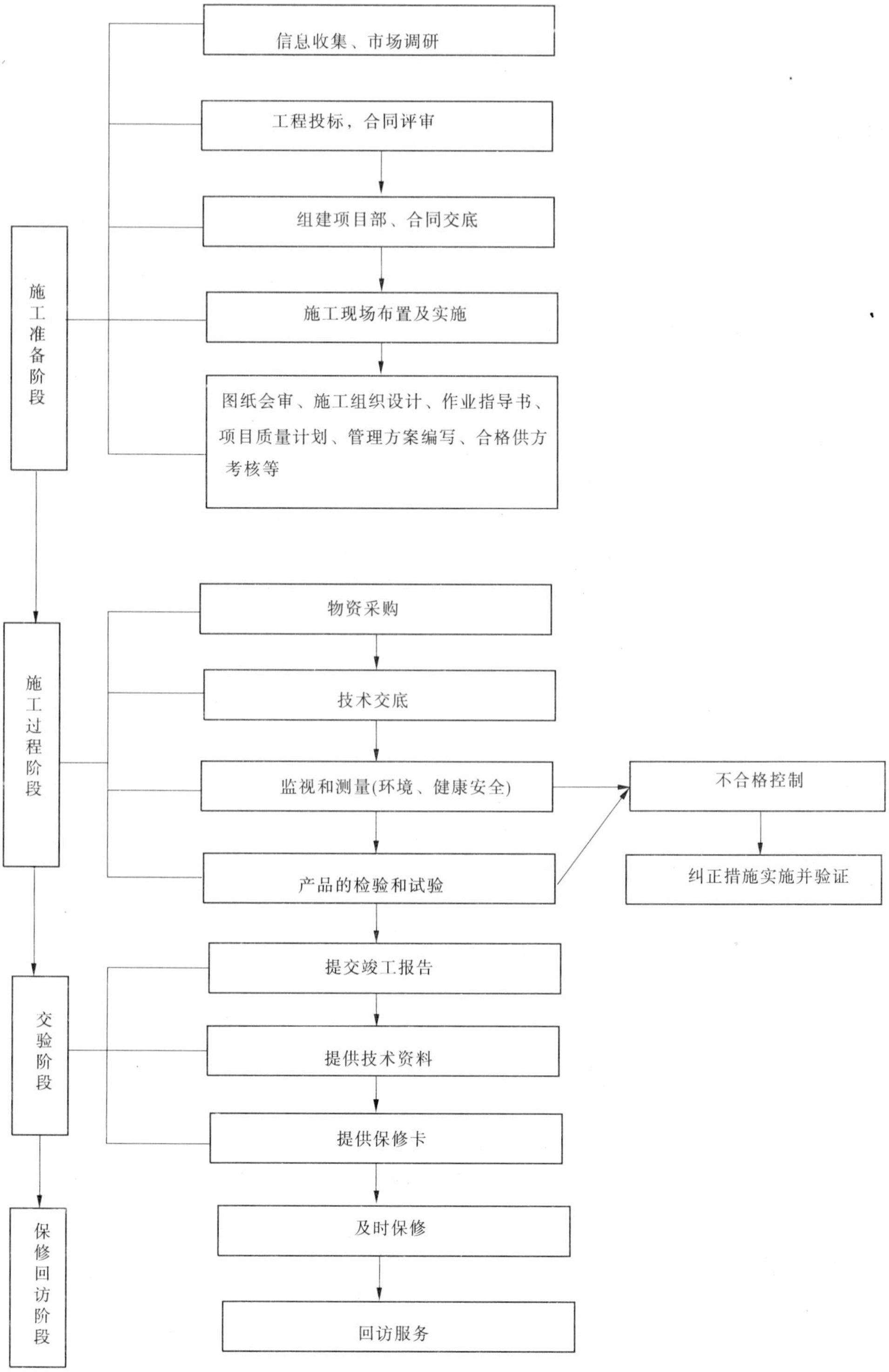
信息收集、市场调研
工程投标，合同评审
组建项目部、合同交底
施工现场布置及实施
图纸会审、施工组织设计、作业指导书、项目质量计划、管理方案编写、合格供方考核等
施工准备阶段
物资采购
技术交底
监视和测量(环境、健康安全)
产品的检验和试验
不合格控制
纠正措施实施并验证
施工过程阶段
提交竣工报告
提供技术资料
提供保修卡
交验阶段
及时保修
回访服务
保修回访阶段

产品实现过程流程图

4.1.1　公司为了稳定地提供顾客要求的产品，首先利用各种方法对建立的一体化管理体系所需的全过程加以识别，包括管理过程和施工过程，以识别这些过程所需的输入、输出及所需开展的活动和应投入的资源。不同的过程产生相应的环境因素和职业健康安全风险因素，有些过程产生重要的环境因素和职业健康安全风险因素。

4.1.2　公司通过识别这些过程，确定过程之间的相互作用，同时对过程中的环境因素和风险因素进行识别、评价，确定其重要因素，并合理地安排过程的顺序，以便达到过程策划的结果，使过程能达到预期的目的或要求。

4.1.3　公司通过对过程的输入、输出及开展的活动和投入的资源做出明确的规定，给出控制一体化管理的准则和方法，包括程序规定、施工工艺方法、质量验收标准、环境和职业健康安全管理方案及作业指导书等。

4.1.4　公司通过获得充分和必要的信息，并通过对信息的判定而实现对各施工过程的监控。

4.1.5　公司通过对过程信息的测量（包括对输入活动和输出结果的测量）对结果分析，针对分析结果对过程实施必要的措施，最终实现过程的策划结果和对过程的持续改进。

4.1.6　公司按一体化管理体系的要求严格管理这些过程，同时对重要环境因素和风险因素进行控制。

4.1.7　根据公司一体化管理的能力和施工的要求，公司的外包过程包括：

a. 劳务分包；

b. 监测设备的外检分包；

c. 试验外委；

d. 其他需要经过识别需要外包的过程。

公司将对以上外包过程按照本手册 7.4 条款的规定进行控制，以保证最终产品的质量，同时对以上外包过程中产生的环境和风险因素提出控制要求，以控制相应环境和风险因素的产生。

4.1.8　保存一体化管理体系运行中产生的记录。

4.2　文件的总要求

4.2.1　总则

一体化管理体系文件是管理体系运行的依据，可以起到沟通意图和统一行动的作用。公司的一体化管理体系文件包括：

a. 形成文件的管理方针、目标和指标。

b. 一体化管理手册。它是公司开展质量、环境、职业健康安全管理的纲领性文件，阐明了公司一体化管理体系的方针和目标，包括和引用了公司一体化管理体系程序，向公司内部和外部提供关于公司一体化管理体系整体信息的文件。

c. 一体化管理程序文件。程序文件是一体化管理体系的组成部分，是《一体化管理手册》的支持性文件，公司编制的一体化管理体系程序，在各程序中描述了实施一体化管理体系要求所涉及到的各职能部门的活动，规定了相应的控制手段，以满足标准要求和公司规定的一体化管理体系的方针和目标要求。详见附录 1《一体化管理体系程序文件目录》。

d. 作业文件。它是对质量管理体系程序文件的细化，包括部门和人员岗位责任制、质量管理标准、作业指导书、技术标准、规程、规范、记录、表格等；

e. 对所完成的活动或达到的结果提供客观证据的文件，即记录，包括一体化管理体系运行所需要的证据资料。

公司规定文件的性质和范围应满足合同、法律、法规要求，以及顾客和相关方需求和期望，并与公司的运作相适应。

为便于有效沟通，公司就文件的制定、使用和控制进行了严格的规定。

4.2.2　管理手册

a. 一体化管理手册是根据 GB/T19001—2000idtISO9001：2000《质量管理体系　要求》、GB/T24001—2004idtISO14001：2004《环境管理体系　要求》和 GB/T28001—2001《职业健康安全管理体系　规范》标准要求编制的，其中规定了公司的管理方针、目标管理要求和主要职责，说明了公司所建立的管理体系的结构、过程的顺序和相互作用；

b. 管理手册规定了质量、环境和职业健康安全管理的范围，对标准的要求做了简要描述，但对具体过程的控制方法和要求未做具体描述，而是做了程序文件摘要描述；

c. 本手册由总经理批准发布，管理者代表组织实施，技术部进行控制，全公司所有员工必须执行，以实现公司预期的管理方针、管理目标。

4.2.3　文件控制

4.2.3.1　总则

公司建立并保持《文件控制程序》及对与质量、环境、职业健康安全有关的文件，包括对适当范围的外来文件进行控制。确保公司各部门使用有效的文件。应采取措施从所有发放或使用场所及时撤出失效或作废文件，防止作废文件的继续使用。

4.2.3.2　公司需控制的文件

a. 一体化管理方针、目标和指标；

b. 一体化管理体系文件；

c. 有关的现行有效的技术标准、规程规范、法令法规；

d. 合同、采购资料、顾客提供的财产的有关资料；

e. 设备管理、工序管理、竣工验收等有关施工过程中的资料；

f. 计算机应用软件。

4.2.3.3　文件的批准和发布

a. 文件发布前由授权人员审批其适用性。手册由总经理批准发布，程序文件由管理者代表批准发布，其他与一体化管理有关的文件由有关职能部门组织编写，主管总经理负责审批发布；

b. 文件（包括外来文件）发放、回收指定专人负责，做好登记、办理签字手续：

a）在对一体化管理体系有效运行起重要作用的各个场所都能得到并使用相应文件和资料的有效版本；

b）所有发放文件或使用场所及时撤回失效或作废的文件和资料，确保防止误用；

c）对于已经作废而需要保留的文件和资料，加盖作废印章进行标识；

d）每份受控文件都应有编号、收文号，以便于追溯。

4.2.3.4 文件的更改

a. 文件经过评审后，如进行修改必须按照《文件控制程序》有关规定执行，未经授权不允许做任何更改。并识别现行的修订状态，确保版本的有效性、适宜性。

b. 所有文件更改的审批由该文件原审批部门进行，若指定其他部门审批时，该部门应获得原审批所依据的有关资料。

c. 管理手册的修改由总经理批准，程序文件的修改由管理者代表审批，其他文件修改由部门负责人和主管领导审批，并在修改记录上记录文件的修改日期、内容等事项。

d. 其他同一体化管理有关的文件修改时，也应在该文件、相应的附件和修改记录上标明修改日期、内容等事宜。

e. 当文件经多次更改后（版面更改超过 30%），要重新换版印发。

f. 编制的文件应条理通顺、清晰，易于识别和检索。

g. 为防止使用作废文件，所有与一体化管理有关的文件修改和发布（回收）应予以登记，保证有关的场所持有相应的有效版本。

h. 受控文件由技术部统一编号，加盖红色“受控”标识章，编制发放清单，未经分管总经理批准，不得翻印或复制。

i. 磁带、光盘等其他媒体的文件的有效性均需以书面受控文件为依据。

4.2.4 记录控制

4.2.4.1 总则

我公司建立并保持《记录控制程序》记录是我公司一体化管理体系有效运行的客观证据，为工程质量、环境、职业健康安全管理的可追溯性以及采取预防、纠正措施提供依据。对记录的格式、填写要求、标识、收集、编目、查阅、归档、储存、保管和处理作了规定，以保证记录的客观、真实、准确。

记录包括与一体化管理体系有关的所有记录。对记录应加以控制和保持，证明产品过程、环境和职业健康安全行为符合要求及一体化管理体系有效运行，为采取纠正和预防措施以及为保持和改进一体化管理体系提供信息。

4.2.4.2 需控制的记录内容有：

a. 原材料、半成品、工程设备的质量验证和检验记录；

b. 质量、安全、环境检验记录；

c. 施工技术管理，安全管理、环境管理记录；

d. 质量、安全、环境管理体系运行的记录；

e. 合同评审记录；

f. 培训记录；

g. 文件修改记录。

4.2.4.3 对记录的要求

a. 记录形成的文件应清晰、详细、明确，影响安全性能的记录均应具备可追溯性；

b. 记录整理应及时，应与生产进度同步，不得补造；

c. 应对记录的标识、归档、检索、编号、贮存、保存制定控制方法；

d. 记录的主管部门技术部，记录的保存期和处置方法应严格按照规定执行；

e. 管理体系运行记录由公司各主管部门负责保存、归档；

f. 施工过程中的有关记录。

4.2.4.4 施工过程原始记录由项目部组卷，项目技术负责人审核归档。各管理部门的记录由本部门组卷，部门负责人校核后归档。各部室的环境和职业健康安全记录，按公司档案管理有关规定进行整理，报技术部审核合格后，交公司档案室存档。

4.2.4.5 当合同要求时，在商定期内可提供顾客或其代表查阅。

4.2.4.6 已超过保管期或无参考价值的记录，由管理人员填写"记录销毁申请表"，经批准后销毁。

4.2.4.7 质量记录由项目部整理组卷，编入工程竣工档案内，除交有关方面外，公司档案室永久保存二份。

5 管理职责

5.1 管理承诺

公司总经理为公司的最高管理者，总经理应通过如下活动对一体化管理体系的建立、实施和改进作出承诺，并提供证据。

5.1.1 向公司全体员工传达有关的国家法律、法规和行业管理的规范、规程要求，科学管理，精心施工，交付合格产品，争创优良产品，使员工认识到满足顾客和自觉遵纪守法等相关方要求的重要性。

5.1.2 总经理主持制定出符合公司实施和运行的一体化管理方针和管理目标，明确一体化管理体系组织机构，聘任管理者代表，确保管理体系持续的适宜性、充分性和有效性，适应公司的发展和顾客的要求，使全体员工认同和理解此管理方针和目标，并为之努力实施。

5.1.3 管理评审：总经理主持管理评审，正常情况下每年至少进行一次管理评审，如遇特殊情况，由总经理决定增加评审次数。

5.1.4 为了确保管理体系的运作和持续改进，公司应确保获得必要的资源，如人、财、物、信息等。

5.2 以顾客及相关方为关注焦点

公司的最高管理者应以实现顾客和相关方满意为目标，运用管理手段，使全体员工确保顾客的期望得到确定，转化为要求并予以满足。

5.2.1 完整识别顾客和相关方明确或潜在的需要和要求，并及时传递到公司内部各相关层次。

5.2.2 在符合法律和法规要求下满足顾客和相关方要求，并确保实现公司的一体化管理方针和管理目标。

5.2.3 在符合环境法规和职业健康安全法规，达到规范、施工标准要求以及产品的规定要求和服务要求下满足顾客和相关方要求。

5.2.4 建立并保持程序，确定公司活动、产品和服务中的环境因素和危险源辨识、风险评价和风险控制，以确保环境因素确认过程和危险源风险因素，风险评价过程处于受控状态。

5.2.5　确认重要环境因素和重大风险因素，并在一体化管理体系的目标中加以控制。

5.2.6　对危险源辨识、风险评价和实施必要的控制措施，包括常规和非常规活动、所有进入工作场所的人员的活动、工作场所的设施等。

5.3　一体化管理方针、管理目标

5.3.1　一体化管理方针

优质施工，质量为本；遵纪守法，全员环保；

污染预防，保障健康安全；持续改进，不断创新。

5.3.2　一体化管理目标、指标

工程一次交验合格率100%；合同履约率100%；顾客满意率100%；无职业病发生；无环保投诉；无重大安全事故；噪声、污水、扬尘、固体废弃物达标排放；死亡、重伤、轻伤率控制在标准以内。

5.3.3　一体化方针以承诺对象满意为目标，只是承诺对象不同，质量的承诺对象是顾客，环境的承诺对象是相关方，职业健康安全的承诺对象是员工。

5.3.4　管理方针需要总经理的批准，并得到有效控制，公司应定期对其适宜性进行评审。

5.3.5　管理方针应形成文件传达到全体员工，使全体员工正确理解并坚决执行。

5.3.6　管理方针应通过各种途径向顾客和相关方进行传递，以便于社会了解和监督公司的质量、环境和职业健康安全行为。

5.3.7　公司一体化管理方针和管理目标的修订，通过管理评审由总经理组织进行。

5.4　策划

5.4.1　目标、指标

技术部负责将目标、指标分解到各部门并对完成情况进行监督检查。各部室、项目部每季度以书面形式将目标、指标完成情况上报技术部，技术部负责汇总报管理者代表阅。当公司的活动、产品、服务发生变化时，技术部应及时组织各部室更新调整目标和指标，正常情况下每年对目标、指标评审一次，并保留评审记录。

管理目标见本手册5.3.2。

5.4.2　一体化管理体系策划

为确保实现目标，总经理要保证为实现目标所需的资源进行识别和策划，并形成文件，策划内容如下：

5.4.2.1　一体化管理体系的过程是公司对生产全过程的有效控制，除7.3条款外，其他都不可删减。

5.4.2.2　一体化管理体系所需的资源，要根据生产管理的需要进行合理的、可行的策划（人、财、物、信息等）。

5.4.2.3　一体化管理体系由于顾客、相关方和市场等原因而导致变更时，公司对这种变更要进行策划，规定与变更有关的运行过程和相关资源，以确保公司在实施这种对管理体系的变更时，不会出现管理体系不完整的情况，如组织机构的调整应对职责作出相应的变更，以确保体系的正常运行。

5.4.3　环境因素和危险源的策划

对公司范围内管理和生产过程中的环境和风险因素进行识别、评价，以使在公司内部管理及生产过程中对环境具有或可能具有重大影响的环境因素和对职工健康安全风险因素得到有效控制：

a. 管理者代表负责审批重要环境因素和重大危险源；

b. 公司办公室负责组织环境和危险源的识别、登记、评价工作，以确认重要环境和重要危险源；

c. 识别环境和危险源的范围必须覆盖公司所有活动、产品或服务的各个方面；

d. 识别环境和危险源应考虑过去、现在、将来三种时态及正常、异常、紧急三种状态。

e. 识别环境因素要考虑下列类型：

a）向大气排放的污染物；

b）向水体排放的污染物；

c）固体废物污染物；

d）噪声对周围环境的影响；

e）对周围社区及居民生活的影响；

f）水、电、煤气及原材料和自然资源；

g）土地污染；

h）其他需要识别的环境因素。

f. 识别风险因素要考虑下列类型：

a）物体打击；

b）车辆伤害；

c）机械伤害；

d）触电；

e）烫伤；

f）火灾；

g）高处坠落；

h）化学爆炸；

i）物理爆炸；

j）中毒和窒息；

k）其他。

g. 评价环境和危险源风险因素时应考虑对环境和危险源风险影响的规模、范围、发生频次、社会关注程度、法律法规的符合性及资源消耗等；

h. 对评价出的重要环境和危险源风险因素，由办公室负责编制"重要环境和危险源风险因素清单"，上报管理者代表审批；

i. 当施工过程中的活动或服务发生较大变化以及法律及其他要求更新时，应及时对环境和风险因素进行补充识别，评价并确定重要环境和危险源风险因素。办公室组织每年定期识别环境和危险源风险因素，并对评价重要环境和危险源风险因素及时更新。

详见《环境因素识别与评价控制程序》、《危险源辨识和风险评价控制程序》。

5.4.4　法律法规和其他要求

为确保公司及时获取最新的法律、法规和其他要求，以便使公司生产过程中所有活动、产品、服务行为符合法律、法规及其他要求，公司技术部负责编制《法律、法规和其他要求获取、确认程序》，并组织实施。

a. 办公室负责获取、确认环境和职业健康安全有关的法律、法规和其他要求；

b. 公司各部室、项目部收集国家、地方立法机构及国家行政管理部门的法律、法规并及时传递给技术部；

c. 技术部根据公司的特点，适时发放"质量、职业健康安全及环境有关的法律法规及其他要求清单"；各项目部结合各个生产现场的不同情况，分别建立适用的"职业健康安全及环境有关的法律、法规及其他要求清单"；

d. 关注国家、地区立法机构的最新动态，及时跟踪法律法规和其他要求的变化，对"环境和职业健康安全法律、法规及其他要求清单"进行动态管理，技术部每年至少一次对其遵纪守法的总体情况进行评价。

详见《法律、法规和其他要求获取、确认控制程序》。

5.4.5　管理方案

为保证公司管理目标和指标的实现，针对重要环境和风险因素制定《环境、目标、指标及管理方案》、《职业健康安全管理方案》。

5.4.5.1　管理方案的制定与实施：

a. 当重要环境因素和危险源需要采取专门措施进行控制时，要编管理方案；

b. 对全公司范围内环境和职业健康安全管理绩效差的环境和风险因素，公司要统一制定管理方案。公司环境管理方案由办公室组织制定，经管理者代表审核，报总经理批准后实施。

5.4.5.2　管理方案的检查与修订

a. 办公室、项目部对一体化管理方案的实施情况进行检查；

b. 财务部门根据管理方案确保资金的提供、使用；

c. 在一体化目标、指标发生变化或制定的措施不适应及新的环境和风险因素出现等情况需更改管理方案时，办公室要及时组织各部室对管理方案进行修订；

d. 修订后的管理方案要经原审批人审批，特殊情况下可由经原审批人授权的人员进行审批；

e. 办公室每年对管理方案至少进行一次评价，并保留记录。

5.5　职责、权限和沟通

5.5.1　职责和权限

公司根据一体化管理体系的需要设立组织机构，规定了公司有关行政领导、职能部门、管理者代表的职责、权限和相互关系。公司一体化管理体系组织机构图见附录2，一体化管理体系职能分配表见附录3。

职责和权限

公司规定各部室及相关部门的职能及相互关系（职责和权限），以保证一体化管理体系的有效运行。

（1）总经理

a. 主持一体化管理体系的策划工作，制定并颁布公司的管理方针、目标，对实现管理方针、目标负责；

b. 确定各岗位、职能部门的职责和权限，向顾客、全体员工和相关方提供管理承诺，并提供相应的资源；

c. 任命管理者代表；

d. 审批《一体化管理手册》；

e. 定期组织管理评审，保证管理体系持续有效运行和持续改进，对产品和服务质量负全面领导责任；

f. 主持重大质量、环境和职业健康安全事故的调查分析和处理；

g. 配备适当的人、财、物资源，确保一体化管理体系的持续有效运行。

(2)总工程师

a. 对公司质量管理负全面技术责任；

b. 负责组织贯彻有关的技术规范、标准和文件，主管生产技术资料的管理工作；

c. 审定不合格品的纠正措施，组织重要产品质量综合评定；

d. 负责对公司试验室的技术工作进行监督和指导；

e. 负责质量计划的审核；

f. 指导工程部、技术部、经营部的技术管理工作；

g. 参加管理评审。

(3)总经济师

a. 负责管公司经营管理工作，对经营工作负全面领导责任，并向管理者代表报告经营预算情况；

b. 审批合同评审，对与顾客有关的过程进行管理；

c. 负责向管理者代表报告经营管理情况；

d. 负责环境和职业健康安全管理方案的经营预算的审核；

e. 参加管理评审。

(4)部长

a. 负责贯彻执行公司一体化体系文件和实现公司管理方针、目标，制定产品的创优计划，对经营管理、产品质量和安全生产负全面责任；

b. 识别并传递顾客的各项期望或要求，并组织提高员工质量、环境和健康安全意识和能力的培训教育工作；

c. 负责对一体化管理体系进行策划，规定并监督各部室的管理工作；

d. 为一体化策划的实施，调配必要的资源；

e. 负责对文件的执行情况进行分析，及时向管理者代表汇报；

f. 负责组织质量环境和健康状况改进活动，推进一体化管理体系的改进工作；

g. 组织制定本部门的环境管理方案；

h. 合理组织资源配置，确保文明生产、减少污染、减少疾病和工伤事故、节约资源；

i. 负责对一体化管理体系的执行情况进行监督检查；

j. 负责本部门消防和安全生产管理；

k. 负责本部门的行政卫生、保卫、节能降耗工作的监督检查。

(5)项目经理

a. 认真执行《一体化管理手册》和《程序文件》,建立健全一体化管理体系,保证产品质量在生产过程中满足顾客和相关方要求;

b. 组织项目部的质量、环境和职业健康安全目标的分解工作,并围绕目标开展有效的管理活动,并不断推进管理改进工作;

c. 贯彻执行有关技术规程、规范和质量、环境标准,职业健康安全标准,负责组织实施施工工艺和作业指导书;

d. 对产品质量、安全生产和员工健康负直接责任;

e. 领导开展 QC 小组活动,并将 QC 活动成果报技术部;

f. 负责组织顾客满意度测量工作,并负责顾客的回访、保修和服务;

g. 负责组织施工现场环境和风险因素的识别与排查,组织编制实施一体化管理方案;

h. 配置应急准备和响应的必须资源;

i. 负责对易燃、易爆品和库房等重要地方的消防安全防范工作;

j. 负责组织对本施工项目重要岗位人员的培训工作;

k. 接受公司内部一体化管理审核和外部审核。

(6)一体化办

a. 负责组织开展 GB/T19000—2000idt509000:2000 族标准、GB/T24001—2004idt ISO14001:2004 标准和 GB/T28001—2001idtOHSAS18001:1999 标准的宣传和一体化管理体系运行活动;

b. 协助管理者代表贯彻公司方针、目标,负责管理体系文件的控制工作;

c. 组织对公司的环境因素和风险因素进行识别评价,确定重要环境因素和重大风险因素,负责一体化管理体系的建立和实施;

d. 根据管理者代表的部署,制定内部审核计划,组织实施内部审核,并监督检查纠正措施的落实;

e. 负责筹备管理评审工作;

f. 负责组织《一体化管理手册》和《程序文件》的编写、修订和换版工作;

g. 负责组织公司 QC 成果发布工作。

(7)技术部

a. 负责公司技术文件的编制,并组织贯彻实施;

b. 组织贯彻技术规程、生产规范和质量标准、环境标准和职业健康安全标准,监督和指导技术工作,负责宣传和监督执行有关质量、环境和职业健康安全管理法令法规有关管理制度;

c. 组织推广并指导新材料、新技术、新工艺的应用及相应的技术改进工作;

d. 负责检验、测量和试验设备控制的管理工作;

e. 负责检查生产技术资料,负责对产品质量进行监督检查和指导;

f. 负责数据分析与统计技术的指导和应用,审核 QC 活动成果;

g. 参加重要产品质量综合评定;

h. 组织制定公司一体化管理方案;

i. 监督检查一体化管理方案的实施；

j. 负责检测、校准环境和安全检测仪器；

k. 参加联合检查，负责日常质量抽查工作，并行使质量否决权；

l. 对施工检验和试验质量记录进行检查和指导；

m. 负责对公司的质量、环境和职业健康安全状况进行分析；

n. 参加公司一体化管理方案的制定，并审核生产方案中与质量、环境和健康安全有关的控制要求；

o. 建立公司《环境和职业健康安全法律、法规和其他要求清单》。

(8)工程部

a. 负责汇总和落实公司的创优计划；

b. 负责组织技术部、办公室施工项目进行质量、安全联合检查；

c. 负责组织有关部门做好创优产品的验评工作；

d. 掌握重要产品施工进度情况，做好生产指标完成情况统计工作；

e. 负责监督指导材料采购和生产设备的管理工作；

f. 负责监督检查用户回访、保修和服务工作；

g. 负责将施工过程中的生产质量及创优情况向管理者代表汇报；

h. 负责组织开展 QC 小组工作；

i. 负责组织质量分析会；

j. 负责环境和职业健康安全目标、指标中环保和劳保设施的建立和改造工作的监督检查；

k. 通过监督检查、顾客及相关方回访等方面获得的信息，及时反馈给各相关部门；

l. 负责一体化管理体系运行中对影响或潜在影响环境和职业健康安全的材料供方、机械设备运行状态进行监督管理；

m. 参加公司一体化管理方案的制定。

(9)试验室

a. 负责外购材料和样品的检验和试验，确保数据可靠；

b. 负责试验室检测仪器、仪表的保管和保养工作，确保能客观反应测试的正确结果；

c. 负责指导施工现场的取样和试验工作；

d. 负责对有关试验数据进行分析，并对施工过程能力的改进提供目标识别；

e. 负责本部门范围内的环境和风险因素识别与控制；

f. 负责试验材料环保和劳保指标超标信息的传递。

(10)经营部

a. 负责市场信息的调研及与顾客的沟通工作；

b. 负责组织有关部门和人员进行合同评审工作，并报总经济师审批；

c. 负责组织编制投标书；

d. 负责对一般合同评审的审核；

e. 监督和指导分包合同及过程的管理工作；

f. 负责确认顾客和相关方明示或期望的环保和劳保要求；

g. 获取市场对环保和劳保发展的动态信息，并向有关部门反馈。

(11)办公室

a. 负责编制年度培训计划；

b. 会同有关部门组织业务、技术、质量、环境和职业健康安全等管理人员培训和考核工作；

c. 负责对从事特种作业人员的培训、取证和验证工作；

d. 负责持证上岗的管理人员的培训和年审工作；

e. 在管理者代表的领导下，负责组织各单位对公司一体化管理体系运行中施工现场的检查与监督；

f. 负责公司环境和风险因素的识别、登记、更新及重要环境和风险因素的评价工作；

g. 负责公司消防和安全生产管理工作；

h. 指导和监督劳务供方的考核，审批合格劳务供方；

i. 参加公司一体化管理方案的制定；

j. 负责以板报、简报、电教等形式对一体化方针、目标和指标的宣传，负责环境和职业健康安全管理法律、法规的宣传工作；

k. 控制公司机关生活污水和生活垃圾对环境的影响；

l. 及时收集处理公司机关范围内的打印机、复印机废旧墨盒、硒鼓及废纸；

m. 负责公司机关的节能降耗工作。

(12)财务部

为一体化管理体系正常有效运行提供必要的资金保证。

(13)管理者代表

a. 组织建立一体化管理体系，负责程序文件和有关部室制定的体系性文件的审批，确保管理体系有效运行，负责管理评审的组织和实施，并向管理评审会提出运行及审核情况报告；

b. 协助总经理贯彻实施管理方针和目标，领导对全体员工质量、环境和职业健康安全意识和能力的培训工作；

c. 主持质量和事故分析会；

d. 负责内部一体化管理体系审核计划的审批，组织内部一体化管理体系审核，对一体化管理体系持续有效地运行负责；

e. 负责与顾客、相关方认证机构等单位就一体化管理体系有关事宜进行协调；

f. 负责一体化管理体系目标、指标的审核和管理方案的审批；

g. 审批重要环境和风险因素；

h. 组织管理评审。

(14)工会

a. 负责领导和职工的沟通；

b. 参与有关环境、职业健康安全的决策；

c. 参与环境、职业健康安全、事故、事件的调查处理、处置及善后工作。

(15)项目部

a. 认真执行《一体化管理手册》和《程序文件》，建立健全一体化管理体系；保证产品质量在生产过程中满足顾客和相关方要求；

b. 负责工程质量、环境和职业健康安全目标的完成，体系的运行工作；

c. 贯彻执行有关技术规程、规范和质量、环境标准，职业健康安全标准；

d. 对工程质量、安全生产环保负直接责任；

e. 负责组织顾客满意度测量工作，并负责顾客的回访、保修和服务；

f. 负责组织施工现场环境和风险因素的识别与排查，组织编制实施一体化管理方案；

g. 组织实施项目部应急准备和响应的必须资源；

h. 负责对易燃、易爆品和库房等重要地方的消防安全防范工作；

i. 负责组织对本施工项目重要岗位人员的培训工作。

5.5.2 管理者代表

总经理指定一名管理者为管理者代表，负责一体化管理体系的建立运行和保持，管理者代表职责权限见本手册 5.5.1(13)。

5.5.3 信息沟通

为确保公司内部不同部门之间以及与外部相关单位之间及时互通信息，由公司办公室编制《信息交流沟通控制程序》并组织实施。

5.5.3.1 办公室是公司信息的综合管理部门，负责内、外部信息的交流与管理汇总，并向管理者代表汇报。

5.5.3.2 其他各部室负责相应业务范围内信息的交流，并配合办公室做好信息交流工作。

5.5.3.3 内部信息交流

a. 公司的管理方针、管理体系的有关要求、质量、环境和职业健康安全知识，办公室应通过简报、画册、电子网络、板报等各种形式传达到全体员工，以增强员工的质量、环保和劳保意识；

b. 有关质量、环境和职业健康安全管理方面的法律法规及其他要求的信息应及时通报给相关单位；

c. 各部门在收到有关法律、法规、标准时，应及时传递到办公室，由办公室整理登记并传递到相关单位；

d. 管理体系运行中产生的信息由其产生的部门及时传递到有关部门和人员，并记录其内容和处理结果，监测结果异常，内审和管理评审的结果应及时传递，重大质量、环境和伤亡事故应在当天上报至管理者代表；

e. 每季度由总经理主持召开各部门负责人参加的办公会，通报和协调质量、环境、职业健康安全管理体系运行中的信息，局发布文件、简报、传递信息，总结交流施工管理和质量、环境、职业健康安全管理情况。

5.5.3.4 外部信息交流

a. 公司的管理方针及有关要求应及时传达给相关方；

b. 各部室、项目部从国家有关行政主管部门、书刊、网络等方面获取最新法律法规及其他要求变更信息，并将信息通报给办公室；

c. 收到相关方信息的单位，要认真做好记录，并传递到有关单位，有关单位制定措施，进行处理，并将处理结果及时通报给相关方；

d. 相关方要求提供质量、环境和职业健康安全信息时，公司应及时提供。

详见《信息交流沟通控制程序》。

5.6 管理评审

5.6.1 总则

公司技术部受总经理委托制定《管理评审控制程序》，总经理按计划规定时间间隔主持召开管理评审会，对管理体系的运行情况进行评审，以确保体系持续的适宜性、充分性和有效性，并验证管理方针和目标是否得到了满足。一般情况下，管理评审会每年召开一次，管理层和有关部门负责人参加，必要时可增加管理评审次数。评审会要提供符合评审内容要求的评审记录及评审结果的实施记录。

5.6.2 评审输入

评审的输入是为管理评审提供持续改进的信息和前提条件，明确了输入活动要求、信息及数据，输入包括如下内容：

a. 管理体系的审核结果，内审、外审和顾客的审核；

b. 公司业绩和顾客满意程度的测量结果；

c. 纠正和预防措施方面的情况和产品符合性分析；

d. 往年评审所确定的措施实施情况和改进活动的结果；

e. 由于法律法规要求的变化所受到的影响和应变措施；

f. 方针、目标、指标及方案完成情况与重大环境因素和重大风险因素的控制情况；

g. 一体化管理体系文件的运行是否符合变化的法律、法规要求，并提出改进建议；

h. 顾客、职工及相关方的投诉抱怨和非常关心的问题。

上述的信息数据应获得并得到证实，找出自身的改进方向，将输入转化为输出。

5.6.3 评审输出

管理评审报告作为输出的形式，目的是使管理体系不断改进和提高，管理者对管理体系及经营方针等方面做出决策，评审报告包括如下内容：

a. 一体化管理体系及其过程的改进措施，并形成文件；

b. 顾客、职工及相关方对产品的质量要求和环境、职业健康管理的改进措施；

c. 根据内部、外部的变化，考虑自身资源的适宜性和未来的资源需求；

d. 体系的运作要符合相关法律法规的要求；

监控上述内容作为下次管理评审的输入；管理评审的结果应予以记录。

管理评审报告由管理者代表负责组织编写，经总经理批准后下发。技术部保存管理评审记录，并按档案管理办法归档。

管理评审所提出的改进措施的效果由总经理负责，如果达不到预期的效果时，应由责任部门重新制定改进措施，并跟踪验证，直至达到预期效果为止。

详见《管理评审控制程序》。

6 资源管理

6.1 资源提供 满足一体化管理体系及顾客要求的资源的提供：

资源是公司一体化管理体系及施工过程不可缺少的组成部分，是实现管理方针和目标的必要条件。总经理针对公司的现实情况，确定并提供所需资源，如人力资源、设施、硬件、软件、工作环境等。

6.2 人力资源

6.2.1 为做到人员的合理配置，与质量、环境、职业健康安全管理有关的人员，都具有履行其职责的能力，适应工程施工和顾客需求变化的要求，公司建立并保持了《人力资源控制程序》，对人员的配置、培训、考核作了规定。确保从事与质量、环境和职业健康有关的人员都能胜任工作。

公司从事质量、环境和职业健康安全管理的人员应具有相应的能力，对其能力的评价，要从教育、培训、技能和经验等方面进行判断。公司每年组织一次对员工质量、环境和职业健康安全能力的考核，考核方式为分层次考核，即公司考核部门，部门考核人员，考核记录由考核部门进行保存。

6.2.2 总经理负责审批具有资质人员的配置计划和人才发展规划。办公室负责人员配置、培训、职称评定等管理工作，各部门负责本部门人力资源的使用、教育及管理。

公司根据培训需求，拟定年度培训工作计划，经管理者代表审批后执行。培训计划包括：对各级作业人员和管理人员的质量、环境和职业健康安全意识、专业技能与管理技术等要求，使人员的能力达到规定的标准，分层次进行培训。

a. 识别从事影响质量、环境、职业健康安全活动有关人员的能力要求；

b. 对从事质量、环境和职业健康安全活动的人员进行培训，从而具备相应的能力；

c. 评价培训的有效性；

d. 使公司全体职工意识到从事质量、环境和职业健康安全活动所采取措施的相关性和重要性，为实现管理目标献计献策；

e. 参加培训的职工，学习、培训及岗位（工种）资质证明均要予以记录，办公室负责保存培训的资料和档案。

详见《人力资源控制程序》。

6.3 基础设施

施工设备由财务部负责，办公设备由办公室负责。

我公司机关具有独立、整洁的办公室，均配有必要的办公用品，水、电、空调、暖气，设施齐全，由办公室负责日常维护工作。

我公司有足够的过程设备、施工机械、监视和测量装置，并按时进行检定、校准；计算机达到工程技术人员每人一台，有必要的计算机软件和适用的规程、规范，复印机、打印机齐全完好。

我公司识别、提供和维护为实现生产的适宜性所需的设施包括：

a. 办公和施工场所和相应的建筑物等相关的设施；

b. 机械、工具、设备、测量仪器、硬件、软件或其他设备；

c. 必要的交通运输工具和通信设备；

d. 环保和劳保设施。

各项目部和相关部门及时评价一体化管理体系各过程是否具备了这些必备的设施，并及时传递有关信息。有关基础设施的采购与配置由策划者提出申请，授权人进行审批。项目部及相关部门安全使用、维护所用设备。

6.4 工作环境

必要的工作环境是实现产品符合性的支持条件。办公室负责办公工作环境，项目部负责工程施工工作环境。

a. 工作环境清洁、光照、通风好，设有传达保卫，有安全保障；

b. 对试验室环境要求详见《试验室质量管理手册》；

c. 施工工地要求生活环境清洁卫生，材料堆放整齐，并按《施工安全技术规定》执行，保证施工安全、文明施工，做到安全无事故，工地要求注重保卫工作，保证施工设备材料不丢失，不误施工。

公司识别了为实现产品的符合性所需的工作环境中的重要因素，从物质的、社会的、心理的、环境和职业健康安全等因素方面为人员作业创造条件。

7 产品实现

7.1 产品实现策划

7.1.1 基本要求

公司根据 GB/T19001—2000idtISO9001:2000 及 GB/T24001—2004idtISO14001:2004 和 GB/T28001—2001 标准建立并保持一体化管理体系，编制一体化管理手册和管理体系程序文件。为使手册和管理体系程序文件中所确定的要求能在具体的生产运作中得到具体实现并能有效运行，公司针对每一产品按顾客和相关方要求及本手册的规定进行策划，并形成文件，文件形式包括：施工组织设计、质量计划、一体化管理方案和技术交底等。在策划过程中，公司确定以下方面的内容：

a. 产品的质量、环境和职业健康安全目标和要求；

b. 确定相应的过程及重要环境和风险因素，并建立产品生产所需要的文件，以及所需提供的资源和设施；

c. 明确产品生产所要求验证、确认、监督、检验和试验活动，以及验收准则；

d. 对产品的符合性提供证据，做好记录。

7.1.2 施工过程应根据需要策划并编制相应的技术文件，包括：施工组织设计、质量计划。各类施工组织设计、质量计划由项目总工批准后实施。

7.1.3 项目部针对本产品的重要环境和重要风险因素制定一体化管理方案，经项目经理审批后实施，并将方案上报局技术部备案。

7.2 与顾客及相关方有关的过程

公司为了解顾客和相关方的要求和期望，建立并保持《与顾客有关的要求评审控制程序》，经营部负责该程序的监督管理。

7.2.1 顾客和相关要求的识别

公司确定顾客和相关方的要求，主要包括：

a. 顾客规定的产品要求（合同），包括有关使用性能、可靠性、质量等级、交付（工期要求）和交付后的服务方面的要求；

b. 顾客未做规定但预期或规定用途所必要的产品要求；

c. 与产品有关的法律、法规的要求；

d. 环保和安全要求。

7.2.2　合同评审

7.2.2.1　合同评审

公司对已识别的顾客和相关方要求及所确定的附加要求进行评审。合同评审应在投标和接受合同之前进行。由经营部组织有关部门和人员对造价、工期、质量要求、技术特点等进行会议评审。评审确定之后，经主管领导签字批准后参加投标或签订合同。保留合同评审记录。

7.2.2.2　评审内容

a. 产品要求得到规定，包括顾客和相关方口头表达的要求，合同文件组成内容主要有招标文件、投标书、中标通知书、协议条款、合同文本、明确双方权利义务的纪要、协议、电报及电传、图纸、标准、规范和其他有关技术资料、技术要求。

b. 与以前表述不一致的合同或订单要求的情况下，顾客和相关方要求在接受前应得到确认。

c. 公司有能力满足顾客的规定要求。

详见《与产品有关的要求评审控制程序》。

7.2.3　顾客及相关方的沟通

公司应针对7.2.2条款所述规定识别并实施与顾客和相关方沟通的安排。

a. 关于产品的信息：由经营部组织有关部室对招标文件进行评审，向顾客和相关方咨询招标文件中不清楚条款，由顾客和相关方负责答疑。

b. 协议、合同的处理，包括对其的修改，经过相关评审，确定满足顾客要求后，报主管领导批准，由经营部与顾客签订合同。合同实施阶段，发生合同修改，顾客协商一致，经营部负责按识别顾客要求和产品要求内容运作，完成合同修改结果，并通报各相关部门。

c. 顾客反馈，包括顾客投诉。

公司各职能部门和项目部负责收集顾客和相关方反馈，包括顾客投诉。将收集到的顾客和相关方反馈报经营部，经营部组织有关部门和人员完成顾客和相关方要求的识别和相关事宜并尽快给予解决，并及时进行质量、环境和职业健康安全的改进。

7.3　设计和开发（删减）

本条款已删减。

7.4　采购

7.4.1　采购过程

采购控制由公司财务部负责协调相关部门制定和实施《采购控制程序》。

公司对采购过程进行控制以确保采购产品在质量、环保和劳保要求，交付和服务等各方面符合规定要求。采购产品由施工项目部具体实施，劳务供方由项目部负责管理与监督。试验室外委由项目部负责具体实施。

7.4.1.1 采购产品包括材料采购、设备(租赁)采购、劳务采购及试验室外委。

7.4.1.2 各相关部门根据所采购的产品、设备、劳务和试验室以及对产品质量、环境和职业健康安全的影响程度，对供方进行评价和选择，其中包括：

a. 各相关部门对供方进行综合调查，填写“供方调查表”；

b. 结合“供方调查表”，各相关部门按照程序文件的规定，选择适当的方法对供方实施有效的控制。

c. 财务部负责材料、设备供方相关资料及评价的收集、记录、存档，经营部负责劳务供方相关资料及评价的收集、记录、存档；

技术部负责试验供方相关资料及评价的收集、记录、存档。

d. 财务部、经营部、技术部根据相关供方的资料及评价记录，编制《合格材料供方一览表》、《合格设备(租赁)供方一览表》、《合格劳务供方一览表》、《合格试验室供方一览表》，经分管总经理审批后实施。

7.4.1.3 对供方实施定期评价，评价其提供产品的持续保证能力，制定跟踪措施，以保证采购产品持续符合要求。

7.4.1.4 各相关部门应每年将定期评价的内容、方式、跟踪措施及选择供方的评价结果和跟踪措施实施情况予以记录。

7.4.2 采购信息

为保证采购物资的质量，必须明确规定资源的采购要求，应确保在采购文件发放前，符合规定要求。

7.4.2.1 采购文件包括物资申请计划和物资采购计划，文件中应包括具体的恰当信息：

a. 采购产品的类别、规格、型号；

b. 采购的数量；

c. 进场日期；

d. 供方资质；

e. 有关供方的资源组织过程、设备、人员资格是否符合管理体系的要求；

f. 产品服务要求，产品环保要求及安全运行。

7.4.2.2 采购文件在编制时，必须经相关人员的核实，主管领导审批，确保文件的准确性。

7.4.2.3 材料及供方的采购需要签订合同时，由授权人负责办理。

7.4.3 采购产品的验证

7.4.3.1 采购产品的验证方式在施工现场检验，包括进货检验和验证供方提供的质量、环境和职业健康安全影响证明文件，试验报告、工作业绩、对供方活动进行监控等。

7.4.3.2 项目部对材料、设备、劳务、运输和试验室供方，根据具体产品检验标准，严格按规定执行验证活动。

7.4.3.3 当顾客和相关方要求对供方实施验证时，项目部负责与顾客和相关方商定验证的方式、方法，并在采购文件中加以明确。

7.4.3.4 所有外包过程的供方的验证和监视均由项目部负责，验证内容包括：质量、环境意识、职业健康安全意识、质量水平、人员素质、工期、服务效果等。

详见《采购控制程序》。

7.5　生产和服务提供

公司产品实现的过程为：

策划—采购—施工过程—检验和试验—交付验收。

围绕上述过程，公司进行生产和服务提供的过程运作。

7.5.1　生产和服务提供的控制

公司通过运作过程的特点予以恰当充分的控制。

a.项目部按规定及时到经营部领取施工合同、招标文件等产品信息，及时参加图纸会审，了解产品要求；

b.项目部通过对以上信息的研究编制施工组织设计，技术交底由项目部负责，并及时对设计变更进行交底；

c.项目部在使用所需的施工设备时应建立使用、维护设备的规定；

d.技术部负责测量和监控设备的检查、监督和使用指导，并对施工过程中质量、环境、职业健康安全管理进行监控检查；

e.公司根据不同产品和服务的特点，规定适当的交付活动，这些活动包括对顾客交付后产品的保修活动及施工过程的服务活动。

详见《工程施工控制程序》。

7.5.2　生产和服务提供过程的确认

公司常见的需确认的过程有：大型混凝土浇筑、桩基础处理、焊接、地下防渗墙施工、防水工程、软土路基、预应力张拉、防腐处理等。

7.5.2.1　项目部负责对特殊过程的质量控制及对过程的确认，以确保这些过程的输出能够持续满足要求。其工作内容包括对过程的鉴定、设备能力的鉴定和人员资格的考核，确认时应使用正确的方法和程序，并保存确认记录。

对产品和材料的试验，由工地现场试验室进行，其控制要求详见我公司《试验室质量管理手册》。

7.5.2.2　项目部成立由项目经理为首的安全领导组织。制定切实可行的安全措施，加强安全教育，提高每个职工的安全意识，杜绝安全事故的发生。项目部办公室要有专人检查现场安全情况，发生问题及时处理。

7.5.2.3　工程竣工验收前，制定相应防护措施，确保已完工程不受损害。

详见《工程施工控制程序》。

7.5.3　标识和可追溯性

标识分为永久性标识和状态标识。

7.5.3.1　各种原材料、成品、半成品由仓库保管员，对入库、出库进行状态标识，标识要清楚、可辨。

7.5.3.2　在有可追溯性要求时，合同中应明确规定可追溯的范围，并由项目部进行标识，特殊部位应重点加以标识。

7.5.3.3　分部工程质量评定记录由项目部质检员填写，并签字确认。

7.5.3.4　在施工、安装和交付过程中,发生标识转移,要做好记录,并及时补充标识。

7.5.3.5　永久性标识和在有可追溯性要求时,施工记录为产品的唯一性标识。

7.5.3.6　对油库、配电室等应急准备和相应的重点场所要做明显警示标识。

7.5.3.7　各作业场所安全标识的使用管理、控制。

7.5.4　顾客财产

顾客财产指顾客拥有的、为满足合同要求提供给我公司控制或使用的财产,一般有图纸、房屋、材料、设备等。我公司制定了《顾客财产控制程序》,对顾客财产的接受、检验、贮存等各阶段进行有效控制。

应妥善保管在项目部控制下或项目部使用的顾客财产。项目部应对其使用或纳入产品的顾客财产进行标识、保护和维护,对具有环保和劳保要求的财产要按有关规定处理。当顾客财产发生丢失损坏或发现不适用的情况时,应予以记录并向顾客报告。

详见《顾客财产控制程序》。

7.5.5　产品防护

对产品施工过程,直至完成,顾客接受之前,使产品防护始终在受控状态。

防护应包括标识、搬运、包装、贮存和保护。

7.5.5.1　材料和设备搬运

a. 重要材料在搬运前要进行交底,搬运时应根据搬运对象的特点和搬运要求进行搬运。对于采购的产品不要过早地破坏其包装,以保护产品的完好率。对易燃易爆材料或对人身安全有危害的材料,根据特殊规定单独制定作业指导书。

b. 施工设备搬运由设备拥有部门自行负责,外购自运设备由财务部门负责;设备搬运要严格执行有关规定,保障人身安全。

7.5.5.2　施工物资贮存

a. 对于采购的材料要根据其特点和要求分类贮存,对进出库的材料应按照规定办理好相应的手续,并做好检验和试验。对有时间要求的材料,要做到先进先出,确保在材料的有效期内使用。

b. 顾客有明确要求时,要满足规定要求的贮存条件。

c. 仓库保管员对有害物资应根据有害有毒物资贮存的有关规定要求存放,应划出适宜的贮存区域,隔离存放。并配有专人按时检查贮存物资的情况,以便及时发现泄漏并及时得到处理。

d. 各仓库要建立物资接收、发放、贮存台账并定期对贮存物资进行检查,核对数量,以便及时发现和消除隐患。

7.5.5.3　油漆、油料和化学品的搬运、贮存和包装应按有关要求执行。

7.5.5.4　包装

公司产品为建筑物,不同于其他产品,无包装要求,但有些物资在搬运、贮存过程中需要检验,须恢复包装,以防损坏、变质。

7.6　监视和测量装置的控制

7.6.1　技术部制定《监视和测量装置的控制程序》,并负责对监视和测量装置进行管理。

7.6.2　监视和测量质量、环境和职业健康安全的装置应根据国家的有关规定定期或在使用前进行校准和调整，并有表明校准状态的标识，自检仪器由技术部负责组织按照规定进行定期检测。

7.6.3　防止发生可能使校准失效的调整。

7.6.4　在搬运、维护和贮存期间防止损坏和失效。

7.6.5　校准的结果应有证据和记录。

7.6.6　在发现偏离校准状态时，要评价其以往结果的有效性并采取纠正措施。

7.7　环境和职业健康安全管理体系运行控制

建立环境和职业健康安全管理体系运行控制程序，使与公司重要环境和风险因素有关的活动、产品、服务得到有效控制，并逐步加大对相关方环境和职业健康安全行为影响力度。

7.7.1　对与重要环境和职业健康安全因素有关的活动、产品、服务进行有效控制，确保其在规定的条件下运行，使其不致偏离一体化管理方针和目标、指标。

7.7.2　为提高环境和职业健康安全绩效，减少环境污染，减少伤亡事故，针对重要环境和职业健康安全风险因素建立并保持控制程序，各部门和项目部负责贯彻执行运行控制程序。

7.7.3　针对重要环境和职业健康安全风险因素，项目部必要时制定一体化管理方案，作为程序文件的补充，对一般环境和风险因素，通过法律、法规及其他要求和日常的检查进行控制。

7.7.4　一体化管理方案内容要求

a. 明确实现的目标和指标；

b. 制定具体措施，并具有可操作性；

c. 明确责任单位或人员；

d. 写明完成的时间、进度，并落实资金；

e. 一体化管理方案由编写人负责交底，并监督执行；

f. 项目部负责相关施工过程的环境和风险因素的控制，负责执行相关管理方案的要求，环保节能员负责各过程环境和职业健康安全行为的监督，重大问题由项目经理负责协调；

g. 运行程序及相关要求要以签订合同、协议等形式及时通报给供方，在运行过程中，由项目部及时进行监视和测量；

h. 重要岗位人员严格执行程序要求和作业指导书规定，并严格按规程操作；

i. 对设备有关环保和劳保的各项技术参数要进行确认，在生产中要做好环保和劳保设施、生产设备的日常维护和保养，保证设备的正常运转；

j. 运行结果要有记录。

详见《环境运行控制程序》和《职业健康安全运行控制程序》。

7.8　应急准备和响应

建立并保持环境和职业健康安全潜在事故和紧急情况控制程序，预防或减少可能伴随的环境影响和风险，办公室负责编制《应急准备与响应控制程序》，并组织实施。

a. 公司根据识别出的潜在的重要环境因素和风险因素，确定下列物质或场所为应急准备和响应的重点：

a)易燃易爆(气)体：汽油、柴油、油漆、稀料、氧气、乙炔气、天然气、液化气等；

b)可(易)燃物：建筑垃圾、保温材料等；

c)化学品：硫酸、硝酸、盐酸、磷酸、氢氧化钠、氢氧化钾等；

d)作业点或场所：现场电气焊作业点、木工棚、防水作业点、油库、施工现场配电室、食堂、试验室等；

b. 由相应的部门针对潜在的事故或紧急情况，制定有针对性的预防措施和应急措施；

c. 对应急场所工作人员应进行岗位教育、防火灭火知识教育；

d. 义务消防队每年应进行一次消防演习，其他紧急事件的应急准备与响应能力也应及时进行相应的确认；

e. 责任单位应对潜在事故或紧急情况发生时，迅速地做出有效反应，如遇事故性质严重难以处理的应立即联络紧急求援和报告；

f. 对事故或紧急情况的处理应形成记录；

g. 在事故或紧急情况处理完毕后，应对应急准备与响应程序进行一次评审或修订。

详见《应急准备与响应控制程序》。

8 测量、分析和改进

8.1 总则

公司规定、策划和实施为确保一体化管理体系符合性和实现改进所需的测量和监视活动，目的是检验我公司质量、环境、职业健康安全管理体系运行的有效性、产品质量的符合性、提出持续改进一体化管理体系的措施并实施。技术部负责与质量有关的过程和监视活动的监督管理；办公室负责与职业健康安全和环境有关的过程和监视活动的监督管理。

8.2 监视和测量

8.2.1 顾客及相关方满意

各部门及时识别并了解顾客及相关方对施工过程及交付后的服务、产品质量、环境和职业健康安全的满意程度，并予以记录和分析，当发现或评审后确认顾客及相关方的满意程序存在需要改进的要求时应及时采取措施进行改进，以满足顾客及相关方的要求。

详见《顾客满意监测程序》。

8.2.2 内部审核

为了查明公司质量、环境、职业健康安全管理体系实施效果及是否达到规定的要求，及时发现存在的问题并利用纠正措施，使一体化管理体系持续有效运行，我公司建立并保持《内部审核控制程序》，公司技术部负责制定《内部审核控制程序》。

公司由技术部组织每年进行一次内部审核，采取一体化审核的方式，以确定管理体系是否符合 GB/T19001—2000、GB/T24001—2004 和 GB/T28001—2001 标准的要求，并得到有效实施与保持；管理者代表审批审核方案和具体审核计划并任命审核组长，审核组成员必须由经过内审培训的人员担任，审核过程按审核计划进行，由与被审核方无关的内审员执行，审核相关记录由内审员负责整理，并交技术部保存。审核结束后，由被审核方对审核方发现的不符合进行纠正或采取纠正措施，整改的结果由技术部负责组织验证。

内审结果由管理者代表提交管理评审，作为管理评审输入的一部分。

详见《内部审核程序》。

8.2.3　过程、环境和职业健康安全的监视和测量

8.2.3.1　过程的监视和测量

我公司用内审的方法对工程施工各个过程进行监视或测量，以获得工程施工各个过程的策划是否达到效果。对施工过程的监视和测量按施工组织设计/施工方案的要求进行，当未达到策划的效果时，按8.5.2/8.5.3条款采取纠正预防措施，从而使工程施工和服务过程符合要求，确保施工质量满足顾客的要求。

a. 施工过程的测量监视应用于确认和保持每一个过程持续满足其预期的目的和能力。

b. 项目部通过对过程的检查和验收，监视和测量各职能班组制定的专业目标的完成情况。公司各职能部门通过对本部门工作的日常检查，对制定的一体化目标的完成情况进行监视和测量。

c. 通过对测量结果使用适当的统计方法，评价每一个过程满足要求的能力；当过程未达到策划的结果时，公司各部室及各项目部应在适当时采取纠正措施，以确保过程的适宜性。

8.2.3.2　环境和职业健康安全绩效的监测和测量

对具有或可能具有重大环境影响和风险的活动及其关键特性进行监测和测量，通过监测和测量结果对一体化方针、目标、指标、有关法律、法规、标准的符合性程度进行评价。

a. 公司各相关职能部门、各项目部负责实施本部门职责范围内监控、监测和监督活动。

b. 监测指对环境和职业健康安全产生影响或具有影响的活动的易于量化的关键特性进行测量的过程，如纯技术性、委托外单位进行测量的项目。监测的对象是场界噪声、现场用能和废水排放。项目部应对现场场界噪声进行定期监测，若设备的使用量增加或相关方抱怨，适当增加监测频次。通过实际用量与计划量的对比，监测现场用能情况，监测范围包括施工区和生活区，对不能自测的项目要委托环保和劳保部门进行监测。监测和测量结果超标时应重新测量一次，若仍然超过标准，则执行《不合格品、不符合控制程序》、《纠正和预防措施控制程序》，必要时进行专门的改进分析，并将结果上报相关部门。

c. 监控指对环境和职业健康安全产生影响或具有潜在影响的活动的不易于量化的关键特性采取定性检查的过程，如目标、指标完成情况；法律、法规遵守情况。办公室按季度监控公司的一体化目标、指标的落实情况，对监视和测量结果进行评价，验证环境和职业健康安全行为与相关法律法规标准的符合性。

d. 监督指对运行控制执行情况进行的检查及督促。如固体废弃物、油类、化学品等操作人员是否按程序工作。项目部每月组织对运行控制执行过程的检查和监督，每季度对监测和测量结果进行监督检查，公司各部室采取日常检查和随机抽查的形式对所负责的运行控制程序的执行过程进行检查和监督。

e. 对环境和职业健康安全监测和测量的结果要进行评价和分析，评价和分析的结果作为管理评审的依据。

详见《环境、职业健康安全绩效监视和测量控制程序》。

8.2.4　施工质量的监视和测量

8.2.4.1　我公司按质量计划或国家的有关规范标准和时间要求对施工质量进行监视和测量,从而验证工程施工质量达到规定的要求。

8.2.4.2　施工工程质量的监视和测量分为进货检验、过程检验和最终检验,有的监视和测量须经有资格的检验员审批或得到顾客的确认。

进货的检验和试验,过程的检验、试验及最终的检验、试验分别由项目部实施,水泥、钢材等有试验要求的材料不得紧急放行。过程检验、试验不得例外转序。

8.2.4.3　施工的工程只有当各种监视和测量数据齐全且全部达到要求后才能交付使用,如交付时发生不满足要求需让步接收的情况必须满足有关法律法规的要求并且由顾客批准。

8.2.4.4　所有的监视和测量的记录必须按文件要求予以保存,文字性资料应齐全,有关人员应签字认可。

8.2.5　合规性评价

为了履行对合规性的承诺,由技术部建立并保持《合规性评价控制程序》,定期评价,对使用环境法律法规的遵循情况,技术部应保存定期评价结果的记录。

公司还应该评价对其他要求的遵循情况,并保存对定期评价结果的记录。

详见《合规性评价控制程序》。

8.3　不合格品、不符合、事故、事件的控制

8.3.1　不合格品、不符合控制

公司技术部负责制定《不合格品、不符合控制程序》,并监督指导各部门、项目部对该程序的实施。

8.3.1.1　不合格品的控制必须严格执行程序规定,并予以详细的记录。

8.3.1.2　不合格品的控制程序应规定采取适当识别的控制措施,如鉴别标识、记录、评审和处置等。

8.3.1.3　评价不合格品性质的严重程度,并提出处置的建议方案,必要时采取隔离措施。

8.3.1.4　根据处置决定,对不合格品(过程)及后续工作进行控制。

8.3.1.5　发现不合格品(过程)的所有人员都应执行不合格品(过程)评审和处置程序。

8.3.1.6　对采购物资、顾客提供的物资中进货检验或顾客发现不合格的,项目部材料员应负责做好详细记录,提供客观证据,报告项目经理进行审批,并通知顾客及供方以便共同协商处理办法或采取措施。

8.3.1.7　对过程检验或顾客发现的不合格,项目部质检员负责详细记录,提供客观证据,报告项目部技术负责人进行评审,必要时应下令暂停施工,会同设计、顾客代表或上级质检部门确定处理方式、方法。

8.3.1.8　对工程交付后发现的不合格,项目部负责对其进行保修,并做好记录。

8.3.1.9　让步使用、放行或接受不合格时,必须经有关授权人批准或经顾客批准。

8.3.1.10　应保持不合格性质以及随后所采取的任何措施的记录,包括所批准的让步记录。

8.3.1.11　应对纠正后的产品再次进行验证,并保存相应记录,以证实符合要求。

8.3.1.12　一般不符合由项目部及责任部门制定纠正和预防措施并实施。

8.3.1.13　技术部、办公室及审核组负责对体系运行中的不符合发出通知,进行调查,并

对实施效果进行验证。

8.3.1.14　对体系运行中发生的不符合项，责任部门分析产生不符合的原因制定并实施纠正措施。

8.3.1.15　各部门在日常运行中负责分析潜在不符合的原因，制定预防措施，对于发现的不符合，分析具体产生的原因并制定纠正措施，确保纠正和预防措施的实施效果。

8.3.2　事故、事件的控制

纠正和预防违章的发生，减少因违章而产生的环境影响和伤亡事故，对事故、事件进行调查、处理，采取必要措施，避免产生新的不符合。公司技术部负责制定《事故、事件调查处理控制程序》，并组织实施。

重大事故、事件由公司办公室、技术部、工会及有关部门组织进行调查处理，由责任部门具体实施，工程部验证实施效果。

详见《不合格品、不符合控制程序》、《事故、事件调查处理控制程序》。

8.4　数据分析

8.4.1　为了评价一体化管理体系的适宜性和有效性并识别改进机会，公司应收集并分析有关的数据，由技术部负责此程序的监督与管理。

8.4.2　所收集数据的内容和来源一般包括

a. 与产品质量、环境、职业健康安全有关的数据，如质量记录、不合格品率、环保、安全、顾客满意率、检验、服务、信息等；

b. 与公司运行能力有关的数据，如过程运行的监视和测量信息、过程能力、内审报告、管理评审输出等；

c. 与产品和运行能力相关的环境和风险因素的数据；

d. 环境绩效数据；

e. 职业健康安全绩效数据；

f. 同类产品市场动态、竞争对手的产品过程信息等；

技术部负责收集：施工过程中产生的技术性数据及顾客满意的数据；

财务部负责收集：材料、物资及机械设备数据；

项目部负责收集：工程质量、环境、职业健康安全有关数据；

办公室负责收集：公司培训、考核等数据和环境绩效和职业健康安全绩效目标、指标完成情况。

8.4.3　对数据做出分析和评价提供以下信息：

a. 顾客及相关方满意程度的现状和趋势；

b. 产品和服务与顾客及相关方要求的符合性；

c. 过程和产品特性的趋势，包括采取预防措施的机会；

d. 供方产品、过程和体系的相关信息；

e. 供方的产品质量、环境和职业健康安全行为及合作的状况；

f. 质量、环境和职业健康安全改进的具体成效。

8.4.4　各部门将分析的结果及时进行传递并报技术部，重大数据分析结果应及时报送管理者代表，一般数据分析结果向相关部门传递。

8.5　改进

8.5.1　持续改进

公司通过使用一体化目标、方针、审核结果、数据分析、纠正和预防措施以及管理评审，及时识别体系运作中的改进目标，并将上述工作纳入公司各层次的日常管理工作，促进一体化管理体系的持续改进。

a.通过制定一体化管理目标，明确改进的方向；

b.通过一体化管理方针的建立与实施，营造一个激励改进的氛围与环境；

c.通过顾客和相关方的满意程度来测量持续改进；

d.实施纠正和预防措施以及其他适用的措施，实现改进；

e.在管理评审中，评审改进的效果，确定新的改进目标。

8.5.2　纠正措施

各责任部门在获取顾客投诉和产品不合格、不符合、事故、事件报告后提出纠正措施报告，送技术部，由技术部验证后报分管领导批准后实施；调查产生不合格、不符合、事故、事件原因，并记录调查结果；确定消除不合格、不符合、事故、事件原因的纠正措施；技术部会同责任部门，对纠正措施进行检查和验证。

8.5.2.1　纠正措施的实施应采取以下步骤：

a.通过体系运作和质量、环境、危险源风险监控及顾客、相关方投诉来发现不合格与不符合；

b.通过对不合格与不符合、事故、事件原因的调查分析，制定采取相应措施，并对此措施进行评价（包括采取纠正措施的客观需求）；

c.确定无误后实施这些措施；

d.对纠正措施的结果进行记录；

e.评价纠正措施的有效性，对富有成效的改进做出永久更改。对于效果不明确的采取进一步的分析和改进。

8.5.2.2　在制定纠正措施时应考虑相关因素的影响问题。

8.5.3　预防措施

8.5.3.1　公司通过管理评审、内部审核、质量、环境和危险源风险测量和监视程序、顾客及相关方意见、活动监视等识别潜在不合格，并分析其原因。

工程部、技术部根据顾客反馈意见，收集影响产品质量的工序、质量记录、审核结果，分析整理，找出潜在的不合格原因。

8.5.3.2　评价采取预防措施的客观需求。

8.5.3.3　按照潜在不合格、不符合、事故、事件的特性，通过一体化管理方案、专项技术措施、技术交底等形式制定预防措施，并予以实施。

8.5.3.4　跟踪并记录预防措施的效果。

8.5.3.5　评价预防措施的有效性，并做出永久更改或进一步采取措施的决定。

8.5.3.6　在制定预防措施时应考虑风险、利益和成本问题。

8.5.3.7　确保将所采取的措施有关信息提交管理评审。

详见《纠正和预防措施控制程序》。

二、程序文件

文件控制程序(××××—CX—01)

1 目的

为加强本公司对文件的控制工作,确保与一体化管理体系有关的场所能及时获得和使用文件的有效版本。

2 适用范围

本程序适用于与本公司一体化管理有关的各类文件。

3 术语和定义

3.1 文件——指本公司所购买、制定和接收的对质量管理、环境和职业健康安全管理有关的书籍、文字材料、图纸、照片、计算机磁盘、光盘、磁带等图文和电子载体。
3.2 文件管理——指对一体化管理体系文件的编制、批准、标识、编号、发放、使用、评审、更改、回收、作废和归档等的控制工作。

4 职责

4.1 技术部是文件的主管部门,负责管理体系文件的管理。
4.2 各部门负责本部门文件的管理。
4.3 总经理负责批准管理手册。
4.4 管理者代表负责批准《程序文件》和其他管理性文件。

5 工作程序

5.1 文件的编制
5.1.1 《一体化管理体系手册》和《程序文件》由管理者代表组织有关部门编写。
5.1.2 本公司各部门负责编制本部门的相应文件,各部室负责编制本部室的日常管理文件。
5.2 文件的编号
5.2.1 文件类别
SC—管理手册　CX —程序文件　ZY—作业文件　QD—清单、方案　JL—记录
5.2.2 各部门接收外来文件,属于应受控文件时要及时分类记入受控文件清单台账,仍采用原有编号。文件需转发时由转发部门编制转发通知并规定受控编号和发放号。
5.2.3 受控文件在发放时要盖红色受控专用章,在其中填写编号和发放号。
5.3 文件的审批

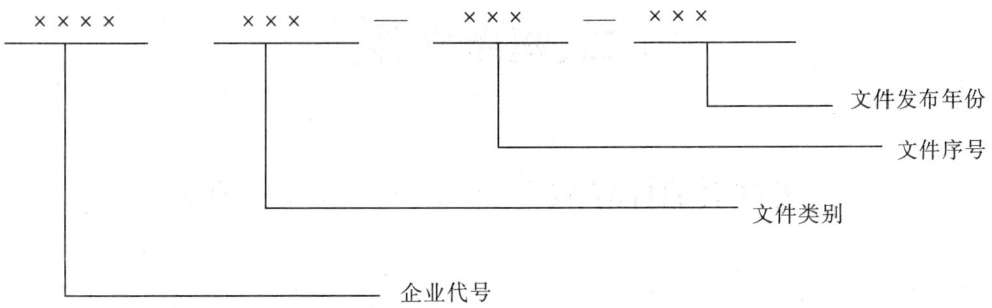

5.3.1 《一体化管理体系手册》由管理者代表审核，总经理批准；程序文件由各职能部门负责人会审，管理者代表批准。

5.3.2 本公司其他与一体化管理体系有关的支持性文件，由有关职能部室组织编写，经部门负责人审核后，报管理者代表批准，技术性文件，由总工程师批准。

5.3.3 各科室编制的文件，经科室负责人审核后，报主管此项工作的领导批准，技术措施等技术性文件，报部门技术负责人审核。

5.3.4 审核和批准要在文件批办单上留有审核人和批准人的签字，以便存档备查。

5.4 文件的发放及控制

5.4.1 文件实行分层次控制制度，本公司一体化管理体系文件和方针、目标等文件由技术部发放，各部室及各科室日常工作文件由各部室发放控制，各种受控文件要盖受控专用章并按规定编号。各部门、各部室要将所制定并管理的有关的受控文件分别记入“受控文件清单”，以便管理控制。

5.4.2 《一体化管理体系手册》和《程序文件》要按规定的范围发放，由技术部设专人管理。发放时必须加盖红色受控印章，并编有统一编号，便于追溯和回收。

5.4.3 为确保产品质量和预防污染，降低风险，用于办公室和施工现场有关的文件，尤其是图纸和环境、职业健康安全法律、法规及其他要求等文件应使用有效版本。各级文件管理人员在接收或发放受控文件时要做好接收和发放登记，借阅文件也要做好借阅登记。

5.4.4 在生产中需要购买工作书籍，经主管总经理同意后购买，保管部门要建立书籍台账并按本公司规定编号、受控。借用书籍时管理人员要做好相应的登记，借用人要妥善保管、使用书籍和文件，调离单位时应主动交还。

5.4.5 由政府部门和上级单位下发的有关质量管理、环境管理和职业健康安全管理的文件，本公司要经技术部登记并报管理者代表在原文件上阅批给承办部室或人员，主管部室接到文件后要按领导批示认真办理；各主管部门在转发文件时要做好转发记录，编号要执行 5.2 条款的规定。外来文件原件由主管部门保留，以备平时查用和年终归档。

5.4.6 任何人不得随意借用他人受控文件复印，如果发现没有红色受控章的复印文件，文件管理员有权没收。

5.4.7 使用人将文件损坏或丢失时，必须在领用申请中做出说明，文件管理员在补发文件时给予新的发放号，并在文件发放记录表的备注栏中注明原号文件损坏或丢失。

5.5 文件的更改

5.5.1　文件的内容如不能正确指导生产或不符合国家有关质量、环境和职业健康安全要求时必须进行更改，应由提出更改文件的人报送更改材料，对技术文件的更改，还应附有充分的理论依据。体系性文件由管理者代表领导有关部门及人员充分评审现行文件的适宜性后，再做修改。

5.5.2　文件更改内容应由文件的原审批人审批，当原审批人变化时，由接替其岗位或其授权人审批。

5.5.3　文件更改批准后，必须由各部门的文件管理员（资料员）实施更改，文件更改时要注明更改标识和更改生效时间。当文件需换新版时，应按文件发放记录表上的使用者收回作废的旧文件。只局部更改时，可向使用人员发文件更改通知及相关文件更改记录表，说明更改内容和生效日期。

5.5.4　文件的更改方式

a. 在原文件条款号上加盖红色“更改”印章，更改的新内容见文件更改记录表，或者局部换页更改。

b. 文件内容多次更改时必须重新印制文件，原文件版本作废由发文件部门逐级收回。

5.6　文件的作废

5.6.1　文件经多次或大幅度修改时应换版，原文件作废，还有因各种原因已明确作废的文件，都应立即停止使用，并及时收回。

5.6.2　作废文件由原发放部门收回后及时加盖“作废”红色印章，并在文件发放记录表和受控文件清单的备注栏注明“作废”及日期。

5.6.3　需作资料保留的作废文件，文件管理员要在受控文件清单的备注栏注明；保留并在文件封面（扉页）上再加盖“作废”“参考”红色印章。

5.6.4　确定无保留价值的作废文件，经主管档案的领导批准，文件管理员应在他人监控下统一销毁，并做好文件销毁记录，监控人也应在记录表上签字。

5.7　文件的归档管理

5.7.1　要坚持“使用方便，控制重点”的原则，本公司各部室都有兼职档案员，按照职责要求归口管理各类文件，在下年度3月底前按档案管理规定及时归档。

5.7.2　施工资料要及时、完整地整理，完工资料按有关规定送交本公司档案室保管。

5.7.3　借阅档案时，要经档案管理主管领导同意，并在“借阅档案登记簿”上登记，借阅人要签字。

6　相关/支持性文件

无

7　记录

- 一体化管理体系文件发放登记表
- 文件更改通知单
- 管理手册（程序）修改记录
- 文件销毁登记表

记录控制程序(××××—CX—02)

1　目的

通过实施本程序,对记录进行控制和管理,提供质量、环境和职业健康安全符合要求和一体化管理体系有效运行的证据,证实质量、环境和职业健康安全管理活动的可追溯性。

2　适用范围

本程序适用于本公司各职能部门一体化管理体系所有相关的记录。

3　术语和定义

4　职责

4.1　技术部负责编制《记录控制程序》。
4.2　各单位负责记录归档前的管理工作。
4.3　本公司一体化办公室负责一体化管理体系运行记录的归档工作。

5　工作程序

5.1　记录标识

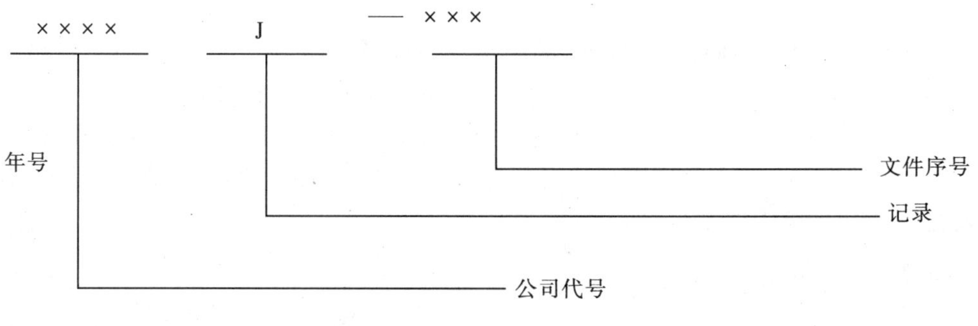

例如:××××—J—0201 意思是公司 记录 第2个程序第1个表格。

5.1.1　一体化管理体系运行记录的表格按照体系要素的内容分别编制,内容要齐全完整,保证足够的使用量。
5.1.2　各部门资料员负责记录表格的登记发放工作,并要妥善保管。
5.2　记录的填写要求
5.2.1　记录应及时填写,填写要做到字迹清晰、字体端正、笔画清楚、不得涂改,做到内容完整、项目齐全、真实准确的记载质量、环境和职业健康安全信息。

5.2.2　签字应按表格所规定的人员亲笔签名，不得由他人代签。

5.2.3　需要归档的记录必须用不褪色蓝黑墨水或碳素墨水。

5.2.4　工程施工资料应与工程施工计划同步进行，作为完工资料的整理，份数按合同要求及其他要求确定。

5.3　记录的归口、收集和传递

5.3.1　记录的归口

a. 办公室负责监督控制劳务供方的选择、考核，并对劳务供方的评审资料进行归档。

b. 财务部负责审核物资采购合同的签订、合格供方的选择及机械设备的采购、租赁，并将工程主要物资采购合同及供方评审资料整理归档。

c. 技术部负责试验室外委合格供方的选择及供方评审资料整理，体系运行记录的收集、填报、移交。

d. 公司一体化管理体系运行记录按“记录总清单”的规定，由负责部门负责填写、收集、保存。

e. 监视和测量装置的有关记录按《监视和测量装置的控制程序》中的具体要求执行。

5.3.2　记录的收集

a. 本公司各部室的资料管理人员应收集相关记录。

b. 项目部资料应按规定逐项进行填写，并按发生时间顺序收集整理，要求符合5.2.4款规定。

5.3.3　记录的传递

a. 本公司各部室、项目部资料管理人员之间需保持密切的工作关系，及时传递记录，并做好收发及登记工作；

b. 记录传递过程要保证不损坏、不丢失，不擅自修改、伪造或随意抽撒；

c. 如需要时有关部门可将记录提供给上级、相关方或其代表作为评价查阅。

5.4　记录的编目、归档、贮存、保管期限、借阅及销毁执行本公司《档案管理工作规定汇编》。

6　相关/支持性文件

- 《文件控制程序》

7　记录

- 记录清单

法律、法规与其他要求获取、确认程序（××××—CX—03）

1　目的

用来确定适用于本公司活动、产品和服务中的质量、环境和职业健康安全法律、法规，及其他应遵守的要求,并建立获取这些法律和要求的渠道。

2 适用范围

适用于对与本公司一体化管理体系活动相关的法律、法规、标准和其他要求的控制。

3 职责

3.1 技术部负责相关一体化体系的法律法规、标准和其他要求的收集,组织确认相关法律法规的适用性和符合性;办公室负责收集与环境、职业健康有关的法律、法规要求,汇总到技术部。

3.2 办公室负责将相关法律、法规和要求下发给有关部门遵照执行。

4 工作程序

4.1 与本公司相关的质量法律、法规和产品标准。

4.2 与本公司相关的国家及地方环境法律、法规和其他要求包括:

a. 国家环境保护法律、法规、标准及各部委规章;

b. 省环境保护法规、规章、标准;

c. 地区环境保护法规、规章、标准;

d. 执法(相关)部门的通知、公报等其他要求;

e. 应遵守的国际公约。

4.3 与本公司相关的国家及地方职业健康安全法律、法规和其他要求包括:

a. 国家职业健康安全法律、行政法规、规章;

b. 省职业健康安全法规规章;

c. 地区职业健康安全法规、规章;

d. 执法(相关)部门的通知、公报等其他要求;

e. 应遵守的国际公约。

4.4 获取的方法和渠道

a. 办公室、技术部经常与有关上级部门联系或上网查询,获取新的国家质量、环境、职业健康安全的法律法规;由技术部汇总、整理、识别,经管代批准后执行。

b. 技术部负责对法律法规和其他要求的适用性、有效性进行识别并负责增删,以确保全公司执行最新的法规。

4.5 选择、确认

4.5.1 技术部负责组织各部门确认所获取的各类法律、法规、标准及要求的适用性和符合性,及时更新或增加,适时下发清单,确保每个使用场所使用法律、法规、标准的适用性和符合性。

4.5.2 技术部保存质量/环境/职业健康安全法律、法规、标准及其他要求的原件,按《文件控制程序》对法律法规进行管理。

4.6 法律、法规的传达、学习

4.6.1 办公室负责组织全体员工学习相关法律、法规和要求,负责将相关法律、法规和要求传达给全体员工并遵照执行《人力资源控制程序》。

5　相关/支持性文件

- 《文件控制程序》
- 《人力资源控制程序》

6　记录

- 法律、法规和其他要求适用性评审记录表
- 标准规范、法律法规清单

内部审核控制程序（××××—CX—04）

1　目的

通过内部审核，控制和改进一体化管理体系运行，使本公司的质量管理、环境保护能力和职业健康安全管理水平不断提高。

2　适用范围

本程序适用于本公司内部与质量、环境和职业健康安全工作有关的内部审核。

3　职责

3.1　技术部是编制《内部审核控制程序》的主管部门。

3.2　管理者代表

3.2.1　负责审批年度内部审核方案并向总经理汇报。

3.2.2　负责审批内审组成员及技术部提名的审核组长并授权。

3.2.3　负责审批技术部根据审核方案编制的具体的内部审核计划。

3.2.4　负责组织技术部编写内部审核报告，作为输入管理评审的信息。

3.2.5　接受顾客和相关方或认证机构对本公司进行一体化体系审核并做好协调工作。

3.3　审核组长

3.3.1　组建内部审核小组和召开审核预备会。

3.3.2　领导内审员开展审核工作，对审核结果的准确性和全面性负责，有权对审核结果作最后决定。

3.3.3　负责编制审核报告，交管理者代表批准后执行。

3.4　内审员

3.4.1　按照技术部具体的内部审核计划和组长分工负责的要求，编制自己的审核检查提纲和记录表。

3.4.2　客观公正地收集证据，分析和记录观察结果，汇报审核组长，保管好审核记录和受审核部门资料。在受审核部门资料需要保密时，要遵守保密制度。

3.4.3　注意协调与受审核部门人员的关系,配合审核组长工作。

3.4.4　针对审核中发现的不符合项,及时客观地编写不符合报告,经受审核部门责任人确认后,交审核组长。

3.5　受审核单位

3.5.1　将审核范围、内容通知有关人员,指派专人陪同审核组,提供审核所需的资料、资源,配合审核员工作。

3.5.2　确有不符合项时,相关责任人要在不符合项报告上签字认可。

3.5.3　根据内部审核报告,制定和实施对不符合项的纠正措施。

3.6　各部室、项目部职责

本公司各部室、项目部要从人员调动上支持内部审核小组工作。

4　工作程序

4.1　本公司内部审核一般情况下采用一体化管理体系审核的方式,需要时,可分别进行专项审核。

4.2　由技术部制定年度内部审核方案,报管理者代表批准后实施。

一般情况每年内部审核工作不少于一次,遇特殊情况(如产生重大不符合品或在环境保护和职业健康安全方面出现事故或有顾客和相关方投诉等),经管理者代表批准后,可增加内部审核次数。

4.3　年度内部审核方案的内容包括:

a. 年审核次数、审核时间安排;

b. 每次审核目的和范围、准则。

4.4　审核前准备

4.4.1　管理者代表审批本次审核计划和审核组成员并授权审核组长具体领导和协调本次审核工作。

4.4.2　由审核组长会同技术部在审核前召开审核预备会,审核组长根据具体审核计划为组员适当分工,组织研究如何更好地实施审核计划,发放所需表格。

表格包括:

a. 审核检查表:由审核员提前编写详细的审核检查方法,作为现场审核检查的提纲和记录依据。

b. 不符合项报告:用于记录客观的不符合项。

4.4.3　由技术部提前5天向受审核单位(部门)发出审核通知书,其内容包括:

a. 受审核的部门、范围和日期;

b. 审核依据文件、审核员的分工情况;

c. 审核的具体项目和时间安排。

4.5　实施审核

4.5.1　在受审核单位,审核组长召开由审核组成员、受审核单位主要负责人及主要管理岗位的负责人等参加的首次会议,其内容包括:

a. 向受审核单位的领导重申审核的范围和目的,介绍审核组成员;

b. 简要介绍本次审核采用的方法、程序和依据；

c. 确认审核所需的资源是否齐备；

d. 确定审核项目的日期和末次会议时间。

4.5.2　审核的具体内容无特殊情况要按审核检查记录表进行，审核的手段包括：

a. 与相关人员交谈；

b. 查阅文件；

c. 检查现场、收集证据。

4.5.3　审核员对于发现的不符合项应填写不符合项报告，并当场让有关责任人确认后签字，审核后将本报告交审核组长。若双方对审核判定有争议时，由审核组长根据客观事实裁决。

4.5.4　在末次会议召开之前，由审核组长召集审核组成员对审核结果做汇总分析，并对受审核方的质量体系和环境体系、职业健康安全体系运行情况作出综合评价。

4.5.5　审核评价结束后由审核组长召开受审核单位领导及有关人员参加的末次会议。

4.5.6　有关末次会议的注意事项及内容包括：

a. 末次会议应由审核组长主持，参加者应签到，末次会议应有记录并保存归档；

b. 在末次会议上审核组长应说明不符合项的数量和分布情况，并宣读不符合报告，提出纠正措施的建议；

c. 在末次会议上审核组长还应回答受审核部门提出的问题，并通报审核报告发送的日期。

4.6　审核组长编写审核报告报送技术部，在报告中要写明本次审核情况综述。

4.7　本公司技术部将审核报告发至受审核单位，受审核单位在接到审核报告之后要对不符合项采取纠正措施并将纠正情况报技术部。

4.8　技术部组织对受审核单位采取的纠正措施跟踪检查，填写跟踪检查报告并及时进行数据分析，将分析结果向管理者代表汇报。

4.9　内部审核工作的全部记录由审核组长转交技术部保存，为管理评审提供证据资料。

4.10　按照年度审核计划全部完成内部审核后，管理者代表应组织技术部对本公司的一体化管理体系是否持续有效地运行进行全面的评价，并做出全年的内部审核报告，作为管理评审的重要依据。

5　相关/支持性文件

无

6　记录

- 年度内审计划表
- 内部审核计划
- 内部审核检查表
- 首(末)次会议记录
- 内部审核不符合报告

• 内部审核报告
• 内部审核首(末)次会议签到表

管理评审控制程序(××××—CX—05)

1 目的

规定本公司管理评审的程序,确保一体化管理体系的有效运行,最高管理者对一体化管理体系持续的适宜性、充分性、有效性,按计划的时间间隔进行系统的评价。

2 适用范围

适用于本公司管理者对一体化管理体系的评审。

3 职责

总经理批准管理评审计划,主持管理评审会议,审批管理评审报告。

技术部负责制定本程序和管理评审计划,准备管理评审所需的资料,负责编制管理评审报告,协调有关部门对评审后的整改情况进行跟踪验证,并负责管理评审记录的存档。

4 工作程序

4.1 管理评审的时间及频次

4.1.1 管理评审每年至少一次。

4.1.2 若发生以下情况,由总经理决定评审频次和评审时间。

a. 本公司组织机构有重大调整;

b. 发生重大质量、环境事故,职工伤亡和健康事件,相关方连续投诉,本公司形象受到损害。

4.2 管理评审计划

4.2.1 管理评审计划由技术部制定,管理者代表审核,总经理批准并予以下发。

4.2.2 管理评审计划的内容

a. 目的、范围;

b. 时间、地点及评审安排;

c. 参加人员。

4.2.3 技术部根据评审计划,向参加评审会议的人员送书面通知,做好评审准备工作。

4.3 管理评审准备

4.3.1 技术部应提供的资料:

a. 管理评审会议通知;

b. 内、外部质量、环境和职业健康安全审核报告;

c. 评审会议签到表和会议记录表。

4.3.2 本公司有关职能部室、项目部应提供的资料:

a. 产品质量方面的记录；

b. 安全文明生产、环境保护和职业健康安全方面的记录；

c. 产品、过程不合格、纠正和预防措施记录及环境和职业健康安全管理方案实施的记录；

d. 相关方投诉资料、重大质量、环境事故和职业健康安全处理的记录；

e. 管理体系运行中持续改进的建议。

4.4 管理评审的内容

4.4.1 一体化管理体系是否持续适宜和有效，是否满足一体化方针、目标的要求及重要环境和风险因素的控制情况。

4.4.2 一体化管理体系的内审、外审和相关方的审核情况。

4.4.3 本公司在一体化管理体系运行中，对组织机构、人员配置、职责等方面提出的要求。

a. 相关方反馈；

b. 过程的业绩和顾客满意程度的测量结果；

c. 本公司产品符合顾客要求的程度情况；

d. 纠正和预防措施效果方面的情况；

e. 往年评审所确定的措施实施情况和改进活动的结果；

f. 由于法律、法规要求的变化所受到的影响和应变措施；

g. 管理体系文件的运行是否符合变化的法律、法规要求，并提出改进建议。

4.5 管理评审的输出

管理评审报告：

技术部对评审的内容、作出的决议及采取的措施应做好记录，整理后形成书面报告。

4.5.1 管理评审报告的主要内容：

a. 一体化管理体系的运作应符合相关法律、法规的要求；

b. 一体化管理体系及其过程的改进措施；

c. 顾客及相关方对产品质量及环境和职业健康安全要求的改进措施；

d. 根据内部、外部的变化，考虑自身资源的适宜性和未来的资源需求；

e. 监控上述内容作为下次管理评审的输入。

4.5.2 管理评审报告经总经理批准后，技术部留底存档。

4.6 评审后的跟踪验证

针对评审提出的问题或改进的目标，有关责任部门在规定的时间内提出纠正和预防措施。

在管理者代表组织下，技术部负责协调有关部门对整改措施的有效性进行检查验证。

5 相关/支持性文件

无

6 记录

- 管理评审计划(年度)
- 管理评审计划
- 管理评审会议签到表
- 管理评审会议记录
- 管理评审报告(文字报告)

信息交流沟通控制程序(××××—CX—06)

1 目的

为了保证本公司一体化管理体系信息交流的及时性、有效性,确保一体化管理体系的有效运行,特制定本程序。

2 适用范围

本程序适用于本公司一体化管理体系信息交流的传递和处理。

3 职责

技术部负责编制本程序并组织实施。

办公室是信息交流的归口部门,负责信息的分析汇总,并向管理者代表汇报。

4 工作程序

4.1 总则

4.1.1 信息交流的途径以书面文件为主,以及其他可利用的通信和宣传工具。

4.1.2 一体化管理信息包括内部信息和外部信息。

4.1.3 一体化管理信息的内容应及时、准确、可靠。

4.1.4 信息交流要做好信息交流记录。

4.1.5 办公室负责收集、整理、传递报刊等新闻媒体上的环保、安全职业健康信息。

4.2 内部信息交流的主要内容:

a. 法律、法规和其他要求的遵循情况;

b. 一体化目标、指标、管理方案完成情况和效果;

c. 内审、外审、管理评审结果;

d. 监测、测量结果;

e. 不符合与纠正情况;

f. 应急准备与响应情况;

g. 一体化管理体系培训情况;

h. 各单位之间的日常联络、常规报表、其他信息通报等;

i. 一体化管理体系各运行控制程序执行情况。

4.3　外部信息交流的主要内容：

a. 来自施工场所周围居民的投诉和抱怨；

b. 来自供方的信息；

c. 来自上级部门的信息；

d. 来自职工的信息；

e. 其他外部相关方的信息；

f. 本公司的环境和职业健康安全管理要求向外部传递的信息；

g. 对相关方(物料供应商、劳务承包方、外委试验室等)施加影响,使其了解本公司的质量、环境和职业健康安全管理体系方面的事宜,以促使其自觉保证产品质量和减少职业健康安全风险。

4.4　内部信息交流

4.4.1　本公司的一体化方针、一体化管理体系的有关要求、质量、环境和劳动保护知识,由技术部、办公室负责向有关单位宣传。

4.4.2　一体化管理体系运行中产生的信息由其产生的单位及时传递到有关单位,接收信息的单位要做好记录。

4.4.3　紧急状态下的信息具体执行《应急准备和响应控制程序》。

4.4.4　实施不符合,纠正和预防措施的单位必须在整改过程中将信息传递到有关单位。

4.4.5　发生重大信息应立即传递到总经理或管理者代表,一般信息应及时传递到部门负责人。

4.5　外部信息交流

4.5.1　相关方要求提供信息时,各有关单位将本公司的一体化管理方针及有关要求传递给相关方。

4.5.2　本公司各部室在收到有关环境和职业健康安全法律、法规和其他要求时执行《法律、法规与其他要求获取、确认程序》。

4.5.3　相关方抱怨及其他信息,由各单位分别接收,要求答复的要将处理结果及时传递给相关方。

5　相关/支持性文件

- 《应急准备与响应控制程序》
- 《法律、法规与其他要求获取、确认程序》

6　记录

- 内部员工沟通、协商记录
- 对外沟通除沿用地方、行业、国家通用表格外,还可以采用书面通知、会议、协议、责任书等方式。(无固定格式)

人力资源控制程序（××××—CX—07）

1　目的

通过对职工培训，使职工明确自己在质量、环境和职业健康安全活动中的职责。学习和掌握本岗位技能，具备做好本岗位工作的能力。

2　适用范围

本程序适用于本公司所有对与质量、环境和职业健康安全有影响的员工及相关部门的培训和资格考核。

3　职责

3.1　办公室是本程序的主管部门。

3.2　办公室依据本公司各部室培训申请及年度培训需求计划，制定年度培训计划报管理者代表审批，并组织实施。

3.3　办公室负责培训工作的文件管理。

3.4　办公室负责组织员工能力的识别及考核工作。

4　工作程序

4.1　员工能力的识别

各部室及项目部应根据员工从事质量活动及与环境和职业健康安全有关的岗位人员能力的要求，选择能够胜任的员工配置合格的人力资源，并对职工能力需求加以识别。能力是由员工所具备的技能、工作经验、培训和教育经历来决定的。

4.2　人员技能的考核办法及评价

考核于每年年底由办公室负责组织实施。本公司、部室、项目部按编制层层考核，各部室人员由室主任考核，各部室（主任）、项目经理和项目总工由局领导组织考核组进行考核。

考核内容分为：思想道德、工作绩效、能力、工作态度等四个方面。

根据考核结果对不能胜任本岗位者要参加下岗培训或转岗。

考核记录及结果由考核部门负责保存。

4.3　培训计划

4.3.1　办公室根据考核结果和工作需求，并依据本公司各部室的申请及各项目部年度培训需求计划，编写年度培训计划（主要包括：项目、内容、参加培训人数、培训时间、主办单位等）报请主管总经理审批并组织实施。

4.4 培训要求

4.4.1 人员培训应分层次进行，根据不同对象分为各级管理人员、专业技术人员及劳务人员等。

4.4.2 培训形式可结合本公司特点，采取脱产、半脱产形式为主，其他形式为辅进行培训。

4.5 培训内容

4.5.1 对全体员工进行一体化管理体系的培训，使其理解体系中方针、目标、术语及体系结构等。

4.5.2 要求熟悉本公司一体化手册及工作程序文件内容。

4.5.3 根据专业岗位特点进行法律、法规培训及岗位技能再教育。

4.5.4 对劳务人员及时进行岗前教育及应知应会考核。

4.6 培训组织

4.6.1 各级管理人员培训由办公室组织、实施。

4.6.2 专业技术人员和技术工人由有关部门负责组织实施。

4.6.3 劳务人员的岗前培训、应知应会考核由各用人单位负责组织实施。

4.6.4 培训的方法可采取长期培训、短期培训、内部培训、外部培训等多种方式。

4.7 培训的效果及评价

4.7.1 内外部培训由负责本次培训工作的主管部室或用人单位实施考核。

4.7.2 办公室负责对全年培训工作进行综合总结，审议全年培训工作计划实施和完成情况、培训效果、存在的问题及对培训的有效性进行评价，并提出相应的纠正措施。

4.7.3 参加培训的人员，要取得培训效果证明、岗位证书、上岗操作证、结业证等。

4.7.4 经培训考试未及格者，不能从事本岗位的工作。

4.8 人力资源记录和培训资料的管理

本公司、部室、项目部建立的台账应有以下记录：

a. 年度培训计划、年度培训需求计划；

b. 内部培训记录（培训需求计划、年度培训计划、培训教师登记表、教学安排表、年度员工考核表）；

c. 培训及人员考核形成的记录按《记录控制程序》的有关规定执行。

5 相关/支持性文件

无

6 记录

- 年度培训计划
- 培训需求申请表
- 培训记录及效果评价表

与顾客有关的过程控制程序（××××—CX—08）

1　目的

通过了解、掌握顾客现有的和未来的对工程（产品）以及服务的要求和期望实施持续改进，确保实现对顾客的质量承诺、安全承诺和服务承诺；通过对招标文件、合同草案、投标文件和合同的合理性、可行性进行评审来证实本公司满足顾客要求的能力；通过收集质量信息，解答顾客咨询，正确处理顾客投诉，以增强顾客的满意程度。

2　适用范围

本程序适用于本公司对有关招投标文件及施工合同文件进行评审的管理。

3　职责

3.1　经营部负责组织招投标文件及施工合同的评审工作及投标文件的准备。
3.2　各项目的合同评审结果由主管总经理审批。

4　工作程序

4.1　对招标文件的评审

4.1.1　本公司接到认为适合的招标信息后，由经营部组织工程部及与投标有关的工程部和主要技术人员进行投标咨询和现场勘察，交主管总经理审批。

4.1.2　主管总经理根据调研结果，决定是否参与投标。

4.1.3　在决定参加投标后，由经营部组织投标小组，对招标文件进行评审，填写“招标文件评审记录表”。投标小组分方案组和预算组，主要负责评审招标文件中涉及技术要求和工程造价的内容。

4.1.4　方案组由经营部、工程部、主要技术人员组成，负责评审招标文件中涉及实际施工过程的有关技术问题。主要包括：

a．施工图纸审核；

b. 施工部署；

c. 主要工程项目的施工技术方案；

d. 特殊工程项目的技术措施；

e. 质量保证措施；

f. 工期、质量等级验评标准、环境和职业健康安全管理、工程范围及承包方式是否规定明确。

g. 进度安排；

h. 设备、材料、劳力、资金计划等。

4.1.5　预算组由经营部内部人员组成，负责评审招标文件中涉及工程造价的内容。

4.1.6　招标文件评审完成后由经营部将评审结论记录在“招标文件评审与顾客评审记

录”中,并由总经理或分管副总经理作出总的评审结论。

4.2 投标文件的准备

4.2.1 对招标文件进行评审后,由投标小组对以下投标文件进行准备工作:

a. 资质证明——若顾客需要,由经营部负责提供本公司的资质审查资料;

b. 施工组织设计——投标方案组根据招标文件的评审情况,编写《施工组织设计》,送交总(副总)工程师审批;

c. 工程预算书。

投标预算组根据招标文件的评审情况,按设计图纸核算工程量,结合《施工组织设计》编制工程预算书。

4.2.2 按招标文件要求装订标书,在规定时间内派专人送达顾客。

4.3 施工合同的评审

4.3.1 中标后,经营部组织投标小组对施工合同的相应内容进行评审,具体评审方法见4.1.3条,投标方案组还应对与投标不一致的要求是否得到解决进行评审。

4.3.2 合同评审由经营部负责组织召开合同评审会议,做好会议记录,并将评审结论记录在“合同评审记录”表中。

4.3.3 当发生与标书不一致时,双方经协商解决并再次对合同进行评审。

4.3.4 本公司满足合同要求的能力已经得到内部有关方面的确认。

4.3.5 主管总经理对合同评审作审核结论。

4.4 合同的修订

4.4.1 当顾客提出变更或需要补充合同时,对原合同影响较大的,采取上述程序重新进行评审。评审结果交主管总经理审批方能生效;对一般的图纸变更和局部较小的补充合同,由经营部与顾客共同协商进行修订确认。

4.4.2 若我局拟对合同的部分内容进行更改,由经营部评审后,与顾客进行协商,经顾客同意后确认。

4.4.3 对合同修改的内容由经营部发“合同更改通知书”,通知局内相关部门。

4.5 合同执行

合同执行由总经理委派项目部完成。

4.6 合同管理

4.6.1 经营部设合同管理员一名,具体职责如下:

a. 负责保存“合同评审记录”;

b. 建立“工程施工合同台账”。

5 相关/支持性文件

- 《中华人民共和国合同法》
- 《施工组织设计编制规定》

6 记录

- 工程施工合同台账

- 招标情况调研报告
- 招标文件评审记录
- 合同评审记录
- 合同更改通

顾客财产控制程序(××××—CX—09)

1 目的

对顾客提供的财产进行控制,使顾客提供的财产得到妥善的保管使用,发挥应有的作用。

2 适用范围

本程序适用于顾客提供财产的控制。

3 职责

3.1 经营部负责在施工合同中,明确规定顾客提供物资(产品)的范围、方式及相关责任,制定“顾客提供物资的清单”,并配合验证。

3.2 项目部负责顾客提供物资(产品)的验证、贮存和保管。

4 工作程序

4.1 物资(产品)清单。顾客财产包括:顾客提供的建筑材料、施工图纸。

4.1.1 经营部签订施工合同时,要明确规定合同双方物资(产品)采购供应范围、方式及相关责任。

4.1.2 在设计文件明确的前提下,顾客提供物资的类型、规格、数量,经营部要列出清单并作为施工合同的附件。

4.1.3 项目部根据施工合同(含附件)及施工设计文件(含变更设计)提出“顾客提供物资清单”的修订意见,由经营部审查修改。

4.2 物资(产品)验证

4.2.1 顾客现场直接管理的物资:

a. 顾客在施工现场设置料库时,进货物资点收及验证由顾客负责;

b. 项目部根据“顾客提供物资清单”及工程需要,直接向顾客办理领用手续;

c. 领用时发现缺件、损坏或不适用情况,项目部应做好记录,并及时向顾客报告。

4.2.2 顾客委托本公司管理的物资(产品):

a. 项目部所属料库,根据“顾客提供物资清单”、物资在途通知及到货情况,及时进行验证然后入库;

b. 进口物资开箱验证时,由负责单位进行验证,项目部配合验证;

c. 进货验证按《进场材料检验和试验规定》或《进场设备、零(备)件、油料检验和试验规定》执行，发现缺少，损坏、不适用情况，及时向顾客汇报，协商解决；

d. 本公司的验证不能免除顾客提供合格物资（产品）的责任。

4.3 物资管理

4.3.1 顾客在施工现场直接设库管理的物资，由顾客负责物资贮存和保管工作。

4.3.2 顾客委托本公司管理的物资：

a. 项目部所属料库，负责贮存和保管工作；

b. 经验证发现缺件、损坏、不适用的物资，在待处理期间应进行隔离、单独存放、保持现状、明确标识等必要控制，以防误用。

4.3.3 领用出库的物资，由项目部负责使用过程中的管理。期间若发现丢失损坏情况，在“施工日志”中详细记录并及时报告顾客，负责与顾客联络并商定处理办法。

4.3.4 施工过程中发现的不合格品，及时向顾客汇报，协商处理办法。

4.3.5 顾客提供的物资，由项目部负责管理并列出物资清单，编制“顾客物资实际使用汇总表”，工程竣工时办理工程决算，并将有关资料报财务部存档。

4.4 顾客将主体工程发包给本公司，又将部分工程直接分包给其他施工单位时，经营部应在签订分包合同时，明确规定顾客提供物资的供应范围、方式及相关管理责任。

5 相关/支持性文件

- 《进场材料检验和试验规定》
- 《进场设备、零（备）件、油料检验和试验规定》

6 记录

- 顾客提供物资清单
- 顾客提供物资实际使用汇总表

工程施工控制程序（××××—CX—10）

1 目的

加强项目部施工管理，确保施工项目按规程、规范进行，施工质量、职业健康安全、环保满足合同和顾客要求。

2 适用范围

本程序适用于本公司工程项目施工的过程控制。

3 职责

3.1 工程部负责工程项目施工过程的技术管理工作。

3.2 项目部负责工程项目的实施。

3.3 项目部负责编制施工组织设计，项目部接受经监理盖章的图纸。

3.4　项目部质检处科负责施工技术把关。

3.5　办公室负责技术人员和工种人员的培训。

3.6　技术部对施工过程进行抽查监控。

4　工作程序

4.1　项目部组建

工程项目合同签订后，由总经理授权具有资质的合法代理人组建项目部，负责该工程项目的施工，项目部组建相应的行政机构和施工、质量管理机构。

4.2　图纸会审

项目部接到经营部提供的图纸后，由项目部总工组织技术人员及其他主要相关人员进行图纸会审，会审内容主要包括：

a. 图纸数量是否与顾客提供的一致；

b. 图纸与合同签订的施工内容是否相符，其技术标准是否合理，有无设计上的失误；

c. 图纸有无印刷（晾晒）不清晰，设计含糊等问题。

图纸会审要填写“图纸会审记录表”，若发现问题由项目部总工解决。对问题的答复要保存好，并及时通知图纸持有者。“图纸会审记录表”由项目部总工负责填写。

4.3　设计交底

图纸会审后，由项目部总工组织技术人员及相关施工班组邀请设计人员（必要时，工程监理也要参加）进行技术交底，内容包括：工程概况、特点、设计要求、主要设计补充和变更、有关技术文件、新技术、新工艺、新材料、质量、安全、环保、工期要求以及需要交待的事项等，以明确设计意图。工程部、技术部均要派人参加。

项目部工程科要认真填写“设计交底会议记录表”，并经设计人员（监理）签字。

4.4　施工组织设计讨论

准备开工前，由项目经理组织工程科及相关施工班组对经营部编制的施工组织设计进行合理性和可行性讨论。施工组织设计的内容要包括以下几点：

a. 产品的质量目标和要求。

b. 针对产品确定过程、文件和资源的需求。

c. 产品所要求的验证、确认、监视、检验和试验活动，以及产品接受准则；

d. 要对施工中的特殊过程进行界定确认。如有异议，项目部要及时填写“项目部关于施工组织设计修改与补充的记录表”，交工程部备案，对工程部的答复要保存好；如无异议，项目部按“施工组织设计”组织施工。对讨论情况，工程科要记入“施工日志”。施工组织设计要由项目总工签字批准。

4.5　施工准备

4.5.1　人员

a. 项目部要有工地施工人员清单，确保与质量有直接关系的施工人员持证上岗，尤其是从事检验和试验及特殊工种的人员要有相应有效的上岗证书或经过严格的岗前培训。对劳务人员的管理要按《人力资源控制程序》执行，组织劳力进场。对需专业分包的分部分项工程，应验证分包方的资质证书，签订分包合同。

b. 施工人员必须严格按照施工组织设计、技术规范、操作规程等规定要求进行施工。

c. 需要培训时，由办公室负责技术人员和工种人员培训，具体培训按《人力资源控制程序》进行。必要时由项目部对劳务人员进行培训。

4.5.2　设备

a. 项目部根据“施工组织设计”组织施工设备进场，并要考虑主要设备（及其零配件）的备用。设备搬运按《设备搬运管理规定》进行。

b. 设备进场后，由设备操作人员进行设备外观检查和试运行检查。修理、维修、保养由项目部专门人员负责，以保持持续的过程能力。检查人员要填写“进场施工设备检验记录”。

c. 项目部要派专人看管设备。施工设备均应有适宜的环境。

4.5.3　材料

a. 材料的采购按《采购控制程序》进行采购，由顾客提供的材料按《顾客财产控制程序》控制。

b. 进场材料的检验和试验，由项目部质检员按《进场材料检验和试验规定》进行。

4.5.4　文件

正式开工前，由项目部工程科负责将项目施工所用文件（如施工组织设计、图纸、技术交底、技术规范、操作规程等）发放到位，填写“施工技术文件发放表”，并妥善保管。

4.5.5　施工场地（环境）

正式开工前，项目部要仔细验证施工场地是否满足开工要求，确保有一个适宜的工作环境。如有问题，属于本公司方面的，由项目部解决；属于顾客方面的，由项目部及时向顾客反映，对顾客的答复要保存好。项目部要认真填写“施工现场验证记录”。具备开工条件后，由项目部填写“开工申请单”向监理申请开工。

4.6　项目实施

4.6.1　技术、职业健康安全、环境要求交底

a. 每一工序施工前，由项目部工程科向施工班组进行技术、职业健康安全、环境要求交底。交底均要有必要的文字说明和图示，交底人与被交底人均要在“技术、职业健康安全、环境要求交底表”上签字。

b. 为确保工程质量，在关键工序设置质量管理点，按质量管理点控制有关规定进行控制。

4.6.2　施工

a. 施工过程中，各作业人员均要严格执行施工组织设计、图纸及相关的技术规范等要求文件。

b. 施工过程中，工程部要派人到现场查看施工组织设计落实情况，必要时作施工组织设计修改或补充。技术部也要不定期派员到现场，抽查施工质量。以上活动均应填写“工程施工现场检查表”并做好记录，必要时提出质量、职业健康、环境改进措施。

c. 工程部首先对工程进行全面分析、比较，以明确质量管理点，进一步分析所设置的质量管理点在施工中可能出现的质量问题或造成质量隐患的原因，提出相应的措施予以预防，并编制现场作业指导书等技术文件。

d. 工程部将技术文件交项目部。

e. 项目部总工熟悉文件，明确要求，编制工序质量管理点实施措施计划。项目部将计划上报工程部审批。

f. 工程部将审批后的计划发至项目部。

g. 项目部按确定的工序质量管理点实施计划，对施工工序进行控制，并按监理的要求做好施工工序质量记录。

h. 技术部对施工过程进行抽查监控。

4.6.3 施工测量

a. 交接桩：测量校桩前，项目部工程科和测量人员与监理人员、设计人员办理交接桩手续，并由测量人员着手进行校桩和建立控制网工作。

b. 测量放线前，由测量组长组织测量人员熟悉施工组织设计、图纸、测绘资料（由设计单位或顾客提供的）及其他有关文件。

c. 测量人员进行校桩，发现问题，及时找设计单位（或顾客）解决，测量人员要作测量复核记录。

d. 校核无误后，测量人员根据工程需要建立施工控制网，控制网要绘制图表，并报监理审查。测量控制点要设在不易被破坏的地方，并经常进行复核。

e. 在各施工需要阶段，由测量人员及时、准确地进行测量放线，并做相应记录。同时，整编所需的测绘资料。

f. 测量人员分阶段做好"测量复核记录"。

4.6.4 控制文件

对施工组织设计、图纸、技术交底、变更洽商等文件和资料，由项目部按《文件控制程序》进行控制。

4.6.5 检验试验控制。

4.6.6 设备管理

a. 设备操作人员要严格按设备操作规定进行操作，加强维修和保养，确保设备正常运转。

b. 设备的使用、维修、保养按《施工生产设备使用管理规定》进行。

4.6.7 合格物资

施工班组在领用物资时，要检查是否有合格标识，对没有合格标识的物资有权拒绝使用。

4.6.8 变更与洽商

a. 设计变更：对设计单位发出的设计变更，由项目部工程科负责发放到位，并填写"施工技术文件发放表"，确保施工文件现行有效。

b. 工程洽商：当项目部在施工中发现有必要改变原设计时，可写出工程洽商报告，向顾客（监理）报告，对工程洽商的控制管理同设计变更，并填写"工程洽商记录"。

4.6.9 特殊过程

本公司资质范围内的产品有水利水电工程、公路、市政等工程。特殊过程的定义为：产品不能由后续的监视、测量加以验证，或不能经济地验证，这种产品的过程称为特殊过程。我局施工中常见的需确认的过程有：

(1)关键过程：测量放线。

(2)特殊过程：大型混凝土浇筑、桩基础处理、焊接、地下防渗墙施工、防水工程、软土路基、预应力张拉、防腐处理等。

(3)特殊过程的控制：

a.特殊过程施工前，项目部邀请设计、监理(必要时，还有顾客及其他相关人员)到现场。

b.施工中，项目部总工(或指定质检员)填写“特殊隐蔽过程施工记录”，详细记录参加特殊过程施工的人员、设备、材料及施工步骤，对特殊过程应进行连续监控，对过程参数加以控制，质检员要认真填写“特殊过程监控记录表”，并妥善保存。

c.由设计、监理等有关人员对特殊过程记录签字认可。

4.6.10 记录

a.项目施工中，记录的标识、收集、编目、查阅、归档、贮存、保管和处理按《记录控制程序》进行。

b.施工技术人员的“施工日志”是最具有追溯性的原始记录，也是过程标识和过程检验的重要依据。应当每日认真据实填写，其内容应包括当日现场与质量、职业健康安全、环境有关的一切活动。

4.6.11 安全、环境、文明施工管理

a.项目部要成立以项目经理牵头的安全领导机构，制定切实可行的安全措施，加强安全教育，提高每个职工的安全意识，杜绝安全事故的发生。

b.办公室要派人到现场检查安全、环境和文明施工情况，发现问题及时处理，提出整改措施。

c.项目部要搞好文明施工，创造优美的环境，树立良好的施工形象。

4.7 质量评定

4.7.1 项目施工过程中，项目部根据工序自检记录、隐蔽工程验收记录，结合施工过程按规定的评定办法对项目工程进行单元、分部、单位质量评定。

4.7.2 技术部复核项目部的质量评定。如未通过，项目部要按技术部的提议重新评定，直至通过。

4.7.3 复核通过后，项目部报请工程监理作最终鉴定。

4.8 工程验收

分部分项工程(阶段工程)验收和单位工程验收按《工程(分部、单位)竣工验收规定》进行。

4.9 防护和交付

可按《产品(工程)防护和交付规定》进行。

4.9.1 工程竣工验收前，项目部根据已完工程的时间、部位、技术要求和可能受到的环境影响、人为因素影响等原因，制定相应防护措施，并设专人负责，确保已完工程不受损坏。

5 相关/支持性文件

- 施工组织设计
- 图纸
- 技术规范
- 操作规程
- 安全规则
- 《文件控制程序》
- 《记录控制程序》
- 《人力资源控制程序》
- 《采购控制程序》
- 《顾客财产控制程序》
- 《产品(工程)防护和交付管理规定》
- 《施工生产设备使用管理规定》
- 《设备搬运管理规定》
- 《工序检验和试验管理规定》
- 《工程(分部、单位)竣工验收规定》
- 《进场材料检验和试验管理规定》

6 记录

- 图纸会审记录表
- 设计交底会议记录表(用质检表)
- 项目部关于施工组织设计修改与补充的记录表
- 施工技术文件发放表
- 施工现场验证记录
- 开工申请单(用质检表)
- 开工令
- 单元、分部、单位工程划分文件
- 环境、安全、技术交底表
- 测量复核记录
- 工程洽商记录
- 进场材料检测单
- 特殊/隐蔽过程施工记录
- 工程施工现场检查表
- 工程竣工验收报告(用质检表)
- 施工日志(各项目部自行拟定表格)
- 特殊过程监控记录表
- 施工过程中顾客(监理)反馈信息

- 质量分析会议记录
- 会议纪要
- 统计报表
- 进场施工设备检验记录

（注：当业主、监理对记录有格式要求时，采用业主、监理规定的格式）

7　附图：项目部施工控制流程图

采购控制程序（××××—CX—11）

1　目的

确保采购过程处于受控状态，以保证采购的产品、物资、劳务供方的质量、交付和服务等方面符合要求。

2　适用范围

适用于有关的物资、劳务、试验室供方的采购。

3　职责

3.1　财务部负责审批和发布合格物资供方名录。

3.2　经营部负责劳务供方的选择、合格供方名录，监控、评估和更新并监督、管理。

3.3　技术部负责试验室外委供方的选择、发布合格供方名录。

3.4　财务部负责对上报主要物资、设备申请计划的审批。

3.5　项目部负责编制、上报物资申请计划和物资进场检测、验收、码放、保管。

3.6　财务部负责对物资与劳务供方采购进行监督管理。

4　工作程序

4.1　采购工作分为：物资（包括材料、设备）采购和劳务采购（租赁设备工作执行物资采购）、试验室外委。

4.2　供方的评价与选择

4.2.1　供方的评价

a. 各项目部依据设计和施工工艺的要求收集所需材料、设备、劳务等供方的营业执照、企业资质、样品及相关检测报告等与质量活动和职业健康安全有关的证明文件和信息，并组织技术负责人、保管员、质检员、安全员等，对供方进行评价；

b. 物资供方的验证与评价：

① 采购材料、设备（含租赁设备）的质量和安全情况，依据国家现行的法律、法规、规范和行业标准，通过检验和试验进行检查，需要时要到供方生产地进行验证；

② 评价供方是否按要求如期提供产品及服务的保证能力，依据工程需用量对供方的

生产规模、质量保证措施、产品质量和安全情况等进行评价。选择尽可能对职工健康安全风险小的物资供方；

③ 评价供方的价格是否合理，交付和服务是否满足要求。

c. 劳务供方的评价

劳务供方应提供企业营业执照及相关的证明文件，外部劳务供方应具备市劳务批准的许可证及允许注册的文件等，应符合外地务工人员的有关规定。

评审内容包括：人员素质、工程业绩、价格等。

d. 试验室外委的评价

供方应提供试验室营业执照及相关的证明文件。

4.2.2　供方的选择

a. 项目部对物资（材料、设备）供方进行预审评价，由材料员审核后报财务部审批，发布合格供方名录。

b. 项目部对劳务、试验室外委供方进行预审评价，报经营部和技术部审批，也登入《合格供方名录》。

c. 凡列入合格供方名录中的物资（材料、设备）、劳务、试验室供方各相关部门，可直接进行采购。

d. 外地施工项目部可根据当地情况选择临时供方，自行控制，但需对劳务供方进行评价。

4.3　供方的评估与更新

4.3.1　合格供方考核工作可随市场变化情况随时进行，由相关部门将补充更新评审的合格供方编订成册，下发有关部门，以供选择使用。

4.3.2　每年年底由财务部、经营部、技术部、项目部组织相关人员对供方进行全面考核、复审，经考核合格后填写供方考核表，作为选择更新合格供方的依据。审批合格后发布更新后的《合格供方名录》。

4.4　采购信息

4.4.1　采购信息的内部沟通：施工准备阶段，项目部预算人员提出工程用料总计划，劳务管理人员提出用工及劳务队伍选择计划，项目部试验室提出外委计划分别报财务部、经营部、技术部批准。

4.4.2　设备申请计划的编制：设备申请计划由财务部负责人依据工程施工情况编制，由主管总经理审批。

4.5　采购

4.5.1　项目部材料员根据综合库存情况审核后编制采购计划，报项目经理批准后进行采购。

4.5.2　采购文件的签订：

a. 批量采购的产品必须与合格供方签订书面采购合同，特殊情况经部门负责人批准后可进行非合同采购，但必须在《合格供方名录》内采购；

b. 零散的产品采购按供方预审对经销商或商店进行评价，报到项目经理审批后，方可采购；

c. 劳务采购应签订劳务合同，签订劳务合同应符合《劳动法》的有关规定。

4.5.3　采购文件应明确采购产品必须具有合格证、检验或试验报告、质量和安全要求及应符合生产许可证等政府管理规定要求。

4.5.4　采购员将采购文件交项目经理批准，并及时存档。

4.6　采购产品的验证及贮存

4.6.1　产品、设备采购的验证

a. 在采购文件中明确规定需到供方货源处验证的，采购员提前两天通知本单位技术人员、质检人员，按规定的时间及合同规定的检验标准，到供方货源处进行验证；

b. 材料进场检验和试验按《进场材料的检验和试验规定》× × × × C22 进行；

c. 产品进场后，采购员及时通知质检员、安全环保员、保管员等相关人员，按采购文件的要求进行验证。

4.6.2　劳务采购的验证

a. 各项目部技术人员根据需要，按劳务合同及过程的测量和监控情况，对劳务供方满足合同的能力进行验证；

b. 项目经理及主管人员对岗位人员的操作能力及管理水平进行验证；

c. 验证劳务供方不能满足合同要求时，应选择新的劳务供方。

4.6.3　顾客对采购产品的验证

a. 如果合同中规定顾客或相关方需到供方货源处进行验证时，采购人员要积极配合，为顾客或相关方提供必要的条件，协助进行验证工作；

b. 采购人员不能将顾客验证作为供方产品有效控制依据，也不能减轻采购人员对提供合格产品的责任，仍需按规定对供方进行有效控制和验证。

5　相关/支持性文件

《环境、职业健康安全绩效监视和测量控制程序》

6　记录

- 设备购置申请单
- 供方调查表
- 供方业绩评定表
- 合格供方一览表
- 采购计划

不合格品、不符合控制程序（××××—CX—12）

1 目的

通过实施本程序，使不合格物资、不合格产品和不符合过程得到有效控制，防止误用、安装或转序。

2 适用范围

本程序适用于与产品质量、环境保护和劳动保护有关的不合格物资、不合格产品和不符合过程的控制。

3 职责

3.1 本公司所有管理人员和操作人员都有责任在产品生产过程中将有可能或已发现的不符合情况通报给本公司、部门或项目部，使其得到及时纠正。

3.2 本公司技术部负责组织实施本程序。

3.3 项目部负直接采购和保管责任，对不合格产品项目部总工负直接技术控制责任。

3.4 本公司技术部负责对不合格物资、不合格产品和不符合过程的监督、检查工作。

4 工作程序

4.1 总则

4.1.1 一旦发现物资、产品质量、环境、劳动保护监测不能满足规定要求时，应立即执行本程序。

4.1.2 发现质量不符合而未执行本程序，要对直接责任者追究责任。

4.2 不符合的分类

4.2.1 不合格品（包括顾客提供的物资）

a. 产品质量、规格、型号、尺寸、公差、热处理、质量证明等项目不符合标准规定；

b. 受潮、受损、变质及过期的物资；

c. 成品（或半成品）的技术指标不符合标准规定。

4.2.2 不合格品分类：分为一般不合格品和重大不合格品。

4.2.3 不符合

a. 体系运行过程的不符合；

b. 体系绩效方面的不符合；

c. 体系文件方面的不符合。

4.3 不合格的标识

4.3.1 进场不合格品

a. 材料保管员对检查出来的进场不合格品进行隔离存放，避免不合格物资与合格物资混同发放使用，必要时由项目部负责将不合格物资及时运出施工现场；

b. 检查发现不合格品不能及时运走时，在隔离存放的情况下由保管员负责标识；

c. 对不合格物资由项目部负责人填写不合格物资记录，此记录以验证报告为依据；

d. 项目部负责人负责对不合格物资的评审，并报项目经理批准进行处理。

4.3.2 施工过程的不合格产品

a. 本公司各级检查人员都应保证所有不合格品均能被查出，并按本程序进行处理。

b. 在《环境、职业健康安全绩效监视和测量控制程序》规定的检验和试验中如发现不合格产品，施工现场应立即采取措施进行纠正，重大不合格品应停工，并上报主管部门，项目部制定纠正措施，在没有得到彻底纠正和处理前，项目部技术负责人监督不得进行下道工序，项目部负责检查。

c. 项目部质检员负责对不合格品挂牌标识。

4.4 不合格品的记录

项目部分别对不合格物资和不合格产品按处置方法分类保存有关质量文件，保证文件的齐全和准确性，并符合如下要求：

a. 拒收或报废的物资应有评审记录，记录应注明名称、规格、数量、不合格原因、供方及采购员；

b. 让步接收、降级使用、返工及返修的不合格物资和不合格产品除执行 5.3.1 条款外，还应有部门以上单位技术负责人和设计单位批准复检报告、复试报告等。

4.5 不合格工序评审

a. 属于一般的、影响质量较小的不合格工序，由项目部组织施工员、质检员参加提出处置意见，报项目经理进行审定。

b. 对严重影响质量的不合格工序，项目经理组织总工、施工员、质检员参加评审会议，提出处置意见，报技术部审核，管理者代表审定。

4.6 不合格品的处置

4.6.1 不合格品

a. 拒收、退货：对影响使用功能的不合格品，做拒收、退货处理，材料员依据客观证据，向供方提交退货文件，并处理退货事宜，并重新进行采购；

b. 让步接收：满足使用功能要求，但不完全符合设计规定的不合格品，经设计部门、顾客、监理同意，填写洽商记录，可作让步接收；

c. 降级使用或改作他用；

d. 对交付后发现的不合格品，应由技术部组织有关人员分析不合格所造成的后果及采取的相应措施，报分管总经理批准，由工程部组织实施。

4.6.2 不合格工序

a. 返修：对不完全满足规定要求的工序，经设计部门、顾客、监理认可后，进行返修；返修后应再次进行验证，才能放行。验证要做好记录。

b. 返工：影响使用功能，特别是存在质量隐患时，经设计部门、顾客、监理认可后返工；返工后要重新检验合格才能放行。检验要做好记录。

c. 让步接收：对无法返工的不合格工序，在不影响工程整体质量的前提下，与设计部门、顾客、监理洽商同意后，可作让步接收。

4.6.3　不合格进场物资

a. 不合格物资由项目部负责进行验证，获得客观证据，向物资供方提交退货文件并处理退货事宜；

b. 如对不合格物资让步接收和降级使用，整改措施必须经部门专业负责人同意批准方可执行；

c. 顾客提供的不合格物资，纠正措施必须经顾客代表批准，并指定责任部门实施执行。

5　不符合

5.1　不符合的分类：一般不符合和重大不符合

5.2　不符合的来源

5.2.1　内部审核发布的不符合项报告；

5.2.2　日常监控和测量所发现的不符合；

5.2.3　相关方的抱怨；

5.2.4　外审组发布的不符合项报告。

5.3　产生的原因及信息传递

5.3.1　法律、法规和其他要求传递不及时；

5.3.2　文件编写不正确；

5.3.3　未执行规定文件；

5.3.4　重大环境事故、劳动保护事件发生后由责任部门立即传递信息至本公司办公室，一般不符合信息由责任部门负责保存记录。

5.3.5　各单位应针对不符合情况根据其调查分析得出的原因，制定相应的措施及实施方案，以避免不符合再次发生。

5.3.6　制定措施时必须明确应达到的目标，具体措施方案、实施负责人、期限。

5.4　针对各类不符合采取的纠正预防措施

5.4.1　一般不符合由发生单位制定纠正和预防措施，负责监督检查纠正及预防措施落实情况并对实施效果进行验证。

5.4.2　环境、职业健康安全方面重大不符合由办公室组织通过风险评价过程进行评审，工程质量方面的重大不符合由项目经理、项目总工、主要技术人员进行评审，制定纠正和预防措施，管理者代表审定。由发生部门负责具体实施，办公室或技术部分别负责验证实施效果。

5.4.3　内部体系审核发现的不符合项，受审核方制定并实施由技术部组织跟踪验证。

5.4.4　各单位在日常检查工作中，如出现环境和劳动安全问题应填写“体系运行检查记录表”，并及时予以纠正或采取纠正措施。

5.5　各部门要制定纠正或预防措施，防止不符合或不合格品的发生。

6　相关/支持性文件

- 《环境、职业健康安全绩效监视和测量控制程序》

●《文件控制程序》
●《进场设备、零(备)件、油料检验和试验规定》
●《进场材料检验和试验规定》
●《工序检验和试验管理规定》

7 记录

●不合格评审/处置记录
●让步接受洽商记录表

事故、事件调查处理控制程序(××××—CX—13)

1 目的

对发生的事故(包括未遂事故),做出及时的调查和处理,查明事故的原因,采取防范措施,防止同类事故的再次发生,并最大可能降低事故可能造成的损失。

2 范围

本公司所发生的各类事故(包括未遂事故)的调查、分析、处理与结案等。

3 职责

3.1 总经理负责重伤事故、重大事故的调查和处理。
3.2 办公室为环保事故、安全事故调查主管部门。
3.3 技术部为质量事故调查的主管部门。
3.4 工程部为施工事故的主管部门。
3.5 各部门、项目部负责对轻伤(包括未遂)事故、一般设备与火灾事故的调查与处理。

4 工作程序

4.1 事故的划分
4.1.1 伤亡事故:本公司员工中所发生的与生产活动有关的人身伤害、死亡事件,均属伤亡事故,伤亡事故按事故的严重程度划分:

a. 特别重大死亡事故:指一次死亡 10 人及 10 人以上的事故;

b. 重大死亡事故:指一次死亡 2 ~9 人的事故;

c. 死亡事故:指一次死亡 1 ~2 人的事故;

d. 重伤事故:指员工受伤害时,经医院诊断可能造成残废的事故,具体可按原劳动部《关于职员伤亡事故报告规程问题解答》中“关于重伤事故范围的意见”执行,或按损失工作日 105 个以上执行;

e. 轻伤事故:指没有重伤,损失工作日在 1 个以上的事故。

4.1.2 急性中毒事故:本公司员工在其施工活动中接触有毒有害物质,使人体在短时间内发生病变,或因食用不洁食物而发生的中毒事故。

4.1.3　急性中毒引发的人身伤害、死亡事故,也按4.1.1条进行划分。

4.1.4　职业病:本公司员工在其施工活动中因接触粉尘、工业毒物、噪声、振动、不良气象条件、生物因素,以及卫生条件恶劣等的职业性毒害而造成疾病的事故。按国家公布的职业病分类进行划分处理。

4.1.5　财物损失、损坏事故:不涉及4.1.1~4.1.4条款内容的财物损失、损坏,按本公司财物管理的有关程序处理,涉及4.1.1~4.1.4条款内容,同时又有财物损失、损坏的,按4.1.1~4.1.4条款内容同时归类划分。

4.2　事故处理的权限

4.2.1 总经理负责组织对重伤事故的调查、鉴定与处理,并由总经理确认。

4.2.2　办公室负责组织轻伤事故(含未遂事故)的调查、鉴定与处理,工会派员工代表参与并监督事故的调查,报管理者代表确认,通报本公司安全委员会。

4.2.3　各部门负责人及安全员参加本部门事故调查、鉴定与处理。

4.2.4　因设备、设施缺陷引发的人身伤亡事故,办公室组织事故调查、鉴定和处理。

4.2.5　非人身伤害事故的其他损失、损坏,则按本公司职能部门的管理范围进行调查、鉴定与处理。

4.2.6　死亡事故、重大事故或特别重大事故的调查、鉴定与处理,按国家或地方的有关规定执行。

4.2.7　人身伤害事故的医疗鉴定,由具有相关资质的医院负责进行。

4.2.8　事故调查、处理必要时经本公司领导批准,可以邀请外部专家参与。

4.3　事故处理的一般程序

4.3.1　职业健康安全事故发生时,其处理的程序按图4-1所示:

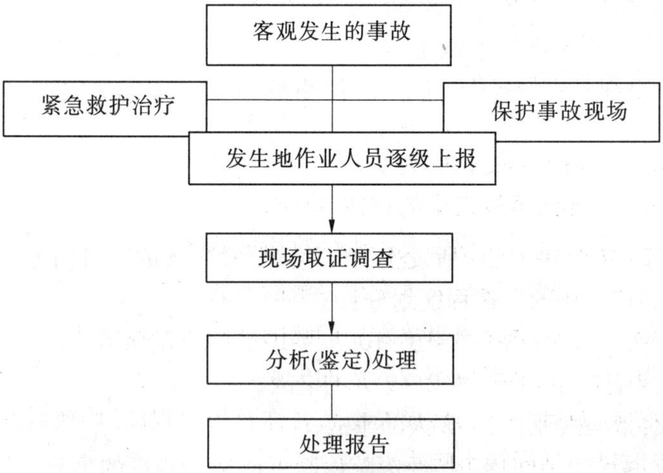

图4-1　处理程序

(注:如为抢救伤员需要而移动现场某些物品时,必须做现场标识,为事故调查创造条件。)

4.4 事故的报告

4.4.1 事故报告的一般程序:本公司发生事故采用逐级报告的方法,报告可采用书面及口头的形式,报告的途径为:

事故当事人(或目击者)──→部门负责人──→办公室──→管理者代表(总经理)

但在紧急情况下,为了不耽误救护时机,也可越级报告,直至本公司总经理,以便采取应急措施,减少事故所造成的后果。

4.4.2 采用口头报告的形式,第一个接受报告者必须书面记录报告内容及事故发生的时间、地点。

4.4.3 轻伤事故:除按一般程序逐级上报外,事故发生部门(项目部)应在每月填写的《事故报告登记表》中予以登记,应当月报送办公室。

4.4.4 重伤及重伤以上事故:除按4.4.3条款进行报告外,本公司应立即将事故经过和发生事故概况(包括时间、地点、受伤者姓名、年龄、工种或职称、受伤程度、发生事故经过和发生事故的简要原因等),用快速方法(电话或传真)报告上级主管部门与安全生产监督管理部门、地方工会。

4.4.5 流动作业人员、外来参观人员、外来务工人员的事故报告由事故发生地部门按4.4.1条款的规定进行报告。

4.4.6 未遂事故:在按一般程序逐级上报的同时,事故发生部门(项目部)应填写"事故报告登记表",一式两份,报办公室一份,自存一份,填报时间最迟不得超过未遂事故发生后48小时。

4.5 事故调查

4.5.1 事故调查按本程序4.2条款所规定的权限组织相关人员进行。

4.5.2 事故调查必须具备的内容包括:查明事故经过、分析事故发生原因、确定事故类别与人员伤亡和财产损失情况:

a. 过程及伤害分析必须包括:

伤害部位 —— 指身体受伤的部位;

伤害类别 —— 指人体受伤的类型;

起因物 —— 指导致事故发生的物体、物质;

致害物 —— 指直接引起伤害及中毒的物质或物体;

伤害方式 —— 指致害物与人体发生接触的方式;

不安全状态 —— 指能导致事故发生的物的缺陷与环境条件;

不安全行为 —— 指能造成事故的人的失误。

b. 经济损失必须包括以下内容:损失物品名称及损失程度、调换或修复的费用、直接的影响程度、必要时可包括间接影响程度。

4.5.3 未遂事故调查参照事故调查的方法进行,重点在于分析引发事故的原因及具体的预防对策措施。

4.6 事故处理

4.6.1 事故调查后必须明确事故责任,根据事故经过与原因分析明确事故的直接责任与管理责任，确定主要、重要、次要责任者，未遂事故也应确定责任者。

4.6.2　根据事故调查的结果，提出事故处理意见及防范措施，涉及技术性的措施由工程部组织制定。

4.6.3　写出事故调查报告：事故调查报告的确定，一般要求征得事故当事人的意见和工会的认同，如发生异议时，按管理权限请示确认。

4.6.4　事故处理的时效规定：

a. 轻伤事故的调查一般在3天内完成，按事故处理权限，自行审批结案；

b. 重伤事故的调查处理一般应在7天内处理完毕，同时填报《因工伤亡事故调查报告书》（一）和《因工伤亡事故调查报告书》（二），报送有关行政主管部门同意批准后结案，并建立档案；

c. 死亡事故（包括一次重伤3人以上的事故）则由本公司组织，并请有关安全生产监督管理部门等有关部门参加共同处理，一般应在15天内处理结案，最迟不超过一个月，事故处理由有关行政主管部门同意后，报有关安全生产监督管理部门批准结案；

d. 重大、特大事故的调查、处理与结案，按国家与地方的有关规定执行。

4.6.5　事故处理必须遵守的原则：

a. 客观的、实事求是的、尊重科学的原则；

b. 依法办理的原则；

c. 四不放过的原则：即事故原因分析不清不放过；事故责任者和群众没受到教育不放过；事故责任者没有得到处理不放过；没有相应防范措施不放过。对其防范措施进行跟踪，直至确认其有效。

4.7　事故档案

4.7.1　事故处理的任何资料文件均为本程序的记录内容，必须齐全，并具有可追溯性，其事故档案应由局档案室长期保存。

4.7.2　事故处理档案，以每发生一次事故为一个单元记录，事故档案应包括以下内容：

a. 职工伤亡事故登记表；

b. 职工死亡、重伤事故调查报告及批复；

c. 现场调查记录、图纸、照片；

d. 技术鉴定和试验报告；

e. 物证、人证材料；

f. 直接和间接经济损失材料；

g. 事故责任者的自述材料；

h. 医疗部门对伤亡人员的诊断书；

i. 事故发生时的工艺条件、操作情况和设备设施资料；

j. 事故处理决定，有关事故通报、简报及相应预防措施资料；

k. 参加事故调查、处理人员的名单；

5　相关/支持性文件

无

6 记录

- 事故报告登记表
- 因工伤亡事故调查报告书(一)
- 因工伤亡事故调查报告书(二)
- 员工因工重伤死亡名册

纠正和预防措施控制程序(××××—CX—14)

1 目的

针对不合格材料或工序,消除实际或潜在的不合格原因,并得到纠正和预防,防止不合格发生,使其符合规定要求。

2 适用范围

本程序适用于本公司所承建的工程项目。

3 职责

纠正和预防措施的组织和协调工作,按不同情况,具体职责如下:

3.1 技术部负责涉及材料及工程质量不合格问题的纠正和预防措施的调查、判断、组织、协调和监控工作。

3.2 工程部负责对施工工艺不合格问题的纠正和预防措施的调查、判断、组织、协调和监控工作。

3.3 项目部负责设备、修理及施工工序不合格问题的纠正和预防措施的调查、判断、组织、实施工作。

3.4 存在或潜在不合格问题的责任单位负责纠正和预防措施的实施工作。

4 工作程序

4.1 调查产生不合格的原因,制定纠正措施。

4.1.1 技术部应有组织、有系统地监督检查质量活动过程,对造成质量不合格的原因组织调查分析。

4.1.2 根据不合格对质量影响的程度,技术部向总工室报告,由总工指定有关部门并有项目部参与的调查分析,研究解决。

4.1.3 技术部会同有关的职能部门,对过程不合格的原因进行调查分析,防止现存的不合格或其他不希望有的情况再发生。

4.1.4 在物资采购、贮存或搬运程序文件失效等过程中造成的不合格,财务部及其委托采购单位对不合格的或潜在的原因进行调查,以便在不合格发生之前采取相应措施使之得到控制,重要工程物资现存不合格或可能发生不合格,均提交技术部组织调查。纠正措施经总工程师批准后实施。

4.1.5　工程部负责编制改进工艺，并报总工程师批准后实施。

4.1.6　项目部根据施工过程中的现存不合格或可能发生不合格的潜在原因及时组织调查制定措施，总工、质检员、操作人员参加调查活动。

a. 确定不合格的性质及严重程度，落实制定措施责任人和实施负责人单位及人员，并做好记录。

b. 专业技术人员制定工艺指导书和一般不合格纠正措施，经总工批准后方可实施。

c. 不合格或可能发生的不合格报质检处科，质检处科再依据 4.1.2 条和 4.1.3 条规定处理。

4.2　分析问题产生的原因，制定预防措施。

4.2.1　质量信息来源

a. 项目部对采购、贮存或搬运检验等可能发生的不合格，按分清主次、急缓有序的原则向技术部报告。

b. 项目部对所负责的工程项目的工程质量情况，征求顾客意见，定期作出总结，分析不合格和可能发生不合格的原因，制定工作计划和措施，报技术部。

c. 技术部在监督检查的基础上，掌握工程质量，记录不合格评审和需方的申诉、质量部门的意见等。

4.2.2　质量分析会议

a. 局质量分析会议：发现质量问题时由总工主持召开，技术部、工程部、财务部及有关职能部门、项目部总工、质检员及有关人员参加，一到两个月召开一次。

b. 项目部质量分析会议：由项目部负责人主持召开，总工、质检员参加，必要时涉及的有关部门也参加，每月召开两次。

4.2.3　内容

对潜在不合格缺陷或其他不希望的情况进行趋势分析，采取消除措施，并对实施效果进行验证，其内容包括：

a. 调查不合格品产生的原因；

b. 分析可能造成不合格品的原因及潜在因素；

c. 依据质量稳定、波动趋势、顾客信息反馈意见，采取相应纠正措施和预防措施；

d. 落实措施，制定实施及监督检查责任单位和人员；

e. 必要时，按有效的纠正措施和预防措施更改有关程序；

f. 组织会议的职能部门详细记录分析的原因、采取的措施、责任单位及人员更改程序等内容，对质量有广泛影响的应以通报纪要等形式及时发布。

4.2.4　每次质量分析会议，均应填写“质量分析会议记录表”。

4.3　措施的实施

4.3.1　项目部依据质量分析会议要求，统一安排责任单位及人员，限期完成实施措施，技术部组织逐级监督检查，并填写“不合格评审/处置记录”。

4.3.2　措施制定和审核

a. 程序文件对有共性原因引起的不合格，规定了相应的预防控制措施，各责任单位须按有关工作程序认真执行。

b. 物资采购、贮存和搬运措施失效等过程中可能造成的不合格，技术部对不合格或潜在原因调查分析，制定相应纠正和预防措施，经负责人批准后执行。

c. 根据工程需要，由项目部制定一般不合格品纠正措施、工艺改进措施、作业指导书及预防措施，由涉及部门负责人审核，重要的技术措施送交局总工程师批准。

d. 技术部根据国家工程质量监督检查方针政策、技术标准及施工规范，依据不合格和潜在不合格趋势分析，制定纠正和预防措施的质量文件，经总工程师批准后生效。

4.3.3　实施和检查

a. 项目部对承建工程项目的各项措施负责实施，对不合格或潜在不合格的纠正和预防负责实施，抓住关键环节和部位进行整改和完善，并及时留下实施记录。

b. 财务部及其委托采购单位对物资不合格或潜在不合格的纠正和预防措施必须认真执行处理。

c. 技术部及各级质检员要及时向有关部门通知所发现的不合格品或项，及时采取措施，避免不合格再发生。

d. 施工机械设备产生影响质量的原因，工程部按措施要求协调和纠正，项目部总工监督检查。

e. 因试验或检验计量设备影响不合格的因素，由技术部负责重新检验。

f. 专业技术操作和管理人员培训，项目部根据工程需要提出计划，由办公室制定培训大纲，实施培训考核。

4.4　措施的评审

措施的跟踪检查分为局级和项目部两级进行。

4.4.1　局级评审

由局技术部组织专业质检员，项目部对每个工程项目所采取的措施进行评审，评审措施的合理性、可行性及实施结果的有效性。由局技术部、工程部对局质量管理体系的措施实施效果联合跟踪检查，验证不合格品是否得到彻底纠正，消除潜在隐患，提高工程质量。

4.4.2　项目部检查

由项目部负责人组织质检员参加，对措施实施进行监督检查，并验证措施的有效性。

4.5　对内部审核中发现的不合格，应调查其原因，采取纠正措施。其中包括程序和体系的修改，对影响质量的程序文件的修改执行《文件控制程序》。技术部应记录更改内容并且验证其执行或更改的有效性。

5　相关/支持性文件

- 《文件控制程序》

6　记录

- 质量分析会议记录表

监视和测量装置的控制程序(××××—CX—15)

1 目的

保证所配置的监视、测量装置符合规定要求,并满足使用功能。

2 适用范围

本程序适用于本公司现有和计划采购配置的监视、测量装置。

3 职责

3.1 监视、测量装置的配置

3.1.1 各项目部根据需要提出监视、测量装置的配置计划。

3.1.2 财务部负责审核装置配置计划和最终选定监视、测量装置,并提出采购清单,经分管副总经理批准,由项目部负责采购订货。

3.2 监视、测量装置的检定和校准

3.2.1 项目部负责制定检定和校准监视、测量装置的计划。

3.2.2 项目部负责本部门监视、测量装置检定校准的具体工作。

3.2.3 技术部监督各项目部对检定和校准监视、测量装置计划的实施。

3.3 监视、测量装置的使用、维护和保养

3.3.1 各项目部负责对自用监视、测量装置的使用、维护和保养。

3.4 当顾客要求时,本公司应提供监视、测量装置的技术证明资料,以证实监视、测量装置的功能是适宜的。

4 工作程序

4.1 监视、测量装置的配置

4.1.1 根据需要及有关规定选择适宜的监视、测量装置,各项目部按所需监视、测量装置的技术要求选择监视、测量装置,列出装置配置计划清单,报财务部。

a. 按施工任务和行业标准,填写监视、测量装置设备配置计划清单,报财务部。

b. 配备的国产监视和测量装置,必须是取得政府计量管理部门颁发《制造计量器具许可证》的厂家生产的具有合格证的计量产品;

c. 配备进口的监视和测量装置必须经过财务部确认后,经主管副总经理批准方可引进。

4.1.2 财务部按照装置配置计划清单所提供的技术要求和规格数量,进行采购或委托采购。

4.1.3 财务部采购进场的监视和测量装置由财务部负责人组织或委托项目部进行入库前的品种、质量、数量和符合性验收,对不合格的进行退货处理。

4.1.4 各项目部所配置的监视和测量装置也要建立相应的设备台账并编号。

4.1.5　监视和测量装置在搬运、贮存过程中，应有适当措施和环境条件，确保准确性和适用性完好。

4.2　监视和测量装置的检定、校准

4.2.1　检定、校准原则

确保在用的监视和测量装置的量值传递准确一致，符合国家标准或行业标准。

4.2.2　制定检定校准计划，对监视和测量装置由技术部督促定期进行检定校准。检定周期可按《监视和测量装置检定和维修规定》执行。

4.2.3　监视和测量装置的检定与校准

a. 项目部负责申报本部门检定校准计划。

b. 技术部制定全公司监视和测量装置的检定校准计划。

c. 技术部按计划周期督促、检查各项目部对监视和测量装置按国家检定规程或行业标准进行检定，合格后出具合格证。对检定不合格的应进行修理，并进行修理后的检定和校准。

d. 对于无法修理合格的监视和测量装置，由技术部出具报废通知单。报损、报废设备由财务部销号、隔离、禁止使用。

e. 对于一直未使用的监视和测量装置，但已超过检定期限，仍需使用的，必须再次送检。

f. 在检定、校准期限内，发现问题应进行复核性检验。

4.2.4　检定、校准依据

a. 通用监视和测量装置依据国家颁布的检定规程或行业标准。

b. 专用量具的检定依据是设计图纸、技术文件和企业标准，如不存在上述基准，用于校准的依据应形成文件。

4.2.5　监视和测量装置应具有表明其为合格、准用（限制在一定范围内使用）、停用的标准状态，可按《监视和测量装置状态标识规定》进行标识记录。

4.2.6　无论是自检或送检，监视和测量装置所在单位应保存其校准记录。

4.2.7　保证监视和测量装置在使用时有适宜的环境条件。

4.3　监视和测量装置的使用、维护、保养

4.3.1　监视和测量装置应配专人使用，且使用人员必须经过培训合格后方可上岗。

4.3.2　监视和测量装置必须经检定合格后使用，严禁使用未经检定的或超期使用的。

4.3.3　确保监视和测量装置在搬运、防护和贮存期间其准确度和适用性保持完好。

4.3.4　监视和测量装置使用后由操作人擦拭干净装入盒中或罩上防尘罩，解除负荷，使设备处于“休息”状态。

4.3.5　监视和测量装置保管人员对设备每月检查一次，发现问题立即将信息反馈给部门主管，安排维修。

4.3.6　除检修人员外，其他人严禁拆卸和调整计量器具部件和检、测、试设备附件。

4.3.7　监视和测量装置非正常损坏，附件丢失或锈蚀等，由使用人负责，由单位出具处罚单和损坏记录，由技术部对这类监视和测量装置进行处理。

5　相关/支持性文件

- 《监视和测量装置的检定及维修规定》
- 《监视和测量装置状态标识规定》

6　质量记录

- 监视和测量装置采购计划表
- 监视和测量仪器清单
- 监视和测量装置检定、校准申请计划表
- 监视和测量装置自检记录表

顾客满意监测程序(××××—CX—16)

1　目的

对顾客满意信息的监测作为测量我局一体化管理体系业绩的方法之一,并以此来评价我局所建立的一体化管理体系的有效性,为持续改进提供依据。

2　适用范围

接收我局产品的所有顾客。

3　职责

3.1　工程部负责工程的回访工作。

3.2　技术部负责顾客满意监测信息的收集工作,在每年管理评审前提出改进措施,作为评审的输入信息。

4　工作程序

4.1　顾客满意方面的信息,包括对本公司产品质量、交付和服务等方面直接反映和间接反映,及顾客需求和期望。也包括市场动态甚至竞争对手的信息,既包括满意的正面信息,也包括不满意的信息。

4.2　收集顾客满意信息的方式

4.2.1　施工过程中由技术部负责顾客满意信息的收集,对大型工程(工期一年以上)施工过程中要进行2~3次,“顾客满意度调查表”须经顾客/监理工程师签署认可。

4.2.2　工程交付后3~6个月内,由工程部负责对工程进行回访,填写“工程回访记录”,并经顾客签署认可。

4.3　顾客满意程度的测定

4.3.1　满意:产品能按合同要求时间交付顾客,施工中采用了新技术、竣工验收评为优良工程、主动做好交付后的服务。

4.3.2　基本满意：产品按合同规定时间交付顾客，采用常规技术施工、竣工验收评为合格工程，能按要求做好交付后的服务。

4.3.3　不满意：产品不能按时交付；施工及质量管理不严，竣工验收问题较多，顾客已发生抱怨。

4.4　所有顾客满意信息记录，均由技术部负责收集、整理、保存，提出持续改进意见，作为每年管理评审的输入。

5　相关/支持性文件

无

6　记录

6.1　顾客满意度调查表

6.2　工程回访记录

环境运行控制程序（××××—CX—17）

1　目的

通过对与本公司环境因素有关的活动进行有效控制，确保其符合环境目标与指标的要求，以实现减少和预防环境污染，达到持续改进。

2　范围

适用于本公司范围内涉及的活动、产品和服务过程中对环境因素的控制。

3　职责

3.1　办公室负责本程序的编制，对执行情况进行监督检查。

3.2　办公室负责办公区域清洁卫生、职工食堂的饮食卫生、办公用品和能源的节约管理工作。

3.3　各相关部门和项目部具体实施本部门的环境保护工作。

4　工作程序

4.1　策划

4.1.1　办公室经充分的策划，对与活动、产品、服务相关的环境因素进行识别和评价，策划控制方法和程序。

4.1.2　在以下几方面编制管理规定，建立运行的标准：

a. 噪声的控制；

b. 施工现场扬尘的控制；

c. 易燃、易爆品的控制；

d. 固体废物的控制；

e. 污水控制；

f. 节能降耗的管理。

4.1.3　项目部针对重要环境因素，在进行识别和分析后，应根据需要，制定本项目部的环境管理方案，作为本程序的补充，以对重要环境因素进行有效的控制。对一般环境因素通过日常检查进行控制。

4.2　策划结果的实施

4.2.1　各相关部门和项目部负责人合理配备人、财、物，依据本程序和相关管理规定对环境因素进行控制。

4.2.2　办公室对环境活动运行情况进行监督检查。

4.2.3　各项目部技术负责人按过程或工序进行关于环境保护的交底，交底可随技术、安全交底同时进行，也可单独交底。管理方案交底到主要管理人员。

4.2.4　项目部各部门负责本专业施工活动中环境因素的控制，项目办公室负责各专业施工过程中环境保护协调工作并进行监督检查。

4.2.5　在运行过程中发生不符合执行《纠正和预防措施控制程序》。

4.2.6　在选择分包方时，在合同或附加协议中对分包方提出环保要求，在分包方第一次进入现场时，应将环保要求通知分包方。在运行中项目部对分包方进行监视和测量。

4.3　具体控制措施

4.3.1　噪声控制具体见《噪声控制管理规定》。在市区人口密集区执行国家标准，满足施工现场噪声限值要求；在国家标准规定工程噪声限值标准内。

4.3.2　易燃、易爆品的控制具体见《易燃、易爆品管理规定》，扬尘、污水、固体废弃物的控制具体见《扬尘、污水、固体废弃物品管理规定》。

4.3.3　节能降耗具体见《节能降耗管理程序》。

5　相关/支持性文件

- 《纠正和预防措施控制程序》
- 《噪声控制管理规定》
- 《易燃、易爆品管理规定》
- 《扬尘、污水、固体废弃物品管理规定》
- 《节能降耗管理程序》

6　记录

- 运行监督检查记录

• 有毒有害废品回收处理记录

职业健康安全运行控制程序（××××—CX—18）

1 目的

消除或减少因生产、服务等活动影响工作场所内员工、临时工、合同方人员、访问者及其他人员的危害因素，使本公司施工生产、服务过程符合职业健康安全法律法规及其他要求。

2 适用范围

适用于本公司范围内职业健康安全活动。

3 职责

3.1 管理者代表负责本公司职业健康安全管理体系的正确实施，并为改进职业健康安全管理体系提供依据。

3.2 办公室负责本程序监督实施。

3.3 办公室负责职业病防治，女职工及未成年工保护执行情况的监督检查；并监督劳动防护用品，职业病防护的实施情况；负责职业健康安全的宣传教育工作。

3.4 各相关部门和项目部负责本单位职业健康安全工作的控制管理和具体实施。

4 工作程序

4.1 职业健康安全管理保证体系

本公司的职业健康安全管理工作在本公司办公室的领导下开展，由办公室监督、检查，所属各单位须建立健全职业健康安全管理制度，确保本单位职业健康安全管理工作的正常运行。

4.2 职业健康安全管理

按危险源及风险评价结果，将职业健康安全管理内容分为重大危险源管理和一般危险源管理。

4.2.1 重大危险源管理

由办公室组织相关人员编制管理办法和职业安全管理方案对重大危险源进行管理控制。

4.2.1.1 职业健康安全管理办法

与职业健康安全有关的管理办法包括：

a. 易燃易爆物的管理办法；

b. 劳动防护用品管理办法。

4.2.1.2 职业健康安全管理方案的编制

a. 根据《危险源辨识及风险评价控制程序》辨识、评价危险源，确认重大危险源，针对所要控制的重大危险源或重大危害因素,编制职业健康安全管理方案。

b.职业健康安全管理方案的内容:在方案中制定具体的目标、指标,规定相关部门的职责,写明实现目标的方法、步骤、责任和时间表。

4.2.1.3 本公司《职业健康安全管理方案》,上报管理者代表批准后实施。

4.2.1.4 各项目部结合自己项目的实际情况遵照执行。

4.2.2 一般职业健康安全管理

各项目部应识别、评价项目的危险源,并对一般危险源所确定的一般环境内容进行如下管理控制:

4.2.2.1 制定技术措施

技术措施内容包括:

a.安全技术及防火要求进行施工总平面布置(材料、临建、库房、机电设备及变配电设备)。

b.施工危险源辨识及采取的主要是安全技术措施。

c.季节性施工安全技术措施(气象灾害防护),包括受气候或季节影响所采取的措施,主要是冬、雨季施工措施,应在施工组织设计或技术交底中制定实施。

d.夏季防中暑、洪水、山体滑坡。

e.雨季防触电、防雷击、防脚手架、井字龙门架倾倒及坑槽沟边坡坍塌。

f.冬季取暖锅炉、煤炉防煤气中毒。

g. 脚手架、井字龙门架、大模板、临建、塔吊防风倾倒。

h. 斜道、人行道、爬梯、作业面防滑。

i. 防火。

j. 其他安全防护措施。

4.2.2.2 各类施工人员进场前必须由安全员进行安全教育;有各种设备的操作规程,并严格按规程操作,杜绝违章作业;生产、生活区应配备足够的灭火器材、消防设施;施工人员的劳动保护按国家法律、法规的要求执行;劳保用品的发放见《劳动防护用品管理规定》。

4.2.2.3 职业健康安全技术交底

a.开工前或施工过程中,工程技术负责人根据工程具体情况向全体施工人员进行交底,并办理交底手续。

b.接受交底人员和班组按交底内容严格执行。

4.3 安全责任管理

4.3.1 工程开工前,本公司办公室同项目部安全管理负责人签订本工程安全生产责任合同书,明确双方在职业健康安全方面的责任及发生事故后的处理规定。办公室和项目部各自存档。

4.3.2 项目部根据安全生产责任书进行控制和实施,作为本公司安全责任合同考评和奖罚的依据,也作为职业健康安全管理体系绩效监视和测量的依据。

4.3.3 由各项目部与分包队伍签订书面的安全生产协议书,并据此进行控制。

4.4 职业健康安全装置和设施的配置

本公司按需要提供和配置安全装置和设施。

4.4.1 安全装置包括

a. 防护装置(脚手架、防护架、防护网、防护栏杆、防护棚、救生衣、救生圈)。

b. 信号装置(颜色信号、音响信号)。

c. 危险标牌和识别标志。

4.4.2 职业病防护设备设施

a. 防尘设施。

b. 通风换气设施。

c. 事故应急设施(包括报警装置)。

d. 噪声控制设施。

e. 防暑设施。

f. 卫生设施。

g. 职业病防治公告栏。

4.4.3 个人防护用品包括:

a. 安全帽类,用于防护头部撞击、挤压伤害的护具。

b. 呼吸器具类,用于预防尘肺和职业病的重要护具。

c. 眼防护具,用于保护作业人员的眼、面部,防止外来伤害。

d. 防护鞋,用于保护足部免受伤害。

e. 防护手套,用于手部保护。

f. 防护用具,用于保护职工免受劳动环境中的物理、化学因素伤害。

g. 防坠落护具,用于防止坠落发生(安全带、安全网)。

h. 职业病个人防护用品,包括防护口罩、防护服、防护眼镜、急救箱等。

4.4.4 职业健康安全管理的监督

办公室根据需要对职业健康安全措施的实施情况进行现场检查并填写“现场检查表”,对于查出的问题及时进行处理,并在必要时下发“纠正(预防)措施要求表”,监督责任部门纠正。

5 相关/支持性文件

- 《危险源辨识和风险评价控制程序》
- 《施工安全技术规定》
- 《易燃、易爆品防火控制程序》
- 《施工用电管理规定》
- 《劳动保护用品管理程序》
- 《危险化学品搬运、贮存控制程序》

6 记录

- 现场检查表,使用行业统一表格

环境因素识别与评价控制程序（×××× —CX—19）

1 目的

对活动、过程、服务中环境因素进行识别、评价，确定哪些因素对环境具有重大影响，从而策划进行有效控制。

2 适用范围

适用于工程局活动、过程、服务中环境因素的更新与管理。

3 职责

3.1 管理者代表负责环境因素识别与评价的领导工作及重要环境因素的批准。
3.2 局办公室负责办公区域内环境因素识别和工程局环境因素的评价及管理工作。项目部负责工程施工区域环境因素。
3.3 项目部办公室负责识别与评价所属范围内环境因素识别评价及管理工作。

4 工作程序

4.1 环境因素识别范围
4.1.1 识别环境因素的范围必须覆盖工程局施工管理中所有活动、产品或服务中的各个方面。
4.1.2 识别环境因素时应考虑过去、现在、将来三种时态及正常、异常、紧急三种状态，并对涉及以下六个方面予以考虑：

a. 向大气的排放；
b. 向水体的排放；
c. 废物管理；
d. 土地污染；
e. 原材料与自然资源的使用；
f. 其他当地环境问题和社区性问题。

4.2 环境因素识别方法

环境因素识别应以活动和施工过程进行分析，以预防为主，采用工艺分析、现场排查、水平对比、统计分析、问卷调查等方法相结合。

4.3 环境因素识别步骤
4.3.1 局办公室负责组织工程局办公区环境因素的识别、评价，项目部办公室进行施工项目内的环境因素识别、评价，得出重要或一般环境因素，并分别填写“环境因素调查表”和“环境因素评价表”。
4.3.2 项目部把“环境因素评价表”上报到局办公室，办公室根据各部门上报的“环境因素评价表”进行确认、汇总、整理，从而确定工程局范围内的重要环境因素，填写并发布

“环境因素清单”和“重要环境因素清单”。

4.3.3 办公室根据“重要环境因素清单”项目逐项制定控制措施(管理方案),由管理者代表批准。

4.3.4 办公室将“重要环境因素清单”和管理方案、控制措施下发相关部门和各项目部,各项目部和部门按工程局的“重要环境因素清单”,并按相应目标和环境管理方案进行管理。一般的环境因素,由各部门、项目部自行制定并实施环境因素控制措施,并报办公室进行备案。

4.3.5 办公室对环境因素的控制情况和目标、管理方案的执行情况进行检查、监督,并填写“现场检查表”,对于发现的问题,可下发“纠正、预防措施表”进行纠正。

4.3.6 各部门识别、评价出的重要环境因素超出办公室下发的公司“重要环境因素清单”,应立即上报办公室,由其确认后,填入工程局“重要环境因素清单”并编制相应的管理方案进行实施。

4.4 评价依据

4.4.1 环境影响的规模、影响的严重程度、发生频次、影响的持续时间、控制情况等。

4.4.2 有关法律和法规的要求。

4.4.3 工程局的实际情况,包括改变环境影响的技术难度、经济实力对工程局公共形象的影响等。

4.4.4 相关方的要求等。

4.5 环境因素的评价方法

对环境因素的评价采用打分法。

4.5.1 对污染物及噪声排放的评价

4.5.1.1 污染物及噪声排放的评价按下表进行

内 容	得 分
a. 法规符合性	
超标	5
接近标准	3
未超标准	1
b. 发生频次	
持续发生	5
间断发生	3
偶然发生	1
c. 影响范围	
超出社区	5
周围社区	3
场界内	1

内 容	得 分
d. 影响程度	
严重	5
一般	3
轻微	1
e. 社区关注度	
非常	5
一般	3
基本不关注	1

4.5.1.2 污染物及噪声重大环境因素评价标准

当 $a=5$ 或 $c=5$ 或 $d=5$ 或 $e=5$ 或总分 $\sum=a+b+c+d+e\geqslant14$ 小时，确定为重大环境因素。

4.5.2 能源、资源消耗评价

4.5.2.1 评价方法

内 容	得分
g. 万元产值年消耗量	
大	5
中	3
小	1
h. 可节约程度	
加强管理可明显见效	5
改造工艺可明显见效	3
较难节约	1

4.5.2.2 重大环境因素的评定

当 $g=5$ 或 $h=5$ 或总分 $\sum=g+h\geqslant7$ 时，确定为重大环境因素。

4.6 环境因素的更新

每年组织一次环境因素的重新识别和评价，当出现下列情况时，对环境因素进行更新：

a. 管理评审提出的要求。

b. 本公司的活动、产品或服务发生较大变化时，如承接新项目，采用新技术、新材料、新工艺。

c. 有关法律法规和其他要求发生变化时。

d. 相关方报怨或提出的合理要求等。

4.7　执行本程序发生的记录按《记录控制程序》进行控制。

5　相关/支持性文件

- 《记录控制程序》

6　记录

- 环境因素调查表
- 环境因素评价表
- 环境因素清单
- 重要环境因素清单

危险源辨识和风险评价控制程序（××××—CX—20）

1　目的

本公司对活动、过程和服务进行危险源辨识和风险评价，以确保职业健康安全管理体系的建立、保持和有效实施。

2　范围

适用于工程局在活动、过程和服务中所有的危险源。

3　职责

3.1　管理者代表审批本公司重大危险源清单和关于重大危险源控制的管理方案。
3.2　办公室负责下发“危险源辨识调查表”，汇总各部门、项目部危险源的辨识成果，组织风险评价，发布本公司“危险源辨识与风险评价表”，并从中确定本公司范围内重大危险源。
3.3　各部门负责辨识业务范围内的危险源，工程局机关办公区范围内的危险源辨识由办公室组织进行。项目部负责施工区域范围内的危险源识别、评价。
3.4　项目部办公室负责辨识工程项目所涉及的全部活动、场所、人员的危险源，填写“危险源辨识调查表”，并对其进行评价，填写“危险源辨识与风险评价表”，上报局办公室确认。当项目的情况发生变化时及时识别、评价危险源，并上报局办公室确认。

4　工作程序

4.1　工作步骤
4.1.1　选择活动、过程和服务。
4.1.2　进行活动、过程和服务中危险源的识别。
4.1.3　进行危险源的定性和定量评价。
4.1.4　填写危险源辨识与风险评价表，确定重大危险源清单。

4.2 选择活动、过程和服务

4.2.1 施工工艺与安全技术管理。

4.2.2 施工作业人员操作活动。

4.2.3 各种设备、设施安装(支搭)、运行、维护。

4.2.4 有毒有害材料贮存与使用。

4.3 识别活动、过程和服务中的危险源

a.管理:工程技术、操作规程、人员技能培训、教育过程控制;

b.人员素质:人员意识、操作规程、经验;

c.环境条件:施工现场作业环境与条件;

d.职业卫生、消防。

4.4 危险源辨识方法

a.询问与交流;

b.现场观察;

c.查询有关记录;

d.获取外部信息;

e.安全检查表法。

4.5 危险源风险评价

4.5.1 危险源评价方法

4.5.1.1 对作业过程中的危险源评价采用直接判断法与作业条件危险性评价法相结合,评价时要考虑三种时态(过去、现在、将来)、在三种状态(正常、异常、紧急)情况下的危险,通过定量的评价方法分析危害导致危险事件发生的可能性和后果,确定危险的大小。定量评价主要采取作业条件危险打分法。

4.5.1.2 作业条件危险性评价方法主要是以与系统危险性有关的三种因素指标值之积来评价系统人员伤亡危险的大小。

三个因素是:

L——事故发生的可能性;

E——人体暴露于危险环境的频繁程度;

C——发生事故可能造成的后果。

评价公式: $D = L \times E \times C$

注:D——危险性分值

1)将L值最小定为0.1,最大定为10,在0.1~10之间定出若干个中间值如下表:

概率值	事故发生的可能性	概率值	事故发生的可能性
10	完全可能预料	0.5	很不可能,可以设想
6	相当可能	0.2	极不可能
3	可能,但不经常	0.1	实际不可能
1	可能性小,意外		

2)E:将 E 值最小定为 0.5,最大定为 10,在 0.5 ~ 10 之间定出若干个中间值,如下表:

频数值	暴露于危险环境的频繁程度	频数值	暴露于危险环境的频繁程度
10	连续暴露	2	每月一次暴露
6	每天工作时间暴露	1	每年几次暴露
3	每周一次暴露	0.5	非常罕见的暴露

3)C:把需要救护的轻微伤害规定为 1,把造成多人死亡的可能性值规定为 100,其他情况为 1 ~ 100 之间,如下表:

危害值	发生事故产生的后果	危害值	发生事故产生的后果
100	大灾难,多人死亡	7	非常严重,重伤,致残
40	灾难,数人死亡	3	严重,受伤
15	非常严重,一人死亡	1	引人注目,需要救护

4)D:危险性分值。根据经验,总分在 20 分以下是被认为低危险的,总分在 320 分以上是高危险分值,应立即停止工作整顿;总分在 160 ~ 320 分之间,属于必须立即采取措施进行整改的高度危险;总分在 70 ~ 160 分之间,有显著的危险性,需要及时整改。危险等级的划分是凭经验判断,难免带有局限性,不能认为是普遍适用的,应用时需要根据实际情况予以修正。危险等级划分如下表所示:

分值	危险程度	分值	危险程度
>320	极其危险,不可继续作业	20 ~ 70	一般危险,需要注意
160 ~ 320	高度危险,要立即整改	<20	稍有危险,可以接受
70 ~ 160	显著危险,需要整改		

4.5.2 判定重大危险

辨识、评价出重大危险源清单,是本公司制定职业健康安全的基础,是为了能够采取有效措施以防范重大危害事故的发生。

4.5.2.1 凡具备以下条件的均应判定为重大危险因素:

a. 不符合法律、法规和其他要求;

b. 相关方有合理抱怨和要求的;

c. 曾发生过事故,且未采取有效防范控制措施的;

d. 直接观察到可能导致危险的错误,且无适当控制措施的;

e. 通过作业条件危险性评价方法,总分大于 160 分高度危险的,评价为重大危险因素。

4.5.2.2 依据作业条件危险性评价的结果,各单位对未列为重大危险源清单的危害(一般隐患、违章)可由项目的相关责任部门(或人员)组织整改,维持现有的运行控制,加强管理。

4.5.2.3　办公室根据各单位上报的“危险源辨识与风险评价表”进行确认、汇总,从而确定本公司范围内重大危险源,发布本公司的“重大危险源清单”。

4.5.2.4　办公室根据本公司的“重大危险源清单”,组织相关人员编制管理方案,制定相应措施,以指导项目部对重大危险源进行控制。

4.6　风险控制

4.6.1　办公室应监督各部门、项目部对评价出的重大危险源清单进行有效控制。对重大危险源的控制采用以下方法:

a. 制定目标(指标)管理方案进行控制;

b. 制定应急预案;

c. 加强现场监督检查。

4.6.2　对于一般危险源的控制采用以下方法:

a. 制定程序进行控制;

b. 保持现有措施;

c. 培训与教育;

d. 加强现场监督检查。

4.6.3　办公室

对重大危险源清单实施监督、指导和服务。检查记录填写“现场检查表”。

4.7　危险源的评审修订

4.7.1　办公室每年应至少组织一次危险源清单的重新评价工作。

4.7.2　当发生下列情况时,办公室应按上述程序,及时进行危险源辨识与评价工作:

a. 相关法律、法规发生变化时;

b. 本公司的生产活动内容或工艺发生重大变化时;

c. 局经营宗旨、职业健康安全方针及目标发生重大变更时。

4.7.3　对新开工项目,项目部在开工前编制施工组织设计阶段应及时进行危险源识别与评价工作,填写“危险源辨识调查表”、“危险源辨识与风险评价表”,并上报办公室备案。再根据“重大危险源清单”结合项目的实际情况,建立项目的“重大危险源清单”并实施有效控制。

5　相关/支持性文件

- 《工程施工控制程序》

6　记录

- 危险源辨识调查表
- 危险源辨识与风险评价表
- 重大危险源清单

应急准备与响应控制程序（××××—CX—21）

1　目的

为了预防和控制潜在环境、安全事故或在紧急情况下，迅速正确地做出应急响应，减少或预控可能产生的事故后果。

2　范围

适用于公司区域内可能发生的环境/职业健康安全事故和紧急情况。

3　职责

3.1　管理者代表负责领导紧急事件或事故的处理。
3.2　办公室负责本程序的实施监督。
3.3　各部门负责预防紧急事件或事故的发生。当意外紧急事件发生时，应采取处理措施，防止事态扩大，并立即报告工程局应急准备领导小组。
3.4　各项目部负责预防其管辖范围内的紧急事件或事故的发生，当发生意外紧急事件时，应立即组织抢险或救护处理，防止事态进一步扩大，并视事态情况报工程局应急准备领导小组。

4　工作程序

4.1　本公司成立应急准备领导小组，管理者代表任组长。应急准备领导小组设在办公室。各项目部成立应急领导小组，项目经理任组长。
4.2　工程部组织相关部门、项目部编制应急准备预案，报管理者代表审批。
4.3　应急预案的内容
4.3.1　识别可能的事故性质和后果。
4.3.2　确定与外部机构的联络(消防、医院等部门)。
4.3.3　应急负责人、有关人员在应急期间的责任和义务。
4.3.4　应急指挥中心地点、机构、信号、标识等。
4.3.5　报警、联络步骤和方式。
4.3.6　所要求的应急措施。
4.3.7　抢救和保护人、财、物的顺序和程序。
4.4　应急设备

相关部门、项目部按应急计划配置应急设备，为确保持续的可操作性，应定期对应急设备的配置和有效性组织检查和测试，做好记录。应急设备包括：应急照明和动力，安全隔离开关，消防设备，通信设备，救护用品等。

4.5　各项目部成立抢险队，并将抢险队员名单报办公室备案，每年至少进行一次培训，并保存培训记录。
4.6　演习

应急演习应按计划进行,组织抢险队员学习掌握抢险知识和技能,应急演习由办公室组织,每年至少一次,并填写“应急小组演习记录”。项目部应急小组也应进行演习并保留演习记录。

4.7 应急响应

4.7.1 事故发生或紧急情况出现,现场负责人应立即采取措施,控制事故扩大或险情蔓延,尽可能减少伤亡和损失,同时应填写“应急事故处理记录”及时向应急领导小组报告。

4.7.2 应急领导小组接到报告应立即上报总经理,同时组织有关人员立即赶赴现场,组织抢救工作。特大环境、安全紧急事件,发生单位可以要求第三方援助。

4.8 事故发生后,事故发生部门配合办公室调查事故原因,写出事故报告和预防控制的改进意见,按《纠正和预防措施控制程序》执行。

4.9 对事故、紧急情况处理完毕后,由办公室对应急预案进行评审,必要时进行修订。

4.10 执行本程序产生的记录,按《记录控制程序》进行控制。

5 相关/支持性文件

- 《事故、事件调查处理控制程序》
- 《纠正和预防措施控制程序》
- 《记录控制程序》

6 记录

- 应急小组培训记录
- 应急事故处理记录
- 应急小组演习记录

合规性评价控制程序(××××—CX—22)

1 目的

评价本公司建立、实施的一体化体系及各项过程活动是否符合适用的法律法规和应遵循的其他要求。

2 范围

适用于对本公司建立、实施的一体化体系及各项过程活动进行合规性评价。

3 职责

3.1 管理者代表负责本公司合规性评价的组织工作。

3.2 技术部负责本公司合规性评价的实施及纠正和预防措施的跟踪验证工作。

3.3 各部门参加本公司进行的合规性评价工作,及纠正和预防措施的实施工作。

4 工作程序

4.1 技术部负责收集和识别本公司一体化体系适用的法律法规及其他要求,并识别其适用的活动,编制“适用的法律法规及其他要求清单”,并摘录其适用条款章节原文,予以标明易于查询,报管理者代表确认批准。执行“法律、法规和其他要求获取、确认程序”。

4.2 技术部负责将“适用的法律法规及其他要求清单”,并摘录其适用条款章节原文下发给本公司各部门遵照执行。“适用的法律法规及其他要求清单”,并摘录其适用条款章节原文可以书面形式发放,也可以电子版本下发。

4.3 管理者代表主持,技术部组织相关部门负责人,每年至少进行一次合规性评价活动。

4.4 评价的依据

a. 本公司适用的法律法规及其他要求;

b. 本公司产品实现过程及相关活动识别的主要环境因素和重要危险源;

c. 环境监测和职业健康安全绩效测量的结果;

d. 内外部审核的结果及管理评审的结果;

e. 相关方的意见。

4.5 评价的方法

a. 依据“适用的法律法规及其他要求清单”及其使用条款章节原文对照本公司生产经营管理活动的遵循情况,进行逐条评价;

b. 评价包括各项环境目标指标及污染排放情况;

c. 合规性评价活动应形成“适用的法律法规及其他要求合规性评价记录”。内容包括:适用的法律法规及其他要求名称、适用条款章节原文、经营管理活动、评价结果、评价结论、评价人员、评价日期、批准手续等。

4.6 技术部负责根据合规性评价活动的结果,编制“合规性评价报告”,报管理者代表审核后,上报总经理批准。并作为管理评审会议的输入信息,进行报告。

4.7 技术部组织相关部门负责人,进行的合规性评价活动应实事求是、客观公正,不得弄虚作假。

4.8 对每年进行合规性评价活动中发现的未能遵循法律法规和其他要求的产品、活动和服务现象的处理:

a. 将其提升为重要环境因素和重大危险源,制定专项目标和指标、管理方案或运行控制程序进行严格控制;

b. 技术部负责调查原因,追究责任部门,责成其进行整改;

c. 责任部门应认真进行原因分析,制订纠正和预防措施,并组织实施。

4.9 技术部负责确认、追踪、验证改进效果,并向管理者代表报告。若未能达到要求,责任部门须重新制定相应的改进措施。

5 相关/支持性文件

- 《法律、法规和其他要求获取、确认程序》
- 《纠正和预防措施控制程序》

6　记录

- 合规性评价报告　书面报告(无固定格式)
- 适用的法律法规及其他要求合规性评价记录

环境、职业健康安全绩效监视和测量控制程序

(××××—CX—23)

1　目的

通过对绩效监视和测量,判断环境、安全目标、指标的实现程度以及法律法规符合性,为策划、实施和改进管理体系提供依据。

2　范围

适用于本公司各部室、项目部对环境、职业健康安全绩效的监视和测量。

3　职责

3.1　技术部

3.1.1　负责对环境、职业健康安全法律、法规、标准遵守情况的评价。

3.1.2　负责组织对环境、职业健康安全目标完成情况以及管理体系运行情况的监督检查。

3.1.3　负责对工程局环境绩效的测量、监控。

3.1.4　组织对作业、工作场所给员工造成伤害的环境因素进行监测,如噪声排放等。

3.1.5　负责对工程局职业健康安全绩效的测量、监控。

3.1.6　负责每年定期对事故、事件和安全运行绩效进行检查、测量、统计、分析,为制定纠正和预防措施提供信息。

3.2　项目部

3.2.1　负责本项目环境、职业健康安全绩效的监测实施。

3.2.2　负责委托环保或监督部门对有关监测项目控制。

3.3　办公室负责组织进行关于噪声控制、职业病防治、劳保用品的使用,女工、未成年工保护方面的监督检查。

4　工作程序

4.1　监测内容

4.1.1　环境、职业健康安全目标、指标实现情况。

4.1.2　管理方案、应急预案以及运行规定的实施情况。

4.1.3　事故、事件和不良绩效。

4.1.4　环境、职业健康安全运行的结果和法律、法规符合性。

4.2　环境、职业健康安全目标、指标实现情况的监视和测量。

4.2.1　项目部按工程局管理体系的要求，结合项目的实际情况，在施工阶段对项目的一般、重大环境因素和一般、重大危险源进行管理、控制，制定相应的环境、职业健康安全目标、指标，并对其进行监视和测量，如对噪声和粉尘进行测量，对废水排放进行监视和测量等。

4.2.2　办公室对工程局的环境和资源、能源消耗情况进行监测和统计。

4.2.3　办公室对工程局的安全情况和事故、事件调查处理情况进行监测和统计。

4.3　环境、职业健康安全管理方案、应急预案以及运行规定的监视和测量。

4.3.1　环境运行控制对象

a. 环境管理方法及方案实施情况。

b. 有关环境管理体系过程运作的程序、作业指导书实施情况。

c. 技术部对上述实施情况进行监视和测量。

4.3.2　职业健康安全的运行控制对象

a. 职业健康安全管理方法及方案实施情况。

b. 有关职业健康安全管理体系过程运作的程序实施情况，重点为：

——爆炸、火灾及火警隐患。

——施工现场临时用电安全。

——施工现场设施、设备安全。

——施工现场的安全管理。

c. 环境、职业健康安全运行控制对象还包括对化学危险品的管理、应急准备与响应等。

d. 工程部对上述情况的实施进行监视和测量。

4.3.3　工会每季度组织有关人员对项目部员工的劳动保护情况进行监督检查。

4.3.4　监督检查情况记录在“现场检查表”。

4.4　法律法规符合性评审

技术部定期对环境、职业健康安全法律法规遵循情况进行符合性评审，每年不少于一次，特殊情况下追加评审。符合性评审的结果应提交管理评审会议。

4.5　环境、职业健康安全绩效监视和测量装置的管理按《监视和测量装置控制程序》××××—CX—15—2006 执行。

5　相关/支持性文件

- 《监视和测量装置控制程序》

6　记录

- 现场检查表（使用行业统一表格）

方针、目标指标和管理方案控制程序

（××××—CX—24）

1 目的

为建立、实施与改进本公司的质量、环境和职业健康安全管理体系，实现质量、环境和职业健康安全方针、目标和指标以及为确保实现目标和指标而制定的管理方案的实施，不断改进我公司的产品质量、环境和职业健康安全工作。

2 适用范围

适于我局质量、环境和职业健康安全方针、目标和指标及管理方案的制定、实施与评审。

3 职责

3.1 局长负责组织制定并批准质量、环境和职业健康安全方针，负责批准目标和指标，管理者代表负责审批管理方案。

3.2 管理者代表组织目标和指标的制定、负责目标和指标的审核，并负责监督方针、目标和指标、管理方案的实施。

3.3 技术部负责编制管理方案，并监督、验证实施进度。

3.4 各项目部、部门负责方针、目标和指标与管理方案的具体实施。

4 工作程序

4.1 质量、环境和职业健康安全方针

4.1.1 质量、环境和职业健康安全方针的确定

局长以保护和改善质量环境、提高职业健康安全水平为目的，根据质量、环境和职业健康安全管理体系相关要素的要求，针对本公司实际情况，适当考虑相关方的要求，制定质量、环境和职业健康安全方针，并形成文件，传达给全体员工。

质量、环境和职业健康安全方针应确保：

a. 适合于本公司的工程施工性质和规模以及环境、职业健康安全特点、风险性质和规模；

b. 对持续改进和事故预防、降低风险做出承诺；

c. 对遵守有关质量、环境和职业健康安全法律、法规和其他要求做出承诺；

d. 为建立和评审质量、环境和职业健康安全目标和指标提供框架和基础；

e. 与本公司的其他方针保持一致。

4.1.2 方针的更改

每次对本公司体系的评审，均需对质量、环境和职业健康安全方针进行评审，确保其持续适宜性。当方针需要更改时，应经局长批准，形成文件后重新向全体员工传达。

4.1.3　方针的宣贯

4.1.3.1　通过管理手册的分发，以及会议、宣传栏、黑板报或宣传页等方式，对本公司各级管理者、执行人员（包括专业技术人员）以及操作人员进行方针的宣贯。

4.1.3.2　各部门负责对全体员工进行方针的培训，以确保对本公司质量、环境和职业健康安全方针正确、充分的理解。

4.1.4　方针的公开

局长应考虑相关方或公众的要求，以适当的方式公开方针。

4.2　目标和指标

4.2.1　目标和指标的制定

4.2.1.1　管理者代表组织相关人员，根据方针和年度工作计划、工程（产品）质量、重要环境因素、重大危险源、经济和技术的可行性、利益相关方的观点等提出年度目标和指标，经管理者代表审核后，报局长批准后生效。

4.2.1.2　体系建立之初的目标和指标，由管理者代表根据质量策划、环境和职业健康安全初始状态评审结果，组织制定并审核，报局长批准后予以传达和实施。

4.2.2　目标和指标的制定应确保：

a. 体现质量、环境和职业健康安全方针的内容；

b. 有关法律、法规及其他要求；

c. 本公司的工程（产品）质量、重要环境因素、重大危险源；

d. 来自相关方的信息与要求；

e. 产品质量和环境的改进、劳动安全保护行为的持续改进；

f. 可选择的最佳技术，以及经济上、运作上的可行性；

g. 实施的进度，以及可调整性的要求；

h. 体现方针的逐层建立、分解、量化后纳入各相关职能部门，即目标和指标明确量化、具体可测量。目标和指标制定要合理，体现出先进性与合理性。可定位于相关的职能和层次，细化分解到相关部门与岗位。

4.2.3　目标和指标的评审和更改

4.2.3.1　在方针、相关法律法规及其他要求、内部与外界因素等发生较大变更时，目标和指标应重新评审和修订。

4.2.3.2　目标和指标由管理者代表组织进行更改，经管理者代表审核后报局长批准后生效。

4.2.4　目标和指标的宣贯

4.2.4.1　通过发文、内部会议、黑板报、宣传页等宣传方式，对本公司各级管理者、专业技术人员以及操作员工进行目标和指标的宣传贯彻。

4.2.4.2　由办公室组织各部门对所属员工进行目标和指标的培训，确保全体员工清楚本公司及本部门的目标和指标，并付诸实施。

4.2.5　目标和指标的公开

相关方或公众要求公开本公司的目标和指标时，需经过局长审批。

4.3　管理方案

4.3.1　管理方案的编制

4.3.1.1　管理方案由技术部依据目标和指标编制，经管理者代表审核后报局长批准。

4.3.1.2　环境和职业健康安全管理方案应涉及与实现质量、环境和职业健康安全目标和指标有关的全部可能的活动（包括采购、生产、储存、运输、设备维修、后勤等）、资源及具体措施。

4.3.1.3　环境和职业健康安全管理方案应考虑与实现质量、环境和职业健康安全目标和指标有关的作业场所、过程、装置、机械、作业组织的设计，包括人力的配置。

4.3.2　管理方案主要包括以下内容：

a. 依据的目标和指标；

b. 方法措施、技术手段；

c. 责任部门或岗位；

d. 预算经费；

e. 开始时间和完成时间；

f. 验证等。

4.3.3　管理方案的更改

当因措施发生变更、目标和指标变化或本公司的活动、产品、服务或运行条件发生变化等情况需要更改方案时，由更改申请者以"文件更改申请单"的形式交办公室确认，经管理者代表审批后，由办公室按"文件控制程序"进行更改。

4.3.4　管理方案的实施与监督验证

管理方案以受控的形式下发至各相关职能部门具体实施，由技术部负责对方案的实施进度与效果等进行监督和验证，验证时间参见管理方案。

5　相关/支持性文件

- 《文件控制程序》
- 《管理方案》

6　记录

- 文件更改申请单
- 管理方案

施工现场管理程序　（××××—CX—25）

1　目的

为了加强对施工现场的安全管理，控制建筑施工环境与职业健康安全风险，特制定本程序。

2　范围

适用于在各施工现场的环境和职业健康安全控制管理。

3　术语与定义

3.1　“三宝”指安全帽、安全带、安全网；
3.2　“四口”指提升机口、预留洞口、楼梯口、通道口；
3.3　“五边”指基坑边、阳台周边、屋面周边、楼层周边、卸料平台外侧边与上下通道斜道两侧边。

4　职责

4.1　技术部负责施工现场的质量、环境、安全检查与监督；
4.2　项目部负责施工作业场所的日常管理。

5　工作程序

5.1　施工现场应布局合理，其建筑(构筑)物、机械设备的位置、材料堆放场地、道路、供水管道、临时用电线路的设置、办公区、生活区等应在施工组织设计平面布置图中详细规定，并符合安全、卫生的要求。
5.2　施工作业现场在危险部位与危险作业场所应有明显的安全、消防、交通标志与安全防护标识。安全防护标识应符合国家的有关规定，其设置位置应适宜醒目。
5.3　起重机、混凝土搅拌机与其他手持式电动工具等施工机具应安装漏电保护装置，木工机械应有可靠的安全防护措施。
5.4　施工现场的“三宝”应符合安全要求，其佩戴(悬挂)应符合有关规定。有毒有害作业人员应正确佩戴防护用品，施工作业现场的“四口”、“五边”应有可靠的防坠落、防落物措施，其设置应便于作业与通行。容器内施工除加装通风换气装置外，应安排专人监护。
5.5　施工作业现场的重点防火部位与明火作业场所应按规定设置消防器材。
5.6　当施工作业现场出现事故与紧急情况时，按《应急准备与响应控制程序》执行。
5.7　技术部、项目部应定期检查施工现场的管理情况，并填写检查记录表，发现不符合，按《不符合、纠正和预防措施控制程序》执行。

6　相关/支持性文件

- 《应急准备与响应控制程序》
- 《不合格品、不符合控制程序》
- 《纠正措施控制程序》
- 《预防措施控制程序》
- 《施工组织设计》

7　记录

- 工作环境与安全检查记录

对相关方施加影响管理程序(××××—CX—26)

1　目的

对相关方施加影响,使其了解本公司的质量、环境和职业健康安全管理体系方面的事宜,以促使其自觉保证产品质量和减少职业健康安全风险。

2　适用范围

适用于对物料供应商、劳务承包方等相关方在质量、环境和职业健康安全事宜方面的影响。

3　职责

3.1　项目部负责对物料供应商、劳务承包方等相关方进行评估,并对其施加影响。
3.2　技术部负责对重点施加质量与职业健康安全影响的相关方进行监督、检查。

4　工作程序

4.1　本公司可望施加影响的相关方主要有物料供应商、劳务承包方与其他供方等。
4.2　对相关方的评估
4.2.1　技术部负责组织各有关部门对相关方进行评估。

a. 与本公司的环境和健康安全风险相关联的,或可能造成环境和重大健康安全事故、认为必须对其施加影响的相关方定为重点施加影响的相关方,并列入"重点施加影响相关方一览表"中,交管理者代表批准;

b. 其他的未定为重点施加影响的相关方为一般施加影响的相关方。

4.3　对相关方的影响
4.3.1　对需重点施加影响的相关方,由技术部要求相关部门对各自对应的物料供应商、劳务承包者等相关方施加影响主要通过以下方式:

a. 通报本公司质量、环境和职业健康安全方针;

b. 通报对相关方质量、环境和职业健康安全的要求;

c. 必要时提出书面要求或利用合同条款施加影响。

4.3.2　技术部对需重点施加质量、环境和职业健康安全影响的相关方进行不定期的监督与检查,检查的主要内容有:

a. 是否理解本公司的质量、环境和职业健康安全方针;

b. 是否因劳动保护和职业健康安全问题受到相关方的投诉;

c. 是否因环境和职业健康安全事故受到上级主管部门的处罚;

d. 环境和职业健康安全表现是否已有明显改变。

4.3.3 对不符合要求的相关方提出整改意见,对因整改不力或拒绝整改可能造成施工质量环境和安全事故的相关方,有权做出限期整改、减少订货、改变原材料、更换供应商等措施,对其施加影响。

4.3.4 对一般施加影响的相关方,由各项目部每年向对应的相关方宣传本公司的质量、环境和职业健康安全方针、质量、环境和职业健康安全要求等,不断提高其质量、环境和职业健康安全意识。

5 相关/支持性文件

- 《采购控制程序》

6 记录

- 重点施加影响相关方一览表
- 对相关方质量、环境和职业健康安全的要求

危险化学品搬运、贮存控制程序(××××—CX—27)

1 目的

规范危险化学品的搬运和贮存的手段和方法,正确使用,防止环境和职业健康安全风险的发生。

2 范围

2.1 适用于危险化学品交付、贮存、使用的全过程管理。

2.2 术语:危险化学品指 GB13690—92《危险化学品的分类与标志》中列入的八类危险物品。

3 职责

3.1 技术部负责编制本程序;

3.2 项目部仓库负责危险化学品的搬运、贮存;

3.3 各班组或其他使用部门在领用、保管、使用危险化学品时,按程序规定进行。

4 工作程序

4.1 危险化学品的搬运

4.1.1 由供方负责承担运输,项目部应在合同中规定供方保证危险化学品运输、搬运的安全,直到卸货后进仓库为止。

4.1.2 对于供方负责运输的危险化学品,在进仓库检验时,项目部仓库应考察供方运输过程中对危险化学品各种标识、包装、防护措施等完整性的保护。

4.2 危险化学品的贮存

4.2.1 仓库入库必须办理入库手续。

4.2.2 危险化学品应专库(室、柜)存放,并有专人保管,贮存场所应符合消防安全要求。应根据危险化学品的理化性能,分类分区存放,应有明确的标识,执行先进先出原则,以便追溯。

4.2.3 对可能造成泄漏引起人体危害的危险化学品,应严格按技术文件要求贮存,并定期检查贮存情况,做到账、物、卡相符。

4.2.4 在满足使用要求下,应尽量减少化学品的贮存量。

4.3 危险化学品的领用

4.3.1 化学品的领用需填写领料单,仓库管理人员按有关规定确认后发货。

4.3.2 仓库人员应及时记录领用材料的种类、数量。

4.4 危险化学品的搬运

4.4.1 各作业班组领用时应采用合适的搬运方法。

4.4.2 搬运过程应小心谨慎,确保无泄漏。

4.5 危险化学品的使用

化学品的使用主要根据工艺要求和配方要求,具体参见各相关的作业文件。注意在使用过程中的防护措施,如通风要求、防火要求、防止溅射到皮肤等。危险性较大的化学品应监督其使用过程及剩余数量,剩余物品必须及时收回仓库管理。对危险化学品的残渣(液)应分类收集,其残渣残液及其容器应妥善处置,不得随意外排、丢弃。

4.6 应急准备与响应参见《应急准备与响应控制程序》。

5 相关/支持性文件

- 《应急准备与响应控制程序》

消防安全管理控制程序(××××—CX—28)

1 目的

加强消防安全管理,预防火灾事故的发生,保护人民生命和财产安全。

2 适用范围

本程序适用于本公司范围内的消防安全管理。

3 术语和定义

4 职责

4.1 技术部负责制定并组织实施本程序。

4.2 办公室负责对机关办公区、生活区的消防安全管理。

4.3　项目部负责对施工现场的消防安全管理。

4.4　技术部负责对施工现场的消防安全管理的监督检查。

4.5　局长、项目部经理是消防工作的第一责任人，负责消防组织的建立与组织，制定《消防安全管理制度》。

5　工作程序

5.1　消防组织、消防器材的管理

5.1.1　成立消防安全委员会，项目部成立防火安全领导小组。本公司与项目部建立义务消防组织。

5.1.2　制定《消防安全管理制度》，各部门、项目部遵照执行。

5.1.3　技术部根据工程项目的实际需要，对项目部下达消防器材配置通知。各项目部按通知要求配置消防器材，并按消防器材的种类、规格、数量、安放位置绘制消防器材配置图报技术部备案，由技术部进行检查监督。

5.1.4　技术部按照《灭火器的维修与报废标准》定期组织对消防器材的维修与换药，并在灭火器的明显部位贴上标签，同时将检修情况填入《消防器材/设施配置、维修台账》。

5.1.5　经常性地检查消防安全工作的落实情况。

5.2　施工现场消防安全管理

5.2.1　施工现场合理布置，伙房、宿舍、仓库应分别设立，其消防通道与消防间距应符合《建筑防火规范》的有关规定。

5.2.2　施工现场的重点防火部位应有明显的防火标志。

5.2.3　仓库内应当配备消防器材和灭火设施，严禁在仓库内吸烟和使用明火，要符合有关安全、防火规定，物品之间通道要保证安全距离。

5.2.4　施工现场的临时用电线路应规范设置，电气设施完整，保险丝安装符合规定，铁壳开关应有可靠的接零保护。

5.2.5　氧气瓶与乙炔瓶配置完整，距离明火在10m以上，两种气瓶存放与使用间距保持5m以上。受阳光照射容易燃烧、爆炸物品应当在阴凉通风地点存放。

5.2.6　化学性质或防护、灭火方法相抵触的易燃、易爆品，不得在同一仓库内存放。

5.2.7　从事明火作业（电焊、气割等）周围及其下方不得有易燃、可燃性物品，如有易燃、可燃性物品应及时进行清理。电气焊作业人员须取得《特种作业人员操作证》。

5.2.8　加强对火源、电源和施工中贮存、使用易燃、易爆品的场所监控。

5.3　技术部应每月对各部门、项目部施工现场消防制度的执行情况进行检查，填写“体系运行检查记录表”，并对重大火灾隐患下达“火险隐患通知书”。各责任部门要及时整改落实。

5.4　紧急情况和响应

发生火警、火灾危险情况时，执行《应急准备与响应控制程序》。

6　相关/支持性文件

- 《应急准备与响应控制程序》

- 《建筑防火规范》
- 《灭火器的维修与报废标准》
- 《消防安全管理制度》

7 记录

- 消防器材统计表
- 火险隐患通知书
- 消防设施检查记录

环境影响管理控制程序(××××—CX—29)

1 范围

本标准规定了能源资源消耗 、生活污水、固体废弃物的处理、噪声等控制要求。

2 规范性引用文件

下列文件中的条款通过本标准的引用而成为本标准的条款。

3 职责

3.1 项目部负责本部门能源资源消耗、固体废弃物、施工噪声的控制;

3.2 办公室负责本公司基地生活垃圾、生活污水及固体废弃物的处理;

3.3 技术部负责对项目部能源资源消耗、固体废弃物、施工噪声的监督管理。

4 工作程序

4.1 电资源消耗的控制

4.1.1 计划编制

技术部负责依据本公司工程任务及电能、原材料消耗指标和上年实际情况,对项目部能源资源消耗编制本年度计划,报主管经理批准后,下发相关部门实施。

4.1.2 计划实施

4.1.2.1 本公司以节能为宣传重点,做好节能宣传工作,提高职工的节能意识。

4.1.2.2 技术部、项目部(工程承包方)应积极推广和应用新技术、新工艺,合理组织生产,有效地降低施工成本。

4.1.2.3 生活区域内(民工宿舍、食堂),员工要提高节电意识,离开时及时关闭照明灯、电扇、电视、电热水器等用电设施,严禁使用大功率电器做饭,最大限度地节约能源。

4.1.3 节能检查

4.1.3.1 技术部应按时进行电能、原材料消耗统计监督检查,避免浪费、实施有效控制,并保存相应记录。

4.1.3.2 项目部应及时进行检查,定期做出电能、原材料消耗统计,实施有效控制,并保存相应记录。

4.2 废弃物的排放控制

4.2.1 废气排放

4.2.1.1 柴油运输车使用0 # 柴油,项目部应采购符合国家相关标准的柴油产品。

4.2.1.2 本公司自备车辆每年定期对尾气排放进行监测,使用乙醇汽油,确保汽车尾气排放符合《汽油车怠速污染物排放标准》。

4.2.1.3 对施工中使用的危险化学品要采取必要的防护措施,如容器加盖、储存室通风等,定期专人负责检查,控制和减少危险化学品的挥发。

4.2.2 废水排放

4.2.2.1 各项目部在施工过程中,合理控制化学品使用,禁止直接向下水道倾倒化学品和成分不明的液体。

4.2.2.2 各项目部应确保废水汇入沉淀池中,与城市管网相邻的经沉淀后应排入市内污水管网。

4.2.3 施工噪声

4.2.3.1 各阶段的施工噪声应符合 GB12523—1990《建筑施工场界噪声限值》。

4.2.3.2 维护设备减少噪声,减少开机次数,调整作业时间,尽可能避免产生噪声设备的夜间施工作业。

4.2.4 粉尘排放

4.2.4.1 项目部从事有关扬尘作业活动时,应采取相应措施,减少扬尘发生。

4.2.4.2 施工现场道路应经常清扫、洒水,控制和减少扬尘。

4.2.4.3 焊工作业时必须佩戴劳动保护品,持面罩作业,控制和减少电焊烟尘的危害。

4.3 固体废弃物的处置

4.3.1 技术部、项目部制定《固体废弃物排放记录》,并根据废弃物的类别,设置垃圾箱(区),放置于各区域内,各部门按《固体废弃物排放记录》中规定的处置要求执行,或指定堆放场所。

4.3.2 放置废弃物的容器或堆放地要有明显标识:

a. 对可能产生二次污染的物品要对放置的容器加盖,防止因雨、风、热等原因而引起的再次污染;

b. 放置危险废弃物的容器(如废油桶、废油漆桶等),要有特别的标识,以防止该废弃物的泄漏、蒸发和防止该废弃物和其他废弃物相混淆。

4.3.3 各工序的废弃物应按废弃物类别投入指定的垃圾箱(区)或对方场地,禁止乱投乱放。

4.3.4 项目部应定期派专人进行收集废弃物中可回收利用的物资,交物资回收部门。

4.3.5 一般废弃物由专人负责处理处置。

4.3.6 危险废弃物由项目部设置专门场地保管,待有关部门处置。

4.3.7 项目部负责施工中的废弃物及建筑垃圾处置管理,应在施工协议中明确处置的责任方和处置方式。

4.4 技术部、项目部应对上述内容的控制情况进行定期检查,技术部每季度一次,项目部每月一次。并形成书面检查记录。

5　相关文件

- 《建筑施工场地噪声限值》

6　相关记录

- 环境体系运行检查记录
- 固体废弃物处置记录

劳动保护用品管理程序（××××—CX—30）

1　目的

加强劳动保护用品的发放使用管理，保证职工在施工过程中的安全和健康。

2　范围

适用于各部门职工劳动保护用品发放使用管理。

3　职责

3.1　项目部负责合理安排劳动保护经费；
3.2　技术部负责制定劳动防护用品发放标准和使用制度及监督管理；
3.3　项目部负责职工劳动保护用品的购置、验收、保管、发放；
3.4　技术部负责职工劳动保护用品使用情况的日常检查。

4　工作程序

4.1　职工劳动保护用品的发放标准执行《女职工劳动保护规定》、《劳动防护用品管理规定》；
4.2　项目部负责其项目各种劳动防护用品的采购、供应工作；
4.3　项目部要合理安排劳动保护经费，将防护、防寒、防暑用品的经费列入计划，保证职工按时领到防护用品；
4.4　职工劳动保护用品的检验
4.4.1　物资入库之前首先核对进料计划或进料合同，判明是否为应进物资，防止物资串库验收。
4.4.2　验收时首先核对供货单位提供的质量证明书或合格证以及发货明细表、装箱单，材料调拨单或收料单是否配套正确。
4.4.3　保管员验收时认真核对物资的品名、规格数量与入库计划、调拨单或装箱单是否一致。
4.4.4　验收

4.4.4.1 数量验收:应采取与供货单位一致的计量单位或方法进行验收。

4.4.4.2 计件验收:小批量物资全部清点,如遇到大批量物资,但包装一致完整,可按 5% ~15% 比例抽验。

4.4.4.3 计重验收:计重验收一律按净重计算,凡供货单位按检斤交货的,应同样按检斤验收。带包装的计重物资属定量包装可抽称 5% ~15% 。

4.4.4.4 质量验收:首先察看物资的外观质量上是否合格,配件上是否成套,附带的零件是否齐全。

4.4.4.5 验收时间:小批量的物资应随到随验,大批量的物资一般在 24 小时工作日验收完毕。

4.4.4.6 做好验收记录,如供货有一项手续不全就必须记录,记录要按验收程序详细记载,以便查找。

4.4.4.7 严禁保管员私自进货或组织货源。

4.4.4.8 验收中发现质量问题,及时填写验收记录,并向对口安全员反映,坚决退货,凡有不合格物资进入库房造成后果的,要追究保管员的责任。

4.4.4.9 凡是未经管库员验收,送货人直接把物资送到工地,保管员有权拒绝在报销单据上签字。

4.5 职工劳动保护用品的保管

4.5.1 项目部按照劳动保护用品的保管要求,将劳动保护用品置于通风、干燥的库房内。

4.6 发放管理

4.6.1 项目经理将各班组人员增减及工种变动情况通知安全员。

4.6.2 技术部根据劳动保护用品使用年限、发放标准和范围,确定各岗位人员应配发的劳动保护用品,发放至各项目部执行。各项目部还应按比例配备一定数量的备用劳动保护用品。

4.6.3 各工种人员领取劳动保护用品时,领取人员在《劳动保护用品发放记录》上签字或盖章确认后领取。

4.6.4 项目部发放人员在发放劳动保护用品时,应严格审核领取范围、领取标准和领取人的资格。

4.6.5 各工种因工作需要临时借用劳动保护用品时,经过项目部经理批准后,方可办理发放。

4.7 日常检查

4.7.1 技术部对全体职工劳动保护用品使用情况进行检查。

4.7.2 各部门随时对职工使用劳动保护用品情况,进行检查,不按规定穿戴劳动保护用品时严禁作业。

5 相关文件

- 《女职工劳动保护规定》
- 《劳动防护用品管理规定》

6 相关记录

- 劳动保护用品发放记录

数据分析控制程序(××××—CX—31)

1 目的

通过选用适当的数据分析方法,系统地收集数据,分析问题的原因,查清事实,为改进提供依据,有效地控制施工过程,提高工程(产品)质量和安全保护的能力。

2 范围

适用于本公司内外部有关数据的收集、分析和利用。

3 相关文件

本公司管理体系文件。

4 定义

本程序中的数据系指有关本公司生产经营活动中的质量管理和职业健康安全方面的数据。

5 职责

5.1 技术部负责数据分析的推广、应用工作,并指导各部门对本程序的实施。
5.2 各职能部门负责本部门有关数据的收集、分析和传递。
5.3 项目部负责数据分析工作的实施,并根据施工项目(产品)的规模、程度、质量标准、安全要求、施工技术难度和施工作业环境(条件),选用适当的数据分析方法,以验证施工过程、危险源的控制能力,并提高工程(产品)质量及安全防护的能力。

6 工作程序

6.1 组织机构
6.1.1 技术部负责全公司数据的收集、分析和利用。
6.1.2 项目部、各职能部门负责数据的收集、分析和利用。
6.2 数据的种类和分级
6.2.1 种类

各部门应对数据进行识别,确保其有效性、充分性和适用性。应收集以下方面的数据:

a. 与产品和服务有关的数据,如:工程验收合格率、优良品率、检测记录、不合格评审表、顾客的反馈信息等。

b. 与产品实现过程有关的数据,如:工程进度、环境因素和危险源的控制程度、伤亡事故率等。

c.建筑市场动态,同行业信息,如:可靠性、安全性、环保性、施工技术、检测仪器信息等。

d.其他与质量、环境和职业健康安全关系密切的数据。

6.2.2 数据分级

各部门根据数据的重要程度进行分级:

a.关键A级,一个工作日内传递到本公司办公室;

b.一般B级,基层部门分析利用。

6.3 数据收集

6.3.1 数据收集渠道

6.3.1.1 顾客报怨投诉信息由项目部每月向工程部报告,顾客满意度信息由工程部采用发函或走访形式进行收集和分析,并提交管理评审。

6.3.1.2 国内外建筑施工技术信息、过程能力趋势分析报告由技术部进行收集和分析,每年进行一次,并提交评审。

6.3.1.3 体系审核报告、管理评审报告、外审结果,由技术部收集和分析,并提交管理评审。

6.3.1.4 法律、法规及其他要求的相关信息由技术部收集,提交管理评审。

6.3.2 收集数据的要求

a.及时性。数据收集应及时。

b.准确性。数据必须如实反映客观事实的特征。

c.完整性。数据应反映事实的全貌。

6.4 数据分析

数据分析流程:审查筛选—分类排序—确定内容—分析计算—判断—编写报告。

6.4.1 数据分析由各部门的信息相关人员负责实施。分析的方法包括定量、定性两种,定性方法主要用报告或评审记录等方式提出,定量方法用统计技术实现。

6.4.2 各部门应及时进行数据分析。各职能部门、项目部的一般性数据分析应每年度进行一次,重要的数据分析及时进行,发现问题及时进行改进。

6.4.3 在数据分析中应用统计技术的原则

为使工程(产品)满足规定的要求,在施工(生产)过程中不断提高工程(产品)质量及职业健康安全保护能力,加强过程控制和危险源控制,避免发生各类事故、事件及不合格,在分析问题、查找原因、预防及验证、测量或评价等方面,明确客观需求,以选用适当的统计技术。

6.4.4 常用的数据分析方法及选用

常用的数据分析方法主要有:简单统计、控制图、因果图、随机抽样、评分法等。

6.4.4.1 直方图适用于项目部及现场试验员比较不同的设备、操作人员、原材料及环境等因素对产品质量的影响,分析质量问题的原因,制定解决问题的措施,确保产品质量。

6.4.4.2 排列图适用于技术部等部门,通过排列对比分析质量、环境和安全事故的形式,分析不合格原因,制定解决措施,对比采取措施前后的结果。

6.4.4.3　控制图适用于技术部、项目部及现场试验员在新的施工技术、新工艺的开发、新设备的启用及部研攻关等影响，研究和分析施工生产程序是否稳定、各种因素对质量特性的影响、研究和分析影响，识别环境因素和危险源的存在与否等以便及时发现问题采取措施，使施工生产处于稳定状态。

6.4.4.4　因果图适用于技术部等部门。用于分析结果或问题与影响因素之间的因果关系，找出问题的根源症状，解决问题。

6.4.4.5　其他统计方法适用于项目部对工程施工的分析及预测、对进货物资的抽样检查以及相关数据的分析。

6.4.5　数据分析的应用

本公司、项目部根据数据分析的结果确定：

a. 工程质量、环境和职业健康安全状况；

b. 本公司发展的趋势；

c. 顾客、员工及其他相关方的满意程序；

d. 供方、分承包方在工程中的业绩状况；

e. 本公司完成目标和指标的情况；

f. 本公司业绩的水平对比。

6.5　信息反馈

6.5.1　最高管理者依据顾客需要或技术部的分析报告，进行评价，必要时修改企业管理体系的方针、目标和指标。

6.5.2　技术部

a. 对项目部传递的数据进行分析，并及时向有关部门进行信息反馈（包括改进建议）。

b. 每年对收集到的数据进行统计分析后，向管理者代表进行报告。

6.5.3　项目部

a. 对收集的数据进行分析，并及时向有关部门进行传递和反馈（包括改进建议）。

b. 对收集到的重大问题的数据（A 级）一个工作日内向本公司管理者代表报告，并就反馈的信息向有关部门反馈。

c. 对收集的数据分析后向本公司管理者代表和局长报告分析结果。

6.6　数据的分析利用

6.6.1　技术部依据上述数据分析报告，每年对管理体系进行一次整体评价，提交管理评审，寻找现有或潜在的改进机会。

6.6.2　针对改进机会，要求责任部门按照《纠正措施控制程序》、《预防措施控制程序》进行改进，并验证改进结果。

6.7　数据分析报告的贮存

各级部门利用适宜的手段对收集到的数据及分析报告进行有效保存。

6.8　数据分析系统的管理

技术部每年对数据管理过程的有效性进行评价，必要时采取改进措施。

7 记录

本程序在实施过程中形成的记录按本公司《记录控制程序》执行。

安全标识使用、管理控制程序(××××—CX—32)

1 目的

为了保证劳动者的健康安全,提醒劳动者注意安全,在公司各作业场所使用安全标识。对安全标识的使用进行有效管理和控制。

2 适用范围

适用于在公司各作业场所安全标识的使用管理、控制。

3 职责

3.1 一体化办负责安全标识的使用控制,定期检查安全标识的使用情况。

3.2 工程部负责作业场所安全标识的设计、使用和日常管理。

3.3 各仓库负责对带有危险性质的物品进行标识。

4 工作程序

4.1 安全色的分类和用途:

红色——作为禁止标志:或者作为停止信号(如机器上的紧急停止按钮);红色也表示防火。

蓝色——作为指令标志,表示必须遵守的规定(如必须佩戴个人防护用品),但需与几何图形同时使用方表示指令。

黄色——作为警告标志和注意标志,用于提醒人们引起警示的场所。

绿色——作为提示标志,对人们的行动作出提示,也用做表示安全、通行标志等。

4.2 对比色的分类和使用。

4.2.1 对比色规定为黑白两色。

4.2.2 如安全色需要使用对比色时,应注意:

a. 红色、蓝色、绿色可与白色作为对比显示,黄色与黑色对比显示;

b. 黑色用于安全标志的文字、图形符号和警告标志的几何图形。白色既可以用做红、蓝、绿的背景色,也可用做安全标志的文字和图形符号;

c. 红色和白色、黄色和黑色的间隔条纹是两种比较醒目的标示,用于:

红色和白色条纹——用于道路上的防护栏等,表示禁止超过;

黄色和黑色条纹——用于防护栏杆等应予以特别注意的危险点。

4.3 安全标志

4.3.1 安全标志由安全色、几何图形和图形符号所构成,用以表达特定的安全信息。可辅以必要的文字说明。

安全标志的作用,主要在于引起人们对不安全因素的注意,预防事故发生。但不能替代安全操作规程和必要的防护措施。

4.4 安全标志的类别和使用范围

安全标志分为禁止标志、警告标志、指令标志和提示标志等4类。

4.4.1 禁止标志

禁止标志的含义是不准或制止人们的某种行动,一般以白色为底色,黑色为图形色,红色为禁止符号(圆圈加斜杠)及文字色,常用的如:禁止启动、禁止吸烟、禁止烟火、禁止通行、禁止攀登、修理时禁止合闸等。

4.4.2 警告标志

警告标志是使人们注意可能发生的危险,一般以黄色为底色,黑色为图形、警告符号(三角形)及文字颜色,常用的如:当心火灾、当心触电、注意安全、当心中毒、当心吊物、当心机械伤人、当心滑跌等。

4.4.3 指令标志

指令标志的含义是告诉人们必须遵守的意思,一般以蓝色为底色,以白色为图形颜色,如必须戴安全帽、必须戴防护眼镜、必须戴护耳器、必须系安全带等。

4.4.4 提示标志

提示标志是向人们提示目标的方向,一般以绿色为底色,白色为图形及文字颜色,而其中包括消防的提示7个,以红色为底色,白色做图形与文字颜色。

4.5 其他与安全有关的色标

4.5.1 压力容器的色标使用规定:

氢气瓶:深绿色红字

氧气瓶:天蓝色黑字

氮气瓶:黑色黄字

煤气瓶:灰色红字

4.5.2 工业管路的基本识别色规定

以绿色表示水管、绿色加红色色环表示消防水管、铝色表示蒸汽管、浅蓝色表示缩空气管、棕色表示易燃液体管道、紫色表示酸液或碱液管道等。

4.5.3 供电汇流条色标规定

变电所的母线汇流条,单间配电箱的汇流条等都漆有色标,以黄色表示A相母线、绿色表示B相母线、红色表示C相母线、黑色表示地线。

4.6 工程部根据对公司职业健康卫生、安全情况的调查结果,对公司活动、生产过程、设施和设备、工作场所的危险识别和评价结果(对安全风险的识别具体参见《风险因素的识别与评价程序》的相关规定),设置必要的安全标志。

4.7 各仓库对存在危险特性的物品,需按照要求进行标识,并负责标识的完整性。

4.8 安全标志的设计、使用必须按照本程序规定和GB2893—1982《安全色》标准、GB2894—1996《安全标志》标准的规定执行。

4.9 工程部对安全标识的使用场所进行及时登记,记录在《安全标识使用登记表》,报一体化办。

4.10　工程部在日常的工作检查中，对各个工作场所的安全标识使用进行检查。
4.11　一体化办编制《安全标识使用检查表》，每月对公司各工作场所使用的安全标识进行检查，发现与本程序规定不符合的安全标识使用，应及时提出纠正或纠正措施，具体参见质量程序《改进控制程序》的相关规定。一体化办对纠正情况进行记录。

5　相关文件（略）

6　记录（略）

节能降耗控制程序（××××—CX—33）

1　目的

合理利用能源、资源，降低不必要的物料消耗，节约水、电、纸张及原材料，提高本公司的质量、安全、环境效益和经济效益。

2　适用范围

适用于本公司节能降耗的管理。

3　管理职责

3.1　财务部组织对能源的消耗制定目标指标，检查执行情况；
3.2　技术部负责对能源、资源消耗情况进行考核；
3.3　财务部、项目部负责对原材料的消耗定额及设备配件的管理进行考核；
3.4　办公室负责办公和生活用品的发放，对其用量管理考核。

4　工作程序

4.1　总体目标及指标的制定
4.1.1　节能降耗作为我公司确定的重要环境因素，由技术部根据我公司实际生产、施工、技术改进情况，组织相关部门制定切实可行的目标、指标；
4.1.2　技术部对关于节约能源、资源的目标和消耗指标层层分解，落实到各部门。
4.2　水、电、纸张的控制
4.2.1　各使用部门不得乱架电线，使用部门如需扩大使用范围应向办公室提出申请，经批准后由专业人员实施；
4.2.2　办公室发现办公区的照明用电不正常时，要及时通知物业管理部门；
4.2.3　在复印资料时要节约用纸；在不影响正常工作的需要时，应尽量双面复印；
4.2.4　工程部定期对各个项目部用水用电情况进行监督检查，并作相关记录。
4.3　设备配件控制
4.3.1　财务部根据我公司设备状况制定年度、月度设备配件采购计划；

4.3.2　财务部建立健全材料、设备的采购控制过程；
4.3.3　办公室负责办公用品、劳保用品、生活用品的领用确认、发放的过程控制；
4.3.4　办公室定期对办公设备、生活设施进行检修，保证良好的运转状况，避免人为损坏。项目部定期对工程设备进行检查维修，并作相应记录。
4.4　材料的消耗控制
4.4.1　经营部应科学地制定工艺设计流程及工艺材料消耗定额，并不断改进；
4.4.2　项目部应积极采用新技术成果、新工艺路线，降低施工成本。
4.5　成本控制
4.5.1　经营部应科学地核算产品的成本，反映产品成本的真实情况；
4.5.2　项目部定期对相关设备、物资的盘点工作及核算，正确反映材料消耗盈亏状况，并对超耗、盘亏进行考核；
4.5.3　管理者代表定期主持召开成本分析会，落实节能降耗方案。

5　相关文件

- 《采购控制程序》
- 《记录控制程序》

6　相关记录

- 设备检查、维修记录表
- 工程部定期对各个项目部用水、用电情况进行监督检查，并作相关记录。

新项目的环境和职业健康安全评价控制程序

（××××—CX—34）

1　目的

对投入新项目可能产生的环境影响和事故风险进行事先评价，并采取相应措施将其对环境和职业健康安全的影响程度降低。

2　适用范围

适用于对本公司新上工程、技术工程改造等项目可能造成的环境和健康安全风险影响进行控制和管理。

3　职责

3.1　工程部、技术部是基建、工程、技术工程改造项目的实施部门。
3.2　一体化办负责对项目的“三同时”进行监督。
3.3　一体化办负责组织对新项目的环境影响和职业健康安全事故风险进行事先评价，并监督验证相应处理方案的实施效果。

4 工作程序

4.1 新项目的申报。

4.1.1 申报项目主要有:新上工程、技术工程改造。

4.1.2 技术部应将计划实施的项目以“环境和职业健康安全事先评价申报表”的形式向一体化办申报。

4.1.3 在需要向环境保护和职业健康安全行政主管部门申报的情况下,应考虑可能耗费的时间,提前15天交一体化办办理。

4.2 环境影响和风险评价

4.2.1 环境影响的事先评价

4.2.1.1 申报部门对新项目按《环境因素识别与评价控制程序》进行初步的评价并将必要的事项(如所在地环境现状、主要污染物等)记录于申报表中,经部门负责人审核后提交一体化办。

4.2.1.2 一体化办对环境初步评价结果及申报表有关内容确认后,进行综合评价,综合评价结果、相关法律法规以及对环保方面问题的总结与建议等内容应详细记载于“环境与职业健康安全事先评价申报表”中,并提交管理者代表批准。

4.2.2 风险的事先评价

4.2.2.1 申报部门对新项目按《危险源风险因素识别与评价程序》进行初步的评价,并将必要的事项(如活动、设备设施中的风险因素或危险源、易导致的职业病等)记录于申报表中,经部门负责人审核后提交一体化办。

4.2.2.2 一体化办对风险初始状态评价结果及申报表中的相关内容确认后,进行综合评价,综合评价的结果、相关法律法规以及对职业健康安全方面问题的总结与建议等内容应详细记载于“环境与劳动保护事先评价申报表”中,并提交管理者代表批准。

4.2.2.3 经批准后的项目,由一体化办制定相应环境与职业健康安全问题的处理方案,经管理者代表审核,总经理批准后下发工程部、技术部,与该项目同时执行。

4.2.2.4 因环境和职业健康安全事先评价需要对各有关环境管理和职业健康安全事务重新进行评价时,按照《环境因素识别与评价程序》与《危险源风险因素识别与评价程序》执行。

4.2.2.5 当需要向环境和职业健康安全保护行政主管部门申报“三同时”及环境影响和风险评价时。

4.2.2.6 由一体化办负责向本市环境保护和职业健康安全行政主管部门申报“三同时”。

4.2.2.7 生产部、技术部配合对该项目的“三同时”进行监督,并协助相关手续的办理。

4.2.2.8 新项目及相应的处理方案实施过程中,一体化办负责进行检查、监督和验证。

4.3 记录的保管

环境事先评价等相关记录,由一体化办负责保管,有效期为三年。

5 相关文件(略)

6 记录(略)

易燃、易爆品防火控制程序　（××××—CX—35）

1　目的

为使公司的易燃、易爆品得到有效控制，保护人民生命和财产安全。

2　适用范围

本程序适用于公司、部门、项目部、生活中易燃、易爆品的控制。

3　职责

3.1　技安部负责制定并组织实施本程序。
3.2　公司及行政部门负责对机关办公区、生活区的易燃、易爆品的控制。
3.3　负责对生产现场的易燃、易爆品的控制。
3.4　公司办公室负责对易燃、易爆品防火控制的监督检查。

4　工作程序

4.1　加强对人员的管理
4.1.1　做好全员的学习宣传教育工作。
4.1.2　严格执行防火安全制度。
4.1.3　落实防火安全责任制。
4.1.4　做好防火、灭火准备。
4.1.5　经常性地检查消防安全工作的落实情况。
4.2　加强对易燃、易爆品的管理
4.2.1　易燃、易爆品的贮存

a. 易燃、易爆品必须贮存在专用仓库、专用场地，并设专人管理；

b. 仓库内应当配备消防力量和灭火设施，严禁在仓库内吸烟和使用明火；

c. 仓库要符合有关安全、防火规定，物品之间通道要保证安全距离；

d. 遇火、遇潮容易燃烧、爆炸的物品，不得在露天、潮湿、漏雨和低洼容易积水的地点存放；

e. 受阳光照射容易燃烧、爆炸物品应当在阴凉通风地点存放；

f. 化学性质或防护、灭火方法相抵触的易燃、易爆品，不得在同一仓库内存放。

4.2.2　易燃、易爆品的运输装卸

a. 在装卸过程中应轻拿轻放，防止撞击、拖拉和倾倒；

b. 对碰撞、互相接触的易燃、易爆品不得违反配装限制和混合装运；

c. 对遇热、遇潮容易引起燃烧、爆炸的易燃、易爆物品，在装运时应当采取隔热措施。

4.2.3　易燃、易爆品的使用管理

a. 使用易燃、易爆品的单位要填写《油漆、油料及化学品收发台账》，对物品的名称、

数量及入库日期进行登记,并及时进行清点;

b. 易燃、易爆品的使用及灭火方法应按照有关操作规程或产品使用说明严格执行;

c. 各种气瓶在使用时,距离明火 10m 以上,氧气瓶的减压器上应有安全阀,严防沾染油脂,不得暴晒、倒置,平时与乙炔瓶工作间距不小于 5m。

d. 加强对火源、电源和生产中贮存、使用易燃、易爆品的场所监控。

4.3 办公室每半年对各单位的易燃、易爆品预防措施及制度的执行情况进行检查,每月检查一次现场,项目部对施工现场进行日常检查,填写"体系运行检查记录表"。各责任单位对存在易燃、易爆品的安全隐患及时整改落实。

4.4 紧急情况和响应

易燃、易爆品在运输、贮存及使用过程中发生危险或重大影响时,执行《应急准备与响应程序》。

5 相关/支持性文件(略)

6 记录(略)

废弃物管理程序(××××—CX—36)

1 目的

为了确保废弃物分类、按规定处置,防止污染。

2 适用范围

适用于公司内所有废弃物品。

3 职责

3.1 公司办公室负责公司固体废弃物的管理、处置。

3.2 各职能部门应配合、协助公司办公室实施对固体废弃物的管理、处置。

3.3 工程部负责废气、废水的管理、处置。

3.4 技术部负责工程项目、建筑施工中的废弃物的管理、处置。

4 工作程序

4.1 废弃物的分类

4.1.1 根据公司的实际活动,废弃物可分为:

a. 固体类废弃物;

b. 液体类废弃物;

c. 气体类废弃物。

4.1.2 所有废弃物中,可以分为 3 类:

a. 危险废弃物,危险废弃物按国家《危险废弃物名录》确认;

b. 可回收废弃物,如:纸张、旧书刊、旧报纸等;

c. 一般性废弃物(包括不可回收的和生活垃圾)。

4.2 污染物的排放控制

4.2.1 废气排放

4.2.1.1 柴油发电机使用柴油,供应部应采购符合国家相关标准的柴油产品。

4.2.1.2 公司自备车辆每年定期对尾气排放进行监测,使用无铅汽油,确保汽车尾气排放符合《汽油车怠速污染物排放标准》。

4.2.2 废水排放

4.2.2.1 各生产过程中合理控制化学品的使用,禁止直接倾倒化学品和成分不明的液体。

4.2.2.2 各废水汇入公司污水管网。工程部应确保各工序的排水口接入污水管网。

4.2.3 废水排放的控制具体执行《废水排放管理制度》。

4.3 废弃物的处置

4.3.1 公司办公室根据废弃物的类别设置垃圾箱(桶),放置于各公司区域,各部门按《废弃物清单及处理要求》中规定的处置要求执行,或指定堆放场所。

4.3.2 放置废弃物的容器或堆放地要有明显标识:

a. 对可能产生二次污染的物品要对放置的容器加盖,防止因雨、风、热等原因而引起的再次污染;

b. 放置危险废弃物的容器(如废胶水罐、清洁剂罐),要有特别的标识,以防止该废弃物的泄漏、蒸发和防止该类废弃物和其他废弃物相混淆。

4.3.3 产生的废弃物应按废弃物类别放入指定垃圾箱(桶)或指定场地。禁止乱投乱放。放置属非危险废弃物的指定收集箱,严禁危险废弃物放置。

4.3.4 公司办公室定期派专人进行收集,废弃物中可回收的,由公司办公室交物资回收部门。

4.3.5 一般废弃物由专人负责外运处置。

4.3.6 危险废弃物由公司设置专门场地保管,定期交有资质部门处置。处置危险废弃物的承包方必须要出示行政主管部门核发的处置废弃物的许可证或营业执照,公司必须要和承包方签订协议/合同,在协议/合同中要明确双方的责任和义务,以保证该承包方按规定处置废弃物。

4.3.7 技术部负责工程项目、建筑施工中的废弃物及建筑垃圾处置管理,应在施工协议中明确处置的责任方和处置方式。

4.3.8 公司办公室要对废弃物处置承包方进行定期的资格确认,确认承包方的合法性。

5 相关文件(略)

6 记录(略)

附录1　一体化管理体系程序文件目录

程序文件名称	文件编号	页 码
1. 文件控制程序	××××—CX—01	
2. 记录控制程序	××××—CX—02	
3. 法律法规与其他要求获取、确认程序	××××—CX—03	
4. 内部审核控制程序	××××—CX—04	
5. 管理评审控制程序	××××—CX—05	
6. 信息交流沟通控制程序	××××—CX—06	
7. 人力资源控制程序	××××—CX—07	
8. 与顾客有关的过程控制程序	××××—CX—08	
9. 顾客财产控制程序	××××—CX—09	
10. 工程施工控制程序	××××—CX—10	
11. 采购控制程序	××××—CX—11	
12. 不合格品、不符合控制程序	××××—CX—12	
13. 事故、事件调查处理控制程序	××××—CX—13	
14. 纠正和预防措施控制程序	××××—CX—14	
15. 监视和测量装置的控制程序	××××—CX—15	
16. 顾客满意监测程序	××××—CX—16	
17. 环境运行控制程序	××××—CX—17	
18. 职业健康安全运行控制程序	××××—CX—18	
19. 环境因素识别与评价控制程序	××××—CX—19	
20. 危险源辨识和风险评价控制程序	××××—CX—20	
21. 应急准备与响应控制程序	××××—CX—21	
22. 合规性评价控制程序	××××—CX—22	
23. 环境、职业健康安全绩效监视和测量控制程序	××××—CX—23	
24. 方针、目标指标和管理方案控制程序	××××—CX—24	
25. 施工现场管理程序	××××—CX—25	
26. 对相关方施加影响管理程序	××××—CX—26	
27. 危险化学品搬运、贮存控制程序	××××—CX—27	
28. 消防安全管理控制程序	××××—CX—28	
29. 环境影响管理控制程序	××××—CX—29	
30. 劳动保护用品管理程序	××××—CX—30	
31. 数据分析控制程序	××××—CX—31	
32. 安全标识使用、管理控制程序	××××—CX—32	
33. 节能降耗控制程序	××××—CX—33	
34. 新项目的环境和职业健康安全评价控制程序	××××—CX—34	
35. 易燃、易爆品放火控制程序	××××—CX—35	
36. 废弃物管理程序	××××—CX—36	

附录2　一体化管理体系组织机构图

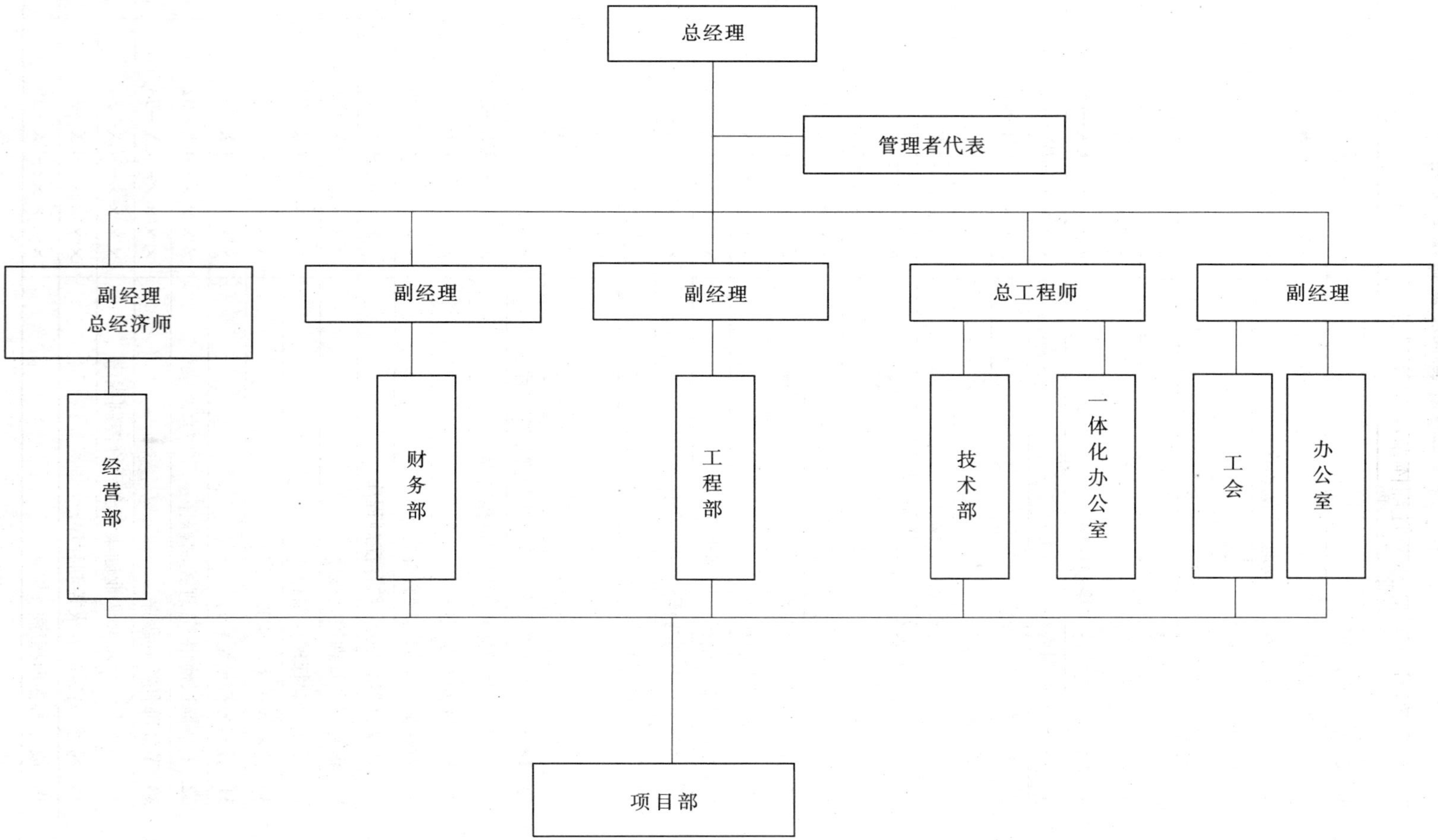

附录 3　管理体系职能分配表

一、GB/T19001—2000 标准管理体系职能分配表

标准要求			职能部门										
			总经理	管理者代表	总工程师	办公室	经营部	一体化办公室	技术部	工程部	财务部	工会	项目部
4 质量管理体系	4.1	总要求	●	○	○	○	○	○	○	○	○	○	○
	4.2.1	总则	○	●	○	○	○	○	○	○	○	○	○
	4.2.2	质量手册	●	○	○	○	○	○	○	○	○	○	○
	4.2.3	文件控制	○	○	○	○	○	●	○	○	○	○	○
	4.2.4	记录控制	○	○	○	○	○	●	○	○	○	○	○
5 管理职责	5.1	管理承诺	●	○	○	○	○	○	○	○	○	○	○
	5.2	以顾客为关注焦点	●	○	○	○	○	○	○	○	○	○	○
	5.3	质量方针	●	○	○	○	○	○	○	○	○	○	○
	5.4	策划	●	○	○	○	○	○	○	○	○	○	○
	5.5	职责权限与沟通	●	○	○	○	○	○	○	○	○	○	○
	5.6	管理评审	●	○	○	○	○	○	○	○	○	○	○
6 资源管理	6.1	资源提供	●	○	○	○	○	○	○	○	○	○	○
	6.2	人力资源	○	○	○	●	○	○	○	○	○	○	○
	6.3	基础设施	○	○	○	○	○	○	○	○	○	○	○
		办公设施	○	○	○	●	○	○	○	○	○	○	○
		施工设备	○	○	○	○	○	○	○	○	●	○	○
	6.4	工作环境	○	○	○	●	○	○	○	○	○	○	○
7 产品实现	7.1	产品实现的策划	○	○	○	○	○	○	○	●		○	●
	7.2	与顾客有关的过程	○	○	○	○	●	○	○	○	○	○	○
	7.4	采购	○	○	○	○	○	○	○	○	○	○	○
		材料供方	○	○	○	○	○	○	○	○	●	○	○
		队伍供方	○	○	○	○	●	○	○	○	○	○	○
	7.5.1	生产和服务提供的控制	○	○	○	○	○	○	○	◎	○	○	●
	7.5.2	生产和服务提供过程的确认	○	○	○	○	○	○	○	◎	○	○	●
	7.5.3	标识和可追溯性	○	○	○	○	○	○	○	◎	○	○	●
	7.5.4	顾客财产	○	○	○	○	○	○	○	◎	○	○	●
	7.5.5	产品防护	○	○	○	○	○	○	○	◎	○	○	●
	7.6	监视和测量装置的控制	○	○	○	○	○	○	●	○	○	○	○
8 测量分析和改进	8.1	总则	●	○	○	○	○	○	○	○	○	○	○
	8.2.1	顾客满意	○	○	○	○	●	○	○	○		○	○
	8.2.2	内部审核	○	◎	○	○	○	●	○	○	○	○	○
	8.2.3	过程的监视和测量	○	○	○	○	○	○	●	○	○	○	○
	8.2.4	产品的监视和测量	○	○	○	○	○	○	●	○	○	○	○
	8.3	不合格品控制	○	○	○	○	○	○	●	○	○	○	○
	8.4	数据分析	○	○	○	○	○	○	●	○	○	○	○
	8.5	改进	○	○	○	○	○	○	●	○	○	○	○

注：● 为主要职责；○为相关职责；◎为领导责任。

二、GB/T24001—2004、GB/T28001—2001 环境、职业健康安全管理体系职能分配表

标准要求			职能部门										
			总经理	管理者代表	总工程师	办公室	经营部	一体化办公室	技术部	工程部	财务部	工会	项目部
4.1 总要求			●	○	○	○	○	○	○	○	○	○	○
4.2 环境方针、职业健康安全方针			◎	○	○	○	○	●	○	○	○	○	○
4.3 策划	4.3.1	环境因素、危险源辨识	○	○	○	●	○	○	○	○	○	○	●
	4.3.2	法规和其他要求	○	○	○	○	○	○	●		○	○	○
	4.3.3	目标、指标	○	○	○	●	○	●	○	○	○	○	○
	4.3.3(E)	环境管理方案	○	○	○	○	○	●	○	○	○	○	○
	4.3.4(O)	职业健康管理方案	○	○	○	○	○	●	○	○	○	○	○
4.4 实施和运行	4.4.1	资源、结构职责和权限	◎	○	○	●	○	○	○	○	○	○	○
	4.4.2	培训、意识和能力	○	○	○	●	○	○	○	○	○	○	○
	4.4.3	信息交流、协商和沟通	○	○	○	●	●	○	○	○	○	○	○
	4.4.4	文件	○	○	○	○	○	●	○	○	○	○	○
	4.4.5	文件和资料控制	○	○	○	○	○	●	○	○	○	○	○
	4.4.6	运行控制	○	○	○	○	○	●	○	○	○	○	●
	4.4.7	应急准备和响应	○	○	○	●	○	○	○	○	○	○	●
4.5 检查	4.5.1	检测和测量	○	○	○	○	○	○	●	○	○	○	●
	4.5.2(E)	合规性评价	○	○	○	○	○	○	●	○	○	○	○
	4.5.3(E) 4.5.2(O)	不符合、纠正措施和预防措施	○	○	○	○	○	○	○	●	○	○	●
	4.5.4(E) 4.5.3(O)	记录和记录管理	○	○	○	○	○	○	○	●	○	○	○
	4.5.5(E) 4.5.4(O)	内部审核	○	◎	○	○	○	○	●	○	○	○	○
4.6 管理评审			◎	○	○	○	○	○	●	○	○	○	○

注：● 为主要职责；○为次要职责；◎为领导责任。

参考文献

[1] 陈志田. GB/T9001 GB/T24001 GB/T 28001 管理体系一体化总论[M]. 2 版. 北京：中国计量出版社,2003.

[2] 吴鹤鹤,丁永生. 工程建设行业 2000 版 ISO9000 族标准理解与实施[M]. 北京：中国水利水电出版社,2003.

[3] 耿兰会,朱爱丽. ISO9001 ISO1400 和 OHSAS18001 一体化管理体系文件编写范例[M]. 北京:中国标准出版社,2003.

[4] 黄进. GB/T24001 – 2004 – 环境管理体系文件的编写[M]. 北京:中国计量出版社,2006.

[5] 陈全. GB/T28001 – 2001《职业健康安全管理体系 规范》企业实施指南[M]. 北京:中国计量出版社,2002.